토익 시험의
천재가
되는 비법

토익 시험의 천재가 되는 비법

강균석(Ted Kang) 지음

SECRET

좋은땅

속도를 지배해야 토익을 빨리 정복한다

현 토익 시험은 영어를 듣고, 읽고, 이해하는 것 이상을 요구한다.
'더 빠르고 정확하게' 독해, 청해 및 문제 풀이를 할 수 있는지 평가하는
성격이 강하다. 단기에 점수를 올리거나 만점을 맞으려면
'속도 기능'을 향상시켜야 한다.

이 책은 '단기 토익 학습법 및 효율적 시험 대응 요령'에 관한 것이다.
'토익 초보자'나 '만점'을 원하는 학습자들이 궁금해할 내용들과, 교재나
강의를 통해 배우기 어려운 '효율적 학습법 및 문제 풀이 요령'을 자세
히 정리했다. 나의 직접 학습과 시험 응시 및 토익 강의 진행 경험에 근
거하되, 가능한 합리적이고 객관적인 설명을 하려 했다.

다른 토익 수험생들도 마찬가지겠지만, 나도 대학 시절 사정상 토익
공부에 충분한 시간 및 비용을 투자할 수 없었다. 그래서 단기에 점수
를 올릴 수 있는 방법을 찾고, 실험해 보고, 개선하려 했었다. 그러다
보니 '나름대로의 노하우'가 생겼다. 일반 회사를 장기간 다니다가 그
만두고 토익 강의를 할 수 있었던 것도, '내 학습 방식의 효율성'에 대한

확신 때문이었다. 수강생들의 실력을 빨리 향상시켜 줄 수 있으리라는 믿음이 있었다.

장기간 공부를 하면 누구든 '토익 고득점'이나 '만점'을 맞을 가능성이 있다. 그러나 대다수의 토익 수험생들은 '비용과 시간을 절감'하면서 원하는 점수를 빨리 획득해야 하는 상황에 있을 것이다. 이 책에 정리된 나의 학습, 시험, 강의 경험 및 분석 내용이 그러한 수험생들에게 도움을 줄 수 있으리라 생각한다. 이 책의 내용을 참고해서 자신에게 맞는 더 효율적인 학습 및 문제 풀이 방식으로 발전시키면 최고로 좋을 것이다.

내가 가장 강조하고 싶은 내용은 '4장'에 정리했다. 단기 고득점 획득에 필요한, '속독속해 연습법(고속 직독직해 연습법) 및 속청속해 연습법(가속화 배속 듣기, 고속 소리 내어 읽기, 가속화 쉐도잉)'에 관한 것이다. '토익 속도 지배'를 위한 연습법들로서, 그들 중 일부는 나의 토익 실력 단기 향상 및 만점 획득 과정에서 중요한 역할을 했었다. 토익 수강생들에게도 가르치며 검증한 방식들이다. 내용의 신뢰성과 객관성을 높이기 위해, 일반적인 수준의 '뇌 과학 이론'도 조금 이용해서 연습 효과가 좋은 이유를 설명했다. 나는 일반적인 독해 및 듣기 연습 방식들을 그대로 사용하지 않고, 더 큰 효과가 발생하도록 개선 후 적용했었다. 직접 실행해 보면 효과의 차이를 경험할 수 있을 것이다.

토익 시험 유형이 두 차례 변경되었지만, 출제 내용은 거의 동일하고 시험 시간(2시간)도 그대로다. 사회 문화적 변화에 따라 새롭게 추가된 내용들(이메일, 노트북, 문자 메시지, SNS 등)도 있으나 아주 일상적인 것들이다. 그렇지만 LC와 RC 파트의 전체적인 지문 길이가 초기 토익에 비해 많이 늘어났다. 게다가 분석 시간이 더 걸리는 문제 유형들이 추가되었고, 풀이가 쉬운 파트들의 문제 수를 줄이는 대신 풀이 시간이 더 걸리는 파트들의 문제 수를 늘렸다. 내용이 아니라 '풀이 시간 조정'으로 난이도를 높인 것이다.

그 결과로 현재 토익은, 듣고, 읽고, 분석하고, 푸는 시간이 빡빡해졌다. '속청속해, 속독속해, 빠른 분석 및 효율적 풀이 능력'이 없으면, 어휘 및 문법 실력이 '만점 수준'이어도 원하는 점수를 못 맞는다. 그리고 '토익을 압도하는 속도 능력'은 의도적으로 강도 높은 훈련을 해야 단기간에 갖출 수 있다. LC 성우들의 말 속도를 편하게 느낄 수 있고, RC 문제를 다 풀고도 10~20분 정도 남길 수 있도록 치열하게 훈련해야 한다.

1장에서는, 초급자들이 토익 시험에 관해 가지는 궁금증들에 대해 약간 깊이 있게 정리했다. 과거 온라인 강의 및 오프라인 학원 강의를 했을 때, 수강생들이 내게 자주 문의했던 내용들을 기반으로 했다. 기초적인 사항들이지만 만점자 및 강사의 입장에서 분석한 것이므로, 학습 및 점수 향상에 도움이 되는 아이디어들을 발견할 수 있을 것이다.

2~4장에서는, 단기에 토익 고수가 되는 학습 방법에 대해 집중적으

토익 시험의 천재가 되는 비법

로 설명했다. 초급자뿐만 아니라 '만점'을 원하는 중고급 수준의 수험생들에게도 도움이 될 내용들을 포함했다. 특히 독해 및 듣기 속도 훈련에 관해 정리한 '4장'을 주의해서 보길 바란다.

5장에서는, 파트별 효율적 풀이 요령을 자세하게 정리했다. 요령만을 단순히 나열하지는 않았다. 왜 그렇게 해야 하는지에 대해 분석을 했다. 풀이 방식은 다양할 수 있다. 따라서 도움이 되리라고 판단되는 내용들만 선택해서 자신에게 맞게 응용해도 된다.

이 책의 내용들이 토익 수험생들의 목표 달성에 '가치 있는 역할'을 할 수 있기를 희망한다.

토익 초보가 이것을 모르면 헤맨다

2장 토익 단기 정복을 위한 3가지 원칙

3장   만점을 목표로 하면 알아야 할 것들

4장 토익 속도 지배를 위한 훈련 비법***

 5장 만점자의 파트별 풀이 및 학습법

1장

토익 초보가
이것을 모르면
헤맨다

• 토익 독학하면 안 되나요?

공부 기간을 단축하려면 온라인 혹은 오프라인으로, 토익 공부를 시작하는 시점의 실력에 맞춰 '초급이나 중급 강의' 중 한 가지를 반드시 수강해야 한다. 1회만 들어도 충분하다. 일반 영어에 자신 있더라도 교재만 보면서 토익을 독학하면 안 된다. 토익 영어만이 가지는 특징을 교재에 근거해 혼자 파악하는 데는 한계가 있어서 공부 기간이 길어지게 된다. 판매목적으로 편집을 거쳐 출판되는 토익 교재 안에 필요한 모든 정보를 포함할 수는 없다. 그래서 강의가 별도로 개설되는 것이다.

특히, 노련한 토익 강사들이 개인의 경험을 바탕으로 알려 주는 내용들이 '가치'가 높은데, 시중에서 판매되는 토익 교재에 그런 '노하우'들을 일일이 넣지는 않는다. 저자들의 경험이나 이론적인 부분을 자세히 설명하기보다는, 문제 풀이 중심으로 제작하는 경향이 있다. 시중의 다른 교재들과 비교해 구성이 너무 달라지면 판매에 악영향을 주고, 주관적인 내용이 많이 들어가면 논란의 여지도 생기기 때문이다. 따라서 강의 수강을 통해 교재에 없는 '필수적인 정보들'을 습득해야 한다. 우수한 토익 강사들은 교재에 실리지 않은 시험 및 학습 관련 유용한 정보들을 강의를 통해 많이 알려 주고, 교재 내용도 심화 분석한다.

나는 과거에 토익 RC 및 LC 기본서를 직접 저술 후 출간한 적이 있는데, 편집상의 이유로 중요하다고 생각했던 내용들을 많이 제외 했었다. 대신에 온라인 무료 강의, 온라인 카페를 이용한 질의 및 응답, 이메일을 이용해 보완했었다.

시간이 없다면 온라인 강의만 들어도 충분하다. 오프라인 강의를 수강하면 강사에게 직접 질문할 수 있는 장점이 있고, 수업 집중에도 유리하다. 그렇지만 관련 온라인 사이트의 질의응답란이나 강사 개인 이메일을 잘 활용하면 온라인 강의로도 효과적으로 학습할 수 있다.

• 어떤 교재를 봐야 하나요?

(1) 기초용 및 중급용 RC/LC 교재

토익은 출제되는 주제와 문제 유형이 일정하다. 단기 고득점 획득을 원한다면 광범위한 범위의 영어 공부를 할 필요 없다. 초급자는 토익 기초용 RC와 LC 교재(책 이름에 '스타트'나 '베이직'이 들어가 있다.) 및 토익 기출 단어 책으로 공부를 시작해야 한다. 그리고 초급용 교재 학습을 완료한 후에는 중급용 교재로 전환해야 한다.

문법도 토익 RC 교재로 공부해야 한다. RC 교재들은 토익 기출 문제들을 철저히 분석해 제작하므로, 시험과 무관한 문법 내용들이 제외되어 있다. 반면에 우리나라의 일반 영문법 책들은 토익 교재와 달리 다루는 범위가 넓다. 또한 한국식 문법 해설이 많이 들어가 있고, 1900년대 초기나 중기에 일본에서 도입된 영문법 내용들이 지금도 대부분 유지된다. 현재 영어권 국가의 문법책들에 없는 내용들이 중요하게 다뤄지기도 한다. 그러나 토익 문법 문제는 일상적 국제 비즈니스 영어에 실제 사용하고 있는 것들 위주로 계속 반복 출제된다. 공부 범위가 일정하고 관용적이거나 예외적인 문법 내용은 일반적으로 출제하지 않는다. 미식 표준 영어 위주다.

토익 LC/RC 교재 선택할 때는 신중해야 한다. 교재들 간에 내용이 비슷해 보이지만 품질 차이가 있다. **교재의 품질은 책 저술자나 출판 회사 어학 연구팀의 역량에 따라 달라진다. 우선적으로, 토익 외의 다른 분야 영어 전문가(수능, 공무원, 토플, 텝스, GRE, 일상 회화 등)들이 만든 토익 책은 피해야 한다. 토익 강의와 시험 경험이 풍부하지 않으면 토익 시험에 적합한 좋은 교재를 만들기 어렵다.**
점수 상승 및 단기 학습에 기여도가 높은 RC 및 LC 기초서(초급용)와 기본서(중고급용)에 대한 나의 추천 기준은, '오랜 기간에 걸쳐 그리고 지금 현재도 수험생들에게 가장 많이 팔리는 토익 교재들'이다. 그런 교재들은 수십 년간의 기출 문제들을 철저히 분석 후 반영해 저술한 것들이다. 최소 10년 이상 수험생들이 가장 많이 이용해 왔고, 현재도 주요 서점들의 년 간 판매 순위 1~2위에 속하는 책들이 이에 해당된다. 가능한 1위에 있는 책을 고르면 좋다.

실시간 정보가 공유되는 요즘 특성상 광고만으로 장기간 명성을 유지할 수는 없다. 책 내용이 토익 점수 향상에 미치는 영향이 상대적으로 크기 때문에 판매 순위 상위를 유지하는 것이라고 봐야 한다. **나는 내 지도경험 및 시중의 거의 모든 교재들을 분석한 결과에 근거해 'H' 사에서 출간되는 책들을 권한다.** 해당 교재들로 진행되는 온라인 및 오프라인 강의들도 많아서 여러모로 유리하다.

일반 수험생들은 파악하기 힘들지만, **좋은 토익 교재는 전체 구성뿐만 아니라 단어 및 문장 하나에도 정성이 들어가 있다. 어휘나 표현의 기출 빈도를 반영하여 문장들이 작성되어 있고, 점수 향상에 도움이 되는 방향으로 편집되어 있다.** 교재를 구입한 수험생들의 피드백을 통해 지속적인 수정 보완도 하기 때문에 오류나 오타도 아예 없거나 거의 없다. 원어민을 통한 감수도 필수적으로 이뤄진다.

갑자기 등장한 책들은 고품질을 갖추기 사실상 힘들다. 오랜 시간과 많은 비용이 투자되어야 좋은 품질이 확보된다. 품질이 떨어지는 교재들은, 토익과 관련 없거나 점수에 영향을 주지 않는 어휘 및 표현이 곳곳에 사용되고 문법적 오류들도 있다. 읽다 보면 짜증이 날 정도의 책들도 꽤 있다. 일반 수험생들은 발견하기 어렵다. 책들이 다 비슷하게 보일 것이다.

저자의 명성만으로 책을 선택해서도 안 된다. 토익 만점이면서 잘 가르치는 강사가 좋은 책을 저술할 가능성은 높지만, 반드시 그런 것은 아니다. 토익 만점이라고 회화, 작문, 문법, 독해, 책 편집 실력까지 최상급이라는 보장은 없다. 충분한 연구 인력(어학 연구소 등)의 뒷받침이 있는 회사에서 출간된 책들이 신뢰성이 높다. 한 명이 저자로 되어 있다고 해도 '연구 조직'을 갖추고 있는 회사에서는 연구소를 통해 점검을 거친다.

(2) 어휘 학습용 단어 책

토익용 단어 책도 국내 주요서점 판매량을 기준으로 수험생들이 가장 많이 보는 것(연간 판매 순위 1위에 있는 것)을 골라야 안전하다. 성과로 증명되어 왔기 때문에 구매량이 높은 것이다. <u>'H'사 단어 책이 좋다.</u>

토익 단어 책은 시험 기출 어휘를 통계적으로 분석해서 '토익 전문가나 전문 회사'가 만든 것이어야 한다. 토익 전문이 아닌 사람이나 회사에서 저술한 단어 책은 무조건 피해야 한다. 내용상 품질 차이가 반드시 생긴다. 영어에 능숙하다고 해도 토익 시험 경험과 관련 자료 분석 능력이 떨어지면 점수에 직결되는 고품질의 단어 책을 만들지 못한다.

토익 단어 책은 암기 효율성을 높이기 위해 출제 주제별로 정리되어 있어야 하고, 토익 지문에 반복 출제되어 왔던 어휘들만 실려 있어야 한다. 알파벳 순서나 품사별 구분 위주로 작성된 책은 좋지 않다. RC 및 LC 모두 '주제별로 출제되는 토익 특징'을 모르고 제작된 것일 가능성이 높다. 토익 전문가가 아니거나 경험 혹은 분석력이 낮을 때 그런 유형의 저술을 할 위험성이 있다. 주제별로 1차 정리 후 알파벳 순서로 2차 정리하거나, 참조용으로 어원 설명이 들어가는 형태의 구성은 학습 편의를 높이는 것이므로 괜찮다.

나는 두 달 과정(총 20회)의 토익 초급 및 중급 수업을 할 때, 첫째 달에는 LC와 RC가 통합된 '주제별 단어 자료(약 3,000단어)'를 수강생들에게 배부해서 외우게 했다. 둘째 달에는 RC 파트 5, 6에 답으로 출제된 단어들만을 정리한 '정답 기출 빈도별 단어 자료(약 2,000단어)'를 나눠 줘서 외우게 했다. 다년간의 토익 기출 내용들을 통계적으로 정밀 분석하고, 계속 업데이트해서 만든 것들이다. 그리고 매 수업 시작 전 단어 시험을 먼저 치렀다.

그런데 수강생들이 주제별 단어들은 쉽게 외우지만, 출제 빈도순으로 정리된 파트 5, 6의 정답 기출 단어들은 상대적으로 힘들게 암기했다. 단어들을 어떻게 묶어 놓느냐에 따라 암기 효과의 차이가 발생하는 것이다. 나는 수업 목적상 의도적으로 두 가지 종류의 단어장을 만들었지만, 수험자들이 많이 보는 시중의 토익 단어 책들은 주제별로 단어들을 모아 높은 형태로 제작되어 있다. 주제별 묶음으로 되어 있지 않은 단어 책은 피해야 한다.

(3) 토익 실전 문제집

토익 실전 문제집도 수험생들이 가장 많이 보는 것을 선택해야 한다.

500~600점을 넘어서면 횟수의 차이는 있더라도 실전 모의고사 문제를 정기적으로 풀어야 한다. 고득점을 위해서는 10~20회 이상 풀어야 한다. LC, RC 기초 교재나 중급용 기본서만 계속 공부해서는 빠른 점수 상승과 단기 고득점 획득을 기대하기 어렵다.

실전 문제집은 공식 토익 시험보다 '다소 어려운 문제들'이 있는 것을 고르는 것이 현명하다. 나는 수십 년간 베스트셀러 자리를 지켜 온 'H' 사 교재를 추천한다. 문제 난이도가 실제 토익보다 조금 높다. 실제 시험과 동일한 난이도거나 더 쉬운 문제들을 풀면, 시험장에서는 예기치 않은 변수들로 인해 시간 부족에 직면할 수 있다. 실제 시험보다 어려운 문제들을 목표 시간 안에 푸는 연습을 꾸준히 해야, 시험장에서 시간 관리를 안정적으로 할 수 있게 된다. 토익 점수는 시간과의 관련성이 아주 높다. 기초 문법과 필수 어휘를 익히고 나면 풀이 속도, 즉, 얼마나 **빠른 시간에 풀이하느냐가 점수 향상에 가장 큰 영향을 주게 된다.**

토익 강의를 하면서 나는 자의 혹은 타의에 의해서 다양한 교재들을 사용했다. 학원을 옮길 때는 기존 강사가 사용했던 교재를 내 의사와 상관없이 일정 기간 수업에 이용하는 경우도 많았다. 또한 벤치마킹을 위해 시중에 있는 거의 모든 교재들을 일정 수준 분석했다. 그리고 RC 와 LC 기본서(중고급용) 집필도 직접 했었다. 나와 아무 관련이 없는 'H'사 교재들을 추천할 수 있는 것은 그런 경험의 산물이다. 내가 본 책들 중에 토익 성적 향상에 가장 도움이 되는 방향으로 저술되어 있었고 품질도 가장 우수했다.

· LC와 RC를 동시에 시작하나요?

토익은 무조건 어휘부터 공부해야 한다. 단어 책에 있는 어휘의 95% 이상을 먼저 외운다. 그 후에는 LC와 RC 학습을 동시에 시작한다. 기간을 나눠 LC와 RC를 순차적으로 하는 방법에 비해 더 효율적이다. 학원들의 커리큘럼도 대부분 LC와 RC를 동시에 하는 것으로 되어 있다.

둘 중 한 가지만 장기간 공부하고 있으면 다른 쪽에 대한 정신적 불안감이 생긴다. 공부하는 도중에 실력 점검을 위해 공식 시험이나 모의고사를 치러야 하는데, LC와 RC 점수 간 차이가 크지 않아야 자신감이 생기고 학습 동기도 부여된다.

또한 LC와 RC를 병행하면 뇌 자극받는 부분이 더 넓어져서 영어 감각 형성 및 향상이 촉진된다. '영어 감각이 생겼다'라는 말을 뇌 과학적으로 해석하면, '영어 처리용 뇌신경망이 형성되고 튼튼하게 성장한 상태'를 말한다. 뇌 자극이 넓고 강할수록 영어 뇌가 빨리 만들어진다. LC와 RC 중 한 가지 위주로 학습 했던 사람의 경우, 일정 기간 두 가지를 병행 학습해 보면 시너지 효과를 체감할 수 있을 것이다. 실력이 느는 것을 느낄 수 있다.

토익 강의할 때 초급반에 등록한 수강생들을 점검해 보면, 독해와 문법에 중점을 두는 중고교 교육 과정의 영향으로 RC 공부를 먼저 하고 있던 사람들이 더 많았다. 공부량이 적었던 LC에 비해 학습이 편하기 때문이다. 그렇지만 RC와 LC 간에 균형 있게 시간을 배분하거나, 아니면 상대적으로 약한 LC 쪽에 더 집중해야 전체 공부 기간이 단축된다. 취약한 부분을 빨리 강화해 균형을 맞출수록 학습에 가속도가 붙는다. 뇌 자극이 더 강해지기 때문이다. 다만, 회화를 잘해서 LC 실력이 RC보다 월등히 더 뛰어나다면, 당연히 RC에 더 많은 시간을 투자해야 한다.

• 문법 공부를 빨리 끝내고 싶어요

토익 문법 공부를 단기에 끝내기 위해서 '초급자에게 필요한 학습 요령 여섯 가지'를 정리한다. 초급자만 참조하면 되는 내용들이다. 어떤 방식으로 공부를 했든 상관없이 토익 700점(RC 350점 이상)을 넘겼으면, 토익 문법이 더 이상 큰 고민거리는 아닐 것이다. 출제되는 토익 문법 내용이 생각보다 쉽다는 것을 알고 있을 단계다.

(1) 이론 부분만 빠르게 보며 RC 교재를 2~3회 반복해 읽는다

초급자가 처음 보는 기초용 RC 책을 첫 단원부터 천천히 1~2개월에 걸쳐 공부하면, 진도를 나갈수록 앞에서 학습했던 내용들에 대한 기억이 점점 희미해지게 된다. 기억나지 않는 부분은 새로 공부해야 하므로 시간만 낭비한 셈이 된다. 많은 수험생들이 그런 경험을 하지만 공부 방식에 문제가 있다는 생각을 하기가 쉽지 않다.

문법 실력 상승은, 오랜 기간이 지나도 망각되지 않는 '장기 기억 (long-term memory)'화된 문법 내용들이 많아지고, 기억된 내용들이 머릿속에서 상호 연결되어 이해력이 높아지는 과정에서 실현된다. 그리고 장기 기억은, 최초 학습한 내용들의 망각이 많이 진행되기 전에 '자주 반복 학습'해야 빨리 형성된다. 반복 횟수와 복습 간격 관리가 학습한 내용의 '장기 기억'에 중요한 것이다. 특정 문법 단원을 공부할 때는 내용을 100% 이해를 했어도, 기억을 시키지 못하면 아무 소용없다.

그런 문제점을 예방하기 위해서는, RC 교재의 문법 이론 부분만 소설 읽듯 가볍고 빠르게 2~3회 봐서, 전체적인 윤곽을 먼저 파악해야 한다. 예문은 봐야 하지만 문제(예제, 연습 문제 등)는 풀지 않는다. 이해를 돕기 위해 문제를 풀더라도 단원별로 몇 개 정도만 풀이한다. 내용들이 명확히 이해되지 않더라도 깊이 분석하거나 다른 자료를 찾지 않는다. 이론 부분을 2~3회독 먼저 한 후에 비로소 첫 단원부터 자세히 분석하며 공부한다. 토익 RC 교재들이 두껍지만 문법 이론 부분은 페이지 수가 적다. 문제나 독해 부분이 많을 뿐이다. 그래서 짧은 기간 동안 2~3회 볼 수 있다. 며칠이면 충분하다. 이론 부분이 비교적 적은 이유는, 토익에 출제되는 문법 내용들이 단순하고 표준적이기 때문이다.

며칠에 걸쳐 빠르게 문법책의 이론 부분들만 2~3회 반복해 읽으면,

깊이는 부족하더라도 기억되는 내용들이 꽤 많아진다. 그 상태에서 첫 페이지부터 본격적으로 공부를 시작하면, 예문이나 문제 지문에 다른 단원의 문법 사항들이 나와도 당황하지 않게 된다. 이미 본 기억이 있기 때문에 막연한 느낌이 줄어들고 이해 수준이 높아진다. 그로 인해 학습 효율이 향상되어 진도가 빨라진다.

역설적이지만 문법 진도를 빨리 나가려면 빠르게 이론 부분 전체를 미리 봐야 하는 것이다. 영어, 중국어, 일어는 고급 수준으로, 프랑스어, 스페인어, 이태리어, 독일어 등은 기초 수준으로 문법을 직접 공부해 본 나의 반복 경험에 근거한 결론이다.

토익을 처음 공부할 때는 보통 2개월 코스인 RC, LC 초급용 강의를 들어야 한다. 하지만 강의 진도와 상관없이 초기에 문법 이론 2~3회 가볍게 읽기를 병행하는 것이 효과적이다. 다만, 문법 실력이 이미 갖춰진 사람들은 부족한 부분 위주로 집중 공부해도 상관없다.

(2) 학습 중인 문법 단원의 내용에 집중한다

짧은 한 문장에도 여러 가지 문법 사항이 동시에 존재할 수밖에 없다. 예문 하나를 보더라도 다른 문법 내용들까지 알아야 문장을 명확히 분석할 수 있는 경우가 대부분이다. 각 문법의 이론 부분만 미리 2~3회 가볍게 읽은 후, 앞 단원부터 깊이 있게 공부하는 것을 앞에서 언급한 이유도 그런 점을 고려했다.

초급자가 모든 문법 사항들을 분석하며 공부할 수는 없다. 일일이 관런 문법 내용들을 찾아가며 학습하면 시간이 오래 걸려 학습 효율이 저하된다. 공부하고 있는 문법 단원의 내용 이해 위주로 진행해야 한다.

  잘 제작된 토익 RC 교재들은 언어의 발전 단계에 맞게 앞에서부터 순차적으로 문법 내용들이 정리되어 있다. 각 단원에 집중하면서 차례대로 학습하다 보면, 뒤로 갈수록 각 문법 내용들을 종합적으로 이해할 수 있게 된다.

  'market share(시장 점유율)'라는 복합 명사를 설명하기 위한 아래의 예문이 '명사' 단원에 있다고 가정해 보자.

> The project to expand the company's market share has been successful until now. (회사의 시장 점유율을 넓히기 위한 그 프로젝트는 지금까지 성공적이었다).

  위 예문을 정확히 분석하고 해석하기 위해서 알아야 할 중요한 문법 사항이 대략 다섯 가지다.

  #1. to expand: to 부정사의 형용사적 용법
  #2. the company's: 명사의 소유격
  #3. market share: 복합 명사
  #4. has been: 3인칭 단수 수일치 및 현재 완료
  #5. successful: 2형식 주격 보어

그런데 초급자가 위와 같이 분석을 하면서 학습하면 진도가 너무 느려져서 역효과가 발생한다. 궁금한 다른 문법 내용들이 있어도 꼭 참고 '복합 명사'의 특성 파악에 집중해야 한다. 그렇게 해야 단기에 반복 학습을 더 자주할 수 있어서 실력이 빨리 향상된다.

(3) 단 한 문제를 풀더라도 스톱워치로 측정하며 실전처럼 한다

토익 교재의 문법 문제들을 풀 때는, 단 한 문제를 풀더라도 실전이라고 생각하고 임해야 한다.

파트 5는 문제당 평균 10초 내에 푼다(8초 내에 답을 고르고, 2초 안에 답안지 마킹을 한다). 늦어도 15초 내에는 풀어야 하고, 쉬운 문제는 5초 내에도 풀어야 한다. 그런 속도 능력을 빨리 갖추기 위해서는, 연습 문제 하나를 풀더라도 '스톱워치로 측정'하며 목표 시간 내에 풀도록 노력한다. 실전처럼 하는 것이다. 먼저 빠르게 풀고 그 이후에 분석해야 고속 풀이 능력이 효율적으로 길러진다.

토익 공부를 처음 시작할 때부터 영어 실력에 상관없이 목표 속도에 맞춰 풀이하는 습관을 길들여야 한다. 대충 푸는 것이 아니라 빠르고 정확히 푸는 능력을 훈련하는 것이다. 단기에 토익 점수를 올리기 위해 필요한 학습 요령이다. 빠른 풀이 속도가 요구되는 토익 특성에 맞춰야 한다.

어휘, 문법, 배경지식이 충분히 쌓였다고 토익 고득점에 필요한 '속도 능력'이 저절로 생기지는 않는다. 지식적인 부분을 먼저 구비한 후에 속도를 연습하면 토익 특성상 공부 기간만 길어진다. 토익 고득점에 요구되는 속도 능력을 갖추기 위해서는 어차피 일정 기간 별도의 훈련을 해야 하는데, 목표 점수를 빨리 획득하고 싶다면 학습 초기부터 '내용 습득과 속도 연습을 결합한 방식'으로 진행해야 한다.

평소 공부할 때 토익 문법 문제 풀이는 아래와 같은 순서로 해야 효율적이다.

#1. 1단계: 목표 시간에 맞춰 정독을 하며 빠르게 문제를 푼다.[**]

'스톱워치'를 이용해 시간을 관리한다. 파트 5는 문제당 평균 약 10초 기준이다. 답안지 마킹까지 그 시간 안에 끝내야 한다. 쉬운 문제는 더 빠르게 풀어야 한다. 어려운 문제라도 15초 내에는 풀어야 한다.

10~15초 내에 끝내지 못했으면, 그 시간 내에 혹은 더 빠르게 풀 수 있을 때까지 동일한 문제를 반복해 푼다. 토익 문법 문제들은 기출된 것들이 다시 나온다. 유사한 문제가 시험에 나올 때에 대비하기 위해서라도 목표 시간 안에 풀고 넘어간다. 문제 유형에 익숙해질수록 토익 점수에는 유리하다.

공부할 때는 풀이 속도 향상을 위해 반드시 정독을 해야 한다.

#2. 2단계: 정답을 확인한다.

#3. 3단계: 필요한 경우 해설을 보면서 문장을 분석한다.

이때는 확인하는 과정이므로 천천히 해도 된다.

#4. 4단계: 최대한의 빠른 속도로 다시 푼다.

어려운 문제여서 3단계를 거친 경우만 다시 푼다. 문제 유형에 익숙해지기 위해서다. 목표 시간 안에 정확히 푼 문제에 대해서는 4단계를 거칠 필요 없다.

(4) 책을 함부로 바꾸지 않는다

공부하던 토익 RC 책의 문법 내용 대부분을 이해하기 전까지는 새 책으로 바꾸지 않는다. 책을 잘못 골랐다는 것을 알게 되었을 경우만 예외다.

초급자는 교재를 가능한 바꾸지 말아야 한다. 가장 인기 있는 교재를 벤치마킹해서 만들기 때문에 교재들 간 구성과 내용은 유사하다('H'사 교재의 내용과 구성을 참조해 만드는 경우가 많은 듯하다). 반복 학습을 통해 공부하고 있는 교재의 주요 내용을 거의 기억할 정도로 완성도를 높이는 것이 우선이다. 그런 후에 동일 수준의 다른 교재를 보거나 중고급용 교재로 넘어가면 주요 내용이 대부분 일치하므로 학습이 빨라진다.

한 교재의 핵심 내용들을 기억시키지 못한 상태에서 다른 서적으로 건너뛰면, 마치 새로운 문법, 어휘, 내용을 공부한다는 느낌을 받게 된다. 효율적인 반복 학습에 실패한 것의 반증이다. 시간을 불필요하게 낭비한 것이다. 물론 한 책을 계속 보면 뇌가 지루함을 느끼게 되어 학습 효율이 저하된다. 그러나 반복이 주는 누적 학습 효과가 훨씬 더 크다. 지루해질 때는 읽는 속도를 약간 빠르게 한다. 잡념 제거와 집중 강화에 도움이 된다.

(5) 문법 분석이 필요 없도록 문장 구조 자체를 외운다

문법은 원어민들이 각종 자료나 회화에 자주 사용하는 표현들의 공통점을 학자들이 정리해 놓은 것일 뿐이다. 일반적 규칙에서 벗어나는 표현들도 많이 있다. 초기 학습할 때는 이해를 위한 분석이 필요하지만, 그 이후에는 대표적 예문 하나를 '반복'해 보면서 분석 과정 없이 '하나의 표현(= 말)'으로 받아들일 수 있도록 노력해야 한다. 그래야 특정 문장을 들을 때나 읽을 때 신속히 해석할 수 있다.

원어민 강사 분들에게 문법상 틀린 문장을 보여 주고 왜 이상한지 분석해 달라고 하면 '뭔가 어색하다'라고 응답을 하곤 했다. 그분들이 일상적으로 자주 사용하는 표현에 맞지 않기 때문이지, 어떤 문법 공식에 대입해서 판단하는 것은 아니었다.

특정 문법 사항이 포함된 문장을 반복해서 말로 표현해 보면 문법을 자연스럽게 받아들일 수 있어서 가장 좋다. 나는 그렇게 한다. 그러나 회화에 능숙하지 않다면 관련 예문을 자주 봐서 구조에 익숙해지도록 해야 한다. 문장들을 일일이 분석하고 있으면 토익 속도를 따라갈 수 없다. 문장들을 보자마자 내용을 이해하는 것을 목표로 훈련해야 한다.

아래의 예문은 'to 부정사의 형용사적 용법'과 관련된 것이다. 형용사나 명사의 자리인 '5형식 목적격 보어 위치'에 'to 부정사구'가 사용된 것이다. 한번 읽어 보길 바란다! '읽을 때 별 고민 없이 직독직해가 되는가?' 만약 그렇다면 적어도 아래 예문에 있는 'to 부정사 용법'은 말의 일부로 자연스럽게 받아들이는 수준이 된 것이다.

The company policy allows employees **to change their departments every three years.** (그 회사의 정책은 직원들이 3년마다 부서를 변경하는 것을 허용한다).

위 예문을 보면서 'to change~years'가 5형식 보어로 쓰인 'to 부정사의 형용사적 용법'인지 머릿속에서 생각하고 있으면, 문법을 분석적으로 받아들이고 있는 단계다. 그런 느낌을 완전히 제거는 못하더라도 감소는 시켜야 한다. 극복을 위해서는 예문을 입으로 반복해 읽으면서 구조 자체가 자연스럽게 인식되도록 훈련해야 한다.

그리고 일반적인 문법 규칙으로 설명할 수 없는 예외적인 표현들이나 관용어들은 그냥 **외워야 한다.** 억지로 분석하려 시도하면 머리만 아프다. 원어민들이 습관적으로 사용하는 것들일 뿐이다. 우리나라 사람들은 한국식 영어 교육의 영향으로, 모든 영어 표현들을 책에 정리된 문법 규칙에 근거해 분석할 수 있다고 생각하는 습성이 있다. 잘못된 태도다. 실제 원어민들이 사용하는 문장 형태는 10~20가지 이상으로도 분류할 수 있는데, 다섯 가지 대표적인 문장 구조(문장의 5형식)에 모든 표현들을 억지로 꿰맞추려 하는 것이 그 사례 중 하나다. 문장의 5형식에 대해서는 다른 곳에서 자세히 설명할 것이다.

(6) RC 강의를 한 차례는 수강한다

앞부분에서 언급한적 있는 것처럼 토익 학습을 처음 시작하는 사람이라면, 자신의 수준에 맞춰 초급용 혹은 중급용 온라인이나 오프라인 강의를 1회는 들으면서 토익에 대한 이해를 깊게 해야 한다. 교재만 가지고 하는 독학으로는 한계가 있다.

토익 RC 교재들 대부분은 문법 설명을 깊게 하지 않는다. 기본 이론과 출제 유형을 암기하듯이 공부해서 기계적으로 풀 수 있도록 유도한다. 초급 교재들도 이론보다는 단순한 예문 및 문제들 위주로 제작되어 있다. 책으로 너무 자세한 내용을 전달하면 학습자들이 혼란스러워하고, 정리된 내용만 주입식으로 알고 있어도 어휘력만 있으면 토익 문법 문제들 대부분을 쉽게 풀 수 있기 때문이다. 그나마 중급용('기본서'라 한다.)은 설명이 더 있는데, 초급용 서적('베이직 혹은 스타트'라고 책명이 되어 있다.)들은 아주 간략하게 정리되어 있다.

하지만 문법 사항들을 정확히 이해하지 않고 교재에 있는 내용만 암기하듯 받아들이면 학습 효율이 떨어진다. 문법 문제들을 풀 때는 큰 어려움이 없더라도, 파트 6, 7의 독해 속도 및 이해 수준과 LC 파트 풀이에 영향을 준다. 따라서 토익 전문가의 강의를 한 차례는 들으면서 교재에 없는 중요한 문법 내용들을 보완해야 효율적이다.

• 어떤 강의를 선택해야 하나요?

최근 몇 년에 걸쳐 이름이 많이 알려진 토익 강사들의 수업을 듣는 편이 안전하다. 주변 지인들에게 문의하거나 온라인상의 수강 후기들을 가능한 많이 참조한 후 결정한다. 요즘은 수강생들의 정보 공유가 온라인상으로 원활해서, 단순 요령, 유창한 화술, 직원들을 동원한 댓글작업, 화려한 광고로는 1~2년도 명성을 유지하기 힘들다.

과거에 유명했다고 선택하는 것은 위험하다. 토익 시험 난이도가 예전과 다르다. 현재 시점에 경쟁력이 있는 강사의 강의를 수강해야 공부 방식 및 시험 대응 요령을 제대로 배울 수 있다. 오프라인으로 수강 신청이 어렵다면 온라인으로 듣도록 한다.

수강 신청 전에, 온라인은 요즘 유행하는 '소개 형식의 짧은 무료 강의'를 들어 보고, 오프라인은 청강을 한 후 선택하는 것도 필수다. 강의 기관(회사나 학원 등)이나 강사가 강의 품질에 자신이 있으면 수강 등록 전 점검할 수 있는 기회를 준다. 반면에 실력이 불안하면 무료 온라인 강의나 청강을 허용하지 않는 경향이 있다.

강사가 최근에 '토익 만점'을 최소 몇 회 이상 획득한 경험이 있는지도 살펴야 한다. 신토익 만점을 자주 맞으려면 LC와 RC 둘 다 잘해야 하고, 꾸준한 노력 및 자기 관리가 뒷받침되어야 하며, 효율적 시험 요령 및 최근 시험 경향도 상세히 파악하고 있어야 한다. 토익 점수가 980~985점은 쉽게 나오지만 만점을 한 번도 넘지 못한 사람과, 만점을 자주 맞은 사람과는 실력 차이가 있다. 만점자에게서 배울 점이 훨씬 더 많다. 5~10점 차를 극복하고 만점을 자주 획득하는 능력을 갖기 위해서는, 영어 실력 및 풀이 속도 향상을 위해 치열하게 노력해야 한다. 넓고 깊게 공부해야 특이한 문제(1~2개)가 나오더라도 대처할 수 있고, 풀이 방식 효율화와 풀이 속도 향상을 위해 꾸준히 노력해야 안정적인 시간 관리가 가능하다. 어쩌다 운으로 만점을 1~2회 맞을 수는 있지만, 여러 차례 맞으려면 튼튼한 실력이 뒷받침되어야 한다.

RC는 만점인데 LC는 만점을 맞은 적이 없거나 그 반대의 경우도 강의 내용에 취약점이 있을 수 있다. 토익 특성상 RC와 LC를 동시에 고려하며 공부해야 하고 문제도 풀어야 하는데, 수업 내용에 그런 점이 반영될 수밖에 없다.

토익 강의는 원칙을 중시하면서 효율적 학습 및 시험 요령을 가르치는 수업이 좋다. 문법 문제를 원리 설명 없이 수학 공식처럼 가르치거나, '대충 듣거나 독해하기 등' 초급자의 한시적 부담 감소용 풀이 요령을 지나치게 강조하는 강의는 피해야 한다. 중장기적 실력 향상을 가로막는다. 실력이 떨어지는 강사일수록 책을 읽듯이 가르칠 가능성이 높다.

(1) RC 강의

초급자를 대상으로 하는 RC 강의는 수업 시간의 제약 때문에 '문법 위주'로 이루어지는데, 문법 실력이 낮은 사람도 이해를 시켜 줄 수 있는 강사의 강의를 들어야 한다. 토익 출제 유형에 맞춰 끊고 맺음이 명확하되, 원리적으로 설명해 주는 강의를 수강해야 한다.

강사가 문법 내용에 대한 지식과 이해도가 낮으면, 책에 있는 이론을 '단순히 읽어 주는 수준으로' 가르치고 문제들만 기계식으로 푼다. '5형식의 유래가 무엇이고 왜 중요하죠? 가정법을 원어민들은 어떻게 인식해요? to 부정사가 생긴 이유는 뭐죠? 도치는 왜 하나요? 문장의 주요 구성 성분을 얘기할 때 왜 동사만 주어, 목적어, 보어, 수식어와 달리 품사 이름을 쓰나요?'와 같은 근원적인 질문들에 답을 줄 수 있어야 한다. 각 문법 사항들과 토익 출제 유형과의 관련성도 명확히 설명할 수 있어야 한다.

모든 것이 맞아떨어지는 수학 공식과는 분명히 다르지만, 토익에 나오는 문법 내용 중 명확한 설명이 가능하지 않은 것들은 거의 없다. 일반적 문법 규칙에 어긋나는 예외적인 사항들에 대한 설명 또한 논리적으로 할 수 있다. 실력이 있는 강사라면 주요 문법 내용들에 대해 초급

토익 시험의 천재가 되는 비법

자들도 이해가 되게 가르칠 것이다. 표준적인 문법 내용들과 원어민들의 실제 사용현황을 잘 알고 있고, 원칙과 예외를 구분할 수 있으면 가능하다.

강사가 영문법의 역사, 영어권의 현재 영문법, 국내에서 통용되는 영문법에 대해 심도 있게 공부를 했고, 영작문, 회화, 원서 읽기, 비즈니스 영어에 능통하면서 가르치기까지 잘하면 최선일 것이다. 문법의 앞뒤를 다 꿰뚫고 있기 때문에 배경설명까지 해 가면서 수강자들의 수준에 맞춰 이해를 깊게 시켜 줄 것이다. 문제는 어떤 강사가 그런 능력을 가졌는지 일반 수험생이 알 수 없다는 점이다. 그러므로 **가능한 유명 강사의 강의를 듣는 것이 현명하다. 품질이 지나치게 낮은 강의를 듣게 되는 위험성을 조금이라도 줄일 수 있다.**

열심히 점검하고 골라서 수강을 했는데 강의 내용이 전체적으로 이해가 되지 않는다면, 비용이 아깝더라도 다른 강의로 즉시 갈아타야 한다. 강사 실력이 부족하다고 간주해야 한다. 토익용 문법은 단순하다. 어렵게 가르치는 것이 오히려 힘들다.

(2) LC 강의

토익 만점자가 아니면서 LC만 잘하는 강사들의 강의는 피하는 것이 좋다. 만점 강사가 진행하는 LC 강의 수강이 바람직하다. 파본 검사 시간과 LC 파트 1, 2 안내 시간을 활용해 RC 파트 5를 풀어야 하고, LC 파트 3, 4 풀 때 '문제 지문 미리 읽기'를 하는 것은 RC 독해 속도와 관련 있고, RC와 LC 간 어휘나 문법 내용도 상호 중첩이 된다. 그런데 강사가 RC 파트에 대한 이해가 최고 수준이 아니면 연관된 부분들을 명확히 집어 주지 못할 수 있다.

토익 LC는 RC에 비해 고득점이 쉬워서 고수들은 수십 회 연속 만점도 가능하다. 따라서 LC 점수만 가지고 강사의 능력을 판단하기에는 한계가 있다. 나도 너무 피곤해서 순간 졸았거나, 수업에 사용할 목적으로 문제를 자세히 분석하면서 시험 볼 때를 제외하고는 LC 만점을 거의 놓치지 않았었다.

토익 만점이고, 강의 경력도 있고, 지명도도 있다면, 그다음에는 '표준 미식 발음'을 사용하고 회화를 잘하는 LC 강사인지 점검해 본다. 온라인인 경우 샘플 강의를 듣고, 오프라인은 청강을 해 보면 대충 판단할 수 있다. 강사 소개 이력을 통해서도 대략적인 확인이 가능하다. 사정상 회화 실력 평가는 어렵더라도 발음은 확인할 수 있을 것이다. 원어민만큼은 아니어도 적정 수준의 표준 미식 발음을 사용해 수업을 진행하면, 수강생들에게는 그 자체로 듣기 훈련이 된다. 미식 발음을 잘 알아들을 수 있으면 토익에 나오는 호주, 영국, 캐나다 발음에도 쉽게 적응할 수 있다.

토익 LC 강사의 발음이 듣기 너무 어색하면 개선 노력이 부족한 것이다. 가르치는 사람은 성의와 자존심이 있어야 한다. 발음을 개선해 주는 '쉐도잉'과 같은 효율적 듣기 훈련법을 사용한 적이 없을 가능성도 높다. 귀로 반복해 듣는 비효율적 방식으로만 오랜 기간 공부해서 LC

만점을 맞은 사람들은, 단기 고득점 획득을 가능케 해 주는 학습 방식을 모르거나, 효율적 듣기 훈련 방식을 가르치기 어렵다고 나는 생각한다.

강사가 (미국식) 회화에 능숙할수록 좋다. LC에 나오는 표현들을 이해하기 쉽게 설명해 줄 것이고, 시험에 도움이 되는 예문들도 풍부하게 사용할 것이다. 회화는 약한데 토익만 열심히 공부해서 LC 만점을 맞았다면 강의 내용이 한정적일 수밖에 없다. 실수할까 봐 조심하게 된다.

토익 LC에 영국, 호주 발음도 나오지만, 전체적인 내용은 미식 영어다. 출제 기관인 ETS도 미국 회사고, 초기 토익 LC에는 미식 발음만 나왔다. 1차 개정 시에 영국, 호주, 캐나다 발음을 추가했지만, LC에 출제되는 표현들은 미식 영어 위주다(RC도 마찬가지다). 따라서 미식 발음(LA 지역 발음이 토익에 가깝다.)을 구사하는 강사에게 배우는 것이 더 유리하다.

(3) 중급반, 실전반 수강 여부

초급자인 경우 기초반 강의(= 초급자용 강의)는 꼭 들어야 하지만, 중급 및 실전반 강의는 필요한 경우에만 수강해도 된다. 다만, 토익을 처음 시작했지만 영어 실력은 탁월한 경우 초급반 대신 중급반을 수강하는 것이 좋다(실전반 강의는 필요한 경우에만 들어도 된다). 토익 학습자라면 초급이나 중급용 강의 중 하나를 1회는 수강해야 한다.

초급자들 대상의 좋은 LC/RC 강의를 성실히 들었으면 중급반 강의는 듣지 않고 책만 가지고 공부해도 충분하다. 문법을 포함한 파트별 이론은 초급반 강의할 때 가장 자세히 가르치는 것이 일반적이다. **중급반 강의는 수강생들의 기초 공부가 완료되었다는 가정하에, 이론 설명보다는 각론별 문제 풀이에 더 무게를 둔다.**

기초 교재 학습이 끝나면 중급용 책('기본서'라 한다.)을 구매해야 한다. 기초서는 수록된 문제 수가 전체적으로 적고, 실전 문제집의 모의고사는 문제들이 골고루 나오므로, 특정 내용을 심화 학습할 수 없다. **반면에 중급용 교재는 각론별로 기출 문제들을 한꺼번에 잔뜩 모아 놓기 때문에 깊이 있게 공부할 수 있다.**

예를 들어, '분사' 관련 문제를 많이 풀고 싶어도 기초용 교재에는 문제 수가 적고, 실전 문제집으로 모의고사 1회를 풀면 1~2문제 정도만 볼 수 있다. 하지만 기본서의 '분사 단원'에는 분사 관련 다양한 기출 문제들이 상대적으로 많이 수록되어 있어 심화 학습에 유리하다. 초급 교재 학습을 끝낸 후에는 실전 문제집을 정기적으로 풀어야 하는데, 동시에 기본서 학습을 병행해야 효율적이다.

기초용 교재와 중급용 교재에 정리된 이론 부분의 주요 내용들은 서로 중복된다. 중급 교재에는 심화 학습을 위해 더 많은 내용들을 수록하지만, 뛰어난 강사의 강의를 들으면서 기초용 LC/RC 교재를 공부했으면 중급용 교재의 이론들도 쉽게 이해할 수 있다. 초급 강의를 잘 고르는 것이 중요하다.

실전반(문제 풀이반)은 실전 문제집을 이용한 모의고사 풀이 위주로 일반적으로 진행된다. 효율적 풀이 방식을 알고 있다면 해설집을 참조하며 혼자 공부해도 된다. 그러나 혼자 공부하는 것이 불안하면 한 차례 강의를 들어도 좋다. 홀로 공부하면 힘들어서 모의고사 문제를 자주 풀지 않을 가능성이 있는데, 수업을 들으면 강제로 모의고사를 많이 볼 수 있다. 모의고사 풀이 및 풀이 후 분석 과정 자체가 점수 상승에 큰 도움이 된다.

오프라인 강의의 경우 실전반은 800~900점대의 수험생들이 많이 듣는데, 학습 태도가 진지하고 열정들이 있는 편이다. 같이 수강하면 긍정적 영향을 받을 수 있다. 950~990점을 목표로 열심히 공부하고 있지만 800점 후반이나 900점 초반에서 정체 상태인 고득점자들은, 강사와의 개별 상담이나 대화를 통해 필요한 조언을 받을 수도 있다. 내가 운영했던 실전반 수업에는 그런 목적으로 수강하는 사람들이 많았다.

• 토익 시험이나 모의고사를 자주 봐야 하나요?

(1) 공식 토익 시험 응시

토익 공부를 막 시작한 초보자이면서 시험 경험이 없다면 토익 시험에 되도록 빨리 응시한다. 자신의 현재 실력도 점검하고 시험 특성 및 시험장 환경에 대해서도 파악해야 한다. 정식 시험을 경험해야 깨달음이 커져서 공부 방향 설정과 학습 동기 부여에 유리하다. 실전 문제집을 이용한 모의고사 풀이로 대신할 수도 있지만, 실제 시험장에서만 느낄 수 있는 긴장감을 맛봐야 정신을 빨리 차리게 된다.

그리고 나서는 기본 실력이 쌓이기 전까지 공식 시험을 볼 필요 없다. 돈 낭비다. 필수 어휘를 먼저 외우고 난 후, LC와 RC 초급용 교재(BASIC 혹은 START) 및 강의를 이용해 기초 실력 다지기에 매진해야 한다. 2개월 정도 소요될 것이다. 토익이 급하면 다른 공부는 일단 미뤄 두고 그 기간 동안 토익에만 집중한다. 그 후에 공식 시험을 다시 1회 보며 공부 성과를 점검한다.

취업 등을 위해 필요한 목표 점수에서 50~100점가량 차이가 나는 시점부터는 가능한 자주 '공식 시험'을 보도록 한다. 이때는 돈을 아끼지 말아야 한다. 시험 난이도나 당일의 컨디션에 따라 '50점 이상'까지 점수가 등락될 수 있다. 600~800점대 사이에 있을 때 점수 변동이 크다. 시험 볼 때마다 900~950점을 평균적으로 초과하는 실력이 되어야 그런 경향이 줄어든다.

(2) 실전 모의고사 풀이

'단어 책 암기'와 초급용 교재 학습을 완료한 후에는 중고급용 교재 (기본서) 공부를 시작하는데, 이때부터는 실전 문제집의 모의고사 문제도 '1주에 1회 이상' 정기적으로 풀도록 한다. 즉, 기본서 공부와 모의고사 풀이를 병행한다. 600~700점 이상의 점수가 나오기 전까지는 모의고사 문제집으로만 풀고, 공식 시험은 모의고사 점수가 600점을 넘어서면 한 달에 1회 정도 치른다.

600~700점에 도달했으면 기본은 갖춰진 것이므로 모의고사 문제 풀이 횟수를 늘린다. '1주에 2회 이상' 정기적으로 모의고사 문제집을 푼다. 2시간 동안의 시험이 무척 힘들기 때문에 모의고사를 자주 보는 것을 회피할 수 있다. 그러나 중급 이상의 실력자가 가장 효과적으로 단기에 점수를 향상시킬 수 있는 방식이, 정기적 모의고사 풀이 및 풀이 후 틀린 문제나 취약한 부분 보완 학습을 하는 것이다.

모의고사가 점수 상승에 효과적인 대표적 이유 두 가지는, 첫째, 많은 지문들과 기출 문제 유형들을 접해 볼 수 있다는 것과, 둘째, 본인의 취약점들을 알아내서 개선할 수 있다는 점이다. 또한 모의고사를 자주 풀면 문제 풀이 요령과 시간 관리 능력도 향상된다.

모의고사 10회분이 수록된 RC와 LC 실전 문제집을 2~3권(모의고사 총 20~30회분) 정도는 풀어야, 800~900점 이상의 고득점이나 초고득점(950~990)을 빨리 맞을 수 있다. 시중의 유명한 실전 문제집들(보통 '1000제'라는 명칭이 책 제목에 들어가 있다.)은 실제 기출 문제들을 정밀하게 분석하여 제작된 것들이다. 따라서 모의고사 20회 분량 정도면 토익 시험에 나오는 유형과 내용을 거의 포괄한다. 30회 이상 푸는 고득점자들도 있다. 정기적으로 모의고사를 보고 틀린 문제들을 분석하다 보면 실력이 점점 쌓이는 것을 실감할 수 있다. 모의고사를 볼 때 정확히 모르는 상태에서 정답을 고른 것이나 틀린 문제에 대해서는 완벽히 이해하고 풀 수 있도록 보완해야 한다. 토익은 동일한 내용이 돌아가면서 다시 출제된다. 한 번 틀리면 계속 틀리게 되므로 끝장을 봐야 한다.

• 영국, 호주, 캐나다 발음을 별도로 공부하나요?

(1) 미식 발음 위주로 한다

단기 토익 고득점 획득이 목적이라면 영국의 'BBC' 방송이나 호주 TV 프로그램 등을 이용해 별도로 공부할 필요 없다. 토익 출제와 관련 없는 표현 및 사투리나 비격식적인 발음을 들으면서 시간 낭비할 수도 있다.

토익 LC 교재에 나오는 영국 및 호주 성우들의 말을 진도 나가면서 열심히 듣고 '쉐도잉'을 충실히 하면 시험에 대응할 수 있다. 기초용 LC 교재 한 권만 공부해도 일정 수준 익숙해질 수 있다. 거기에 덧붙여서 모의고사를 몇 회 풀면 발음 부담감이 거의 사라질 것이다.

영식, 호주식 발음을 꼭 공부하고 싶다면 'BBC 뉴스 등의 시사 프로그램'을 이용한다. 뉴스나 기타 시사 프로그램 아나운서들의 발음이 대체적으로 토익 성우들의 발음과 유사하다. 인터넷이나 휴대폰의 앱 (Tune In Radio 등)을 이용해서, 토익과 유사한 발음을 구사하는 것을 찾아 듣도록 한다. 'TED Talks(테드 강연)' 청취나 시청이 도움이 된다고 하는 사람들이 많지만 나는 추천하지 않는다. 내용도 유익하고 나도 가끔 듣거나 보지만, '강연자들'의 발음이나 표현이 다양한 편이다. 영어 회화나 듣기에 익숙하지 않으면서 단기 고득점이 필요한 학습자라면 토익에 맞춰 공부하는 것이 유리하다.

우리나라 사람들은 미식 발음 위주로 공부한다. 미국이 경제, 군사, 문화면에서 다른 영어권 국가들에 비해 세계적으로 막대한 영향력을 가지고 있으므로 당연하다. 그런데 토익 LC에는 영국, 호주, 캐나다 발음이 등장한다. 토익이 미국시험이므로 초기 토익에는 미식 발음(LA 지역 발음에 가깝다.)으로만 출제되었는데, 2006년도에 출제 형태를 변경하면서 추가된 것이다. 국제 비즈니스를 고려했다고 하지만, 난이도 상향 조정이 주목적이었을 것이다. 호주, 캐나다는 영국의 식민지

였던 국가들로서 영어를 주 언어로 사용한다.

다행히 토익에 나오는 미식 외의 발음들은 별도로 신경 쓸 필요 없는 수준이다. 처음 공부할 때는 낯설기 때문에 부담이 있겠지만, 초급자용 토익 LC 교재 한 권을 '쉐도잉을 병행'하며 열심히 공부한 후에는 '별거 아니네!'라는 생각이 들 것이다. 미식 발음을 잘 들을 수 있는 실력이 되면 토익의 영식 및 호주식 발음은 조금만 학습해도 잘 들린다. 토익 LC에 등장하는 성우들이 아주 표준적인 발음과 억양을 사용하기 때문이다. 영식과 호주식도 투박한 미식에 가깝게 들린다. 미식 발음도 아직 익숙하지 않은 수준일 때는 영국이나 호주 성우의 발음이 특이하게 들릴 것이다. 실력이 많이 부족한 상태이므로 더 열심히 듣기 연습을 해야 한다.

영식이나 호주식은 각 국가의 표준 발음이 아닌 경우 이미 잘 알고 있는 어휘들이 나와도 듣기 어렵다. 서울말을 배운 외국인들이 우리나라의 억센 지방 사투리를 들을 때와 유사할 것이다. 그러나 토익은 각 국가의 표준 영어 발음을 사용하는 성우들을 의도적으로 선정해서 녹음한다. 우리나라의 뉴스 아나운서들 중에 발음과 표현이 명확한 사람들의 말을 듣는 느낌과 비슷하다. '듣기 편한 발음을 사용하는 성우들'이 나온다.

발음을 불명확하게 하는 성우(호주)가 나온 적도 있었다. 나는 오래전에 딱 한 번 경험했다. 너무 이상해서, 계속 나오면 ETS 미국 본사에

메시지를 보내서 항의하려고 진지하게 생각했었다. 일상적이고 표준적인 비즈니스 영어를 추구하는 토익 시험의 취지에 맞지 않기 때문이었다. 그런데 그 이후 시험에 들어갔더니 그 목소리가 더 이상 나오지 않았다. ETS에서 어떤 사정이 있어 일시적으로 성우를 잘못 선택했을 것으로 추측한다.

영식과 호주식 표준 발음은 미식에 비해 연음이나 묵음을 더 적게 사용한다. 그 때문에 LC 공부량이 쌓이면 오히려 미식보다 편하게 들릴 것이다. 영식은 미국 사람이 약간 혀를 덜 굴리는 발음으로 또박또박 말하는 느낌에 가깝다.

일반 회사 수출입 팀에서 근무할 때 영국이나 호주 사람들과 업무나 국제 전시회를 통해 만날 기회가 가끔 있었는데, 미국 사람들과 대화할 때에 비해 그들의 말소리가 내게는 더 편안하게 들렸었다. 미국인들에 비해 연음이나 묵음이 적은 것이 영향을 줬던 것 같다. 내가 원어민이 아니어서 담당자들이 발음을 더 명확히 해 주기 때문이기도 했다. 토익 LC의 영국이나 호주 성우들의 말소리도 그런 느낌이다.

나는 과거에 토익 LC 기본서를 저술했을 때, 토익 성우들과 유사한 발음을 구사하는 영국과 호주 성우들을 직접 선정하고 스튜디오 녹음 과정도 관리했었다. 그때도 듣기 편하다는 생각을 했다.

토익에 나오는 '캐나다 성우들의 발음'은 미식과 거의 동일하다. 나

는 호주와 영국 성우들의 발음은 구분할 수 있지만, 토익 시험에 나오는 캐나다와 미국 성우들 간 발음 차이는 명확히 구분하지 못한다. 실제 캐나다 뉴스 등을 보면 미식 영어와의 차이가 미세하지만 인식이 된다. 또한 영식 발음을 사용하는 어휘들도 일부 있고, 사람 및 지역에 따라 특이한 발음을 사용하기도 한다. 그러나 토익 성우들만 두고 봤을 때는 차이를 모르겠다. 토익에 나오는 캐나다 발음은 신경 쓰지 않아도 된다.

(2) 영식 발음의 주요 특징은 파악해야 하고, 발음이 특이한 기출 단어 몇 개는 외워야 한다

미식과 큰 차이가 있는 영식 발음의 특징은 학습 원활화를 위해 알고 있어야 한다. 예를 하나 들면, 영식은 'R'이 단어의 맨 뒤에 오거나 모음 뒤에 오면 발음을 거의 하지 않는다. 반면에 미식은 확실히 발음을 해준다.

영식과 미식 발음 간 차이에 대해서는 '토익 LC 책들 앞부분'에 자세히 정리되어 있다. 그것들만 공부하면 충분하다. 토익 시험에 나오는 것들이 일정하기 때문이다. 호주나 캐나다 발음에 신경 써야 하는 어휘들은 없다.

영식 발음이 유독 특이해서, 들을 때 문제가 될 수 있는 토익 기출 어휘 몇 개도 암기해야 한다. 아래의 네 가지 정도다.

schedule(미식: skédʒuːl, 영식: ʃedjuːl)

vase(미식: veis, 영식: vɑːz)

laboratory(미식: lǽbərətɔ̀ːri, 영식: ləbɔ́rətəri)

advertisement(미식: ædvərtáizmənt, 영식: ədvə́ːtismənt)

· 고득점 획득의 가장 큰 장애물은 무엇인가요?

기초 공부 완료한 수험생이 토익 중급 및 고급으로 가는 길목에서 마주하게 될 가장 큰 골칫거리는 '속도'라고 나는 판단한다. '듣기, 독해 및 문제 풀이 속도의 빠르기'를 말한다.

어휘는 기본 중에 기본이므로 제외하고 얘기해야 한다. 토익용 단어책(약 5,000어휘)의 95% 이상을 대략이라도 암기하지 못했다면 RC와 LC 공부 시작할 준비가 아직 안 된 것이다. 이미 알고 있을 어휘들을 제외하면 약 3,000개 분량이다. 수단과 방법을 가리지 않고 1개월 내에 대부분 암기해야 한다.

RC와 LC도 좋은 강의를 한 차례 들으면서 기초 교재를 2개월 정도 집중 공부했으면 일정 수준 준비가 된다. 하지만 고득점에 요구되는 '속도 능력'은 어휘력 구비와 교재 학습만으로 갖추기 힘들다. 효율적 방법을 적용해 따로 훈련하지 않으면 몇 개월을 공부해도 토익 속도를 따라가지 못한다.

(1) RC 고득점 획득에는 '독해 속도'가 가장 큰 장애물이다

어휘, 문법 등의 지식적인 부분을 충족한 것만으로는 RC 고득점 달성이 힘들다. 주어진 시간 내에 지문을 정확히 읽고, 해석하고, 분석하면서 문제를 풀어내는 속도가 적절해야 한다.

RC 시험 시간을 10분만 더 늘려도, 500~800점대 수험생들의 평균점수가 약 50점 이상 올라갈지도 모른다. 그만큼 토익은 풀이 속도가 점수에 큰 영향을 준다. 속도 훈련이 되어 있지 않는 경우, 800~900점대의 수험생들도 시간에 쫓겨 5~10개 이상의 문제들을 찍을 가능성이 높다. 800점 이하는 15~20문제 전후로 찍었던 경험이 적어도 한두 차례는 있을 것이다. 나도 오래전에 애매한 문제 1~2개에 고집스럽게 집착하다가 시간이 모자라서, 10문제 가까이 찍은 적이 한 차례 있다.

단순히 RC 문제들을 많이 풀거나 어휘와 문법 실력이 늘면, 직독직해 및 문제 풀이 속도가 자연스레 빨라질 것이라는 어리석은 생각은 하지 말아야 한다. 향상되기는 하지만 그렇게 해서는 토익 진행 속도를 단기에 따라잡거나 지배할 수 없다. '속도 능력'을 빨리 기르기 위해서는 토익 공부를 처음 시작할 때부터 '의도적인 연습'을 해야 한다. 공부기간 단축을 위해 초기부터 습관화해야 한다.

RC에 요구되는 속도 능력을 단기에 갖추기 위해서는, 파트별 '목표 풀이 시간'을 미리 정하고, 교재의 연습 문제 하나를 풀더라도 스톱워치로 측정하며 풀어야 한다. 스톱워치 사용을 귀찮아하면 안 된다. 파트 7 독해 지문만 가지고 '분당 읽을 목표 단어 수'에 맞춰 '고속 직독직해'하는 연습도 별도로 해야 한다. '고속 직독직해 연습법'에 대해서는 '4장 01단원'에 자세히 설명했다.

(2) LC 고득점 획득에는, 성우의 말을 들으면서 '동시 해석하는 속도'와 파트 3, 4의 '문제 지문 직독직해 속도'가 관건이다

지문이 짧은 파트 1, 2는 속도 영향이 적다. 파트 3, 4 정복이 가능하면 파트 1, 2는 상대적으로 쉽게 풀 수 있다.

LC 파트 3, 4는 어휘 난이도, 문장 구조, 지문 길이 면에서 RC보다 쉽게 출제된다. 그러나 모든 지문이 문제지에 있는 RC와 달리, 파트 3, 4 본문 내용은 문제지에 없다. 듣기에만 의존해 풀어야 한다. 따라서 성우들의 말을 듣고 해석하는 속도의 빠르기가 원어민 수준 이상이 되지 않으면 고득점을 맞지 못한다. 문제 지문(질문과 보기)을 읽고 해석하는 속도 또한 빨라야 한다. 시간 여유가 없다.

첫째, 파트 3, 4의 '문제 지문 읽는 속도'가 빨라야 한다.

파트 3, 4는 문제지에 문제 지문들(성우 담화별 3개씩의 질문들과 관련 보기들)이 인쇄되어 있다. 그것들을 미리 읽어야 성우들의 말을 귀로 들으면서 정상적으로 문제를 풀 수 있다. '3문제 미리 읽기 → 성우가 하는 말 들으면서 동시에 문제들을 다시 보며 답 고르기'의 순서로 진행된다.

3문제를 미리 읽을 수 있는 시간은 '약 35~40초' 사이에서 주어진다.

문제별로 지문 길이가 다르지만 연습을 혹독하게 하면 2회 읽을 수 있는 분량들이다. 읽으면서 해석하고 요점도 파악해야 한다. 기본 2회, 최소 1회는 읽어야 한다. 2회 미리 읽는 기준으로 평소 연습하면 실제 시험에서는 여유가 생긴다. 1회만 읽어도 정확하고 자세하게 내용을 파악할 수 있게 된다. 실수로 시간 관리에 실패하는 부득이한 경우를 제외하고는 질문과 보기들을 1회라도 읽어야 한다.

RC 파트 독해 속도와 LC 파트 3, 4의 문제 지문 독해 속도는 상호 관련이 있다. 요구되는 속도가 유사하다. 어느 한쪽을 연습해서 실력이 향상되면 다른 쪽도 잘할 수 있게 되는 시너지 효과가 생긴다. 따라서 의도적인 '독해 속도' 훈련을 할 필요가 있다.

둘째, 성우의 말을 들으면서 동시에 해석하는 속도가 빨라야 한다.

LC 파트 3, 4는, 원어민이 표준 이상의 속도로 얘기하는 것을 실시간으로 들으면서 동시 해석하고 분석해야 문제를 풀 수 있다. 귀로 들으면서 눈으로는 문제를 보며 풀어야 하므로, 원어민의 말을 듣고 이해하는 것 이상의 사고 속도를 갖춰야 고득점이 가능하다.

현장에서 실시간 동시통역하는 통역 전문가들은, 듣고, 해석하고, 분석하고, 모국어 구조로 정리까지 한 후 통역한다. 말을 하고 있는 원어민보다 더 빠르게 사고할 수 있는 기능을 가지고 있어야 가능한 일이다. 토익 LC는 난이도가 훨씬 낮고 통역도 필요 없지만, 성우의 말을 단순히 듣고 이해하는 것 이상의 사고 속도는 갖춰야 정복할 수 있다.

영어 듣기 실력이 낮은 사람들이 착각하기 쉬운 것이 있다. 자신보다 영어를 더 잘 알아듣는 사람이 있으면, 어휘, 발음, 문법, 독해 공부량이 많아서 그럴 것이라고 예단하는 것이다. 그런 요소들이 듣기에 영향을 주기는 하지만 정확한 얘기는 아니다. 어떤 과정을 거쳤건 간에 '뇌의 소리 인식 및 처리 속도'가 빨라진 것도 가장 큰 원인 중 하나다.

지금 즉시 파트 3, 4 지문 중 하나를 고른 후, 10분만 사용해서 듣기 파일의 속도를 점진적으로 올리며 2~3배속까지 들어 보면 그 사실을 쉽게 이해할 수 있다. 그렇게 한 후 듣기 파일을 원래 속도로 재생하면 초보자에게도 성우들의 말소리가 명확하게 들릴 것이다. 뇌기능이 순간적으로 활성화된 덕택이다. 듣기 고수들이 토익 LC를 평소에 어떻게 듣는지 잠시 체험할 수 있다.

영어 듣기 실력이 초급 단계인 사람은 토익 LC 파일을 들었을 때 무척 빠르다고 느끼겠지만, LC 만점을 자주 맞는 실력자들은 그렇지 않다. 초급에서 고급 수준까지 차례로 단계를 밟아 간 사람들은 경험하게 되지만, 영어를 들을 때 체감하는 속도는 실력에 따라 상대적이다. 초급자는 '뇌의 영어 소리 처리 기능'이 충분히 형성되지 않아서 들리는 말의 속도를 미처 쫓아가지 못한다.

한국어로 녹음된 파일은 2~3배속으로 몇 차례 들어 본 후에 원래 속도로 듣거나 정상 속도로 바로 듣거나 상관없이, 거의 비슷한 빠르기로 인식될 것이다. 태어나면서부터 훈련을 해 와서 모국어 처리용 뇌기능이 이미 최적 수준으로 발달되어 있는 상태이기 때문이다. 영어도 들기 실력이 향상되면 듣기 연습 전후에 느끼는 속도감의 차이가 적어진다.

토익 LC 고득점에 요구되는 속도는 '단순 반복 듣기 연습'으로 갖추기 어렵다. 언젠가는 가능하겠지만 시간이 너무 오래 걸린다. '쉐도잉' 등의 효율적 방식들을 적용해서 강도 높게 훈련해야 단기에 듣기 실력을 높일 수 있다.

효율적 듣기 연습 방식에 대한 자세한 내용은 '4장 02단원'에 정리되어 있다. '고속 소리 내어 읽기, 2배속 이상 듣기, 1.5배속까지 쉐도잉하기'등에 대해 설명했다. 궁금하다면 미리 읽어 보고 오길 바란다.

• 텝스, 토플 공부가 도움이 되나요?

도움은 되지만 지금 현재 토익 목표 점수 획득이 중요하다면, 토플, 텝스 공부를 해 왔더라도 일단 접어 두고 토익에만 집중해야 한다. 같이 학습하면 불필요한 내용들도 봐야 하고 풀이 방식도 차이가 있으므로 토익 공부 기간이 길어진다.

토익(TOEIC)이 텝스(TEPS) 및 토플(TOEFL)과 가장 다른 점은 다루는 내용의 범위다. 토익은 '국제 비즈니스에서 일상적으로 사용되는 영어'를 기준으로 하되 '약간의 아주 기본적이고 표준적인 생활 회화'가

첨가되어 있다. 그러나 텝스와 토플의 범위는 비즈니스, 사회, 의학, 기술, 경제, 문화, 예술, 스포츠, 과학, 철학, 정치, 기타 학문 등 다양하다. 고득점을 위해서는 토익보다 더 많은 공부가 요구된다. 출제 범위로만 따지면 텝스와 토플의 영역 중 일부가 토익이다.

토플은 영어를 모국어로 하지 않는 사람들이, 미국 대학의 각 전공 분야에서 학업을 이수할 수 있는 능력이 있는지 평가하는 시험이다. 토플은 토익 출제 기관인 ETS에서 관리하는 시험이다. 국내 기관 출제 시험인 텝스도 일상 회화뿐 아니라 전공 및 학술 등 다양한 분야에서 영어를 사용할 수 있는 능력을 평가한다. 시험 형식은 다르지만 내용과 범위 면에서 토플과 유사하다. 둘 다 전문적인 수준으로 깊이 들어가지는 않지만 다루는 내용의 범위는 토익보다 몇 배는 넓다. 일상 회화도 토익은 아주 표준적인 것들 일부만 반복적으로 나오지만, 텝스와 토플에는 토익에 나오지 않는 관용적 표현들을 포함해 다양한 내용들이 출제된다.

영어 실력이 전반적으로 탁월한 사람은 세 가지 시험의 차이를 크게 느끼지 못할 것이다. 그러나 토익 고득점자라고해도 토익 위주로 영어 공부를 했다면, 토플이나 텝스 점수가 토익보다는 상대적으로 더 낮게 나올 것이다.

어휘의 경우, 수험생들이 많이 보는 토익 단어 책들은 약 5,000개 분량의 어휘를 수록하고 있다. 하지만 토플이나 텝스 고득점을 위해서는 '22000이나 33000 vocabulary' 한 권은 공부해야 한다. 출제 주제들이

다양하므로 배경지식 공부도 토익보다 더 많이 요구된다. 토익에는 출제되지 않는 복잡한 문법 내용들도 텝스에는 출제된다(토플은 문법 파트가 현재는 없다. 하지만 원활한 독해 및 작문을 위해 문법 공부는 해야 한다).

시험 구성으로 보면 토플(IBT 기준)은 듣기(LC)와 독해(RC) 외에 쓰기(writing)와 말하기(speaking)도 있는 반면, 토익은 LC와 RC만 있다. 텝스는 토익 대체를 목표로 국내에서 개발된 시험이므로 시험 구조(듣기, 문법, 어휘, 독해로 구분된다.)는 토익과 비슷하지만, 출제 범위 및 난이도가 다르다. 더 어렵다.

텝스나 토플 외에도, 토익 공부를 하면서 22000, 33000 vocabulary나 영자 신문, 영어 소설 등까지 볼 필요는 없다. '토익 자료'만 가지고 하는 것이 목표 점수 획득에 훨씬 유리하다. 토익을 취미로 하는 것이 아니라면 목표 점수 먼저 획득 후 영어 학습 범위를 확대하도록 한다.

원하는 점수를 이미 획득했거나 만점에 가까운 고득점자라면, 흥미 유지와 전체적인 실력향상을 위해 다양한 영어 자료를 보며 공부해도 된다. 토익은 '일상 비즈니스 영어' 및 원어민이 아닌 외국인이 영어권 회사에서 근무할 때 필요로 하는 '기본적인 생활영어'라는 한계가 분명히 있기 때문이다. 하지만 취업이나 각종 수험 때문에 점수 획득이 급하다면 토익 교재로만 공부해야 빠르다.

• 미국 드라마나 영화를 봐야 되나요?

　토익 점수가 급하다면 볼 필요 없다! 토익 공부 기간이 길어진다. 토익 목표 점수 획득 후에 관심을 갖도록 한다. 토익 출제 내용, 문장 유형, 성우들의 발음은 미국 일반 드라마나 영화와 대체적으로 차이가 크다.

　미국 영화나 드라마를 보면, '다양한 주제, 관용어, 비격식적이고 비문법적 표현, 사투리, 속어, 은어, 호흡 구분이 어려운 빠른 대화, 듣기 어려운 뭉개진 발음 및 억양, 표현의 생략, 추정이 필요한 간접 표현들'이 나온다. 미국 문화나 사회에 대한 이해 및 배경지식이 있어야만 알아들을 수 있는 내용들도 많다. 등장인물들의 동작, 배경 음악, 주변 모습, 복선 등이 의미 전달의 수단으로 사용되기도 한다.

　토익은 한정된 주제, 표준적인 문장, 일정하고 명확한 성우들의 발음을 특징으로 하기 때문에, 미국 일반 드라마와 영화들에 사용되는 영어와 많이 다르다. 토익 내용과 유사한 미국 TV 프로그램이나 영화들도 간혹 있지만, 그마저도 토익 공부만 한 수험생이 감당하기에는 난이도가 높다.

　토익 점수는 필요하지만 시간 여유가 있어서 흥미롭게 공부하고 싶다면, 뉴스(ABC, NBC, CBS, NPR, FOX News)나 미국 시사 프로그램을 시청 혹은 청취하면 좋다. 표현의 정갈함과 발음의 명확성에서 토익과 유사하다. 아나운서별 차이는 있지만 대체적으로 듣기 편하다. TV를 시청해도 되고 휴대폰에 무상 앱을 깔아서 들어도 좋다. 나는 'Tune in Radio'를 애용한다.

토익 고득점자라면 미국 뉴스나 시사 프로그램 시청 및 청취가 일정 수준 될 것이다. 시사용어들을 잘 모르더라도 소리는 꽤 잘 들릴 것이다. 영어의 범위가 넓을 뿐이지 토익 실력도 영어 실력의 일부다.

토익 점수가 950점 이상이거나 영어 공부의 일환으로 토익을 하는 것이라면 영화나 드라마 시청을 병행해도 된다. 영어에 대한 흥미를 높여 주고 시각도 넓혀 준다. 그러나 토익 점수 획득이 급하다면 950~990점이 될 때까지는 토익 위주로 해야 효율적이다.

• 토익을 잘하면 회화 실력이 좋아지나요?

토익 시험에는 수험생들의 회화 능력을 평가하는 부분이 없다. 즉, 토익 성적과 회화 실력이 1:1로 비례하지 않는다. 다만, 애초에 회화를 능숙하게 잘하는 사람은 토익 LC 고득점을 맞을 가능성이 높고, 회화 실력이 낮은 사람에 비해 RC 공부도 더 수월하게 진행할 수 있다.

그렇다고 토익 공부가 회화 실력에 미치는 영향이 없는 것은 아니다. 토익 고득점을 맞을 정도면, 비즈니스 회화, 영어 문서 작성, 영어 이메일 쓰기, 영문 서류 해석 등을 잘할 수 있는 튼튼한 기초를 갖춘 것이다.

나중에 회화를 공부할 때 LC와 RC에 나온 어휘, 표현, 문법 지식을 이용하면, 원어민들에게도 인정받는 훌륭한 비즈니스용 고급 영어 회화를 구사할 수 있다. 토익은 원어민들도 대학 교육을 받고 비즈니스 영어에 대한 이해가 있어야 고득점이 가능한 시험이다. 토익 영어는 '고급 영어'에 속한다.

원어민 수준의 발음으로 유창하게 말하거나, 원어민들이 일상생활에서 사용하는 관용 표현들을 능숙하게 구사하는 것으로 비즈니스 회화 능력을 평가하지는 않는다. 상대편에게 전달하고자 하는 바를 적절한 어휘와 문장으로 군더더기 없이 명확히 표현할 수 있고, 비즈니스 협상까지 무리 없이 진행할 수 있으면 고급 회화를 하는 것이다. 나는 근무했던 회사들에서 해외 업무를 담당할 때 토익에 사용되는 어휘나 표현을 자주 사용했었다.

토익 공부가 회화 실력 향상에 도움이 되지 않는다고 주장하는 사람들도 있다. 국제 비즈니스 경험이 없거나 적어서 그러는 것이다. 친구들이나 가족들과의 일상생활에서 사용하는 영어와 비즈니스나 공적인 자리에서 사용하는 영어는 차이가 있다. 토익에 나오는 어휘와 표현들은 회사에서 해외관련 업무를 할 때 기본적으로 이용되는 것들이다. 부서에 따라 필요한 전문적인 어휘나 표현들을 배우기 전에 어차피 공부해야 할 내용들이다.

국제 비즈니스에서 미국 영화나 드라마에 나오는 표현들이나 대화 방식을 그대로 사용하면 회사 간 거래를 망칠 수도 있다. 상호 이익 추구

를 목적으로 진행되는 국제 비즈니스에서의 의사소통은, 상호 이해할
수 있는 적절한 어휘의 사용과 객관적이고 명료한 표현이 핵심이다.

• 원서(영어 소설 등) 읽기가 도움이 되나요?

토익 점수가 급한 사람에게는 추천하지 않는다. 토익 범위를 벗어난
내용을 공부하게 된다. 토익 실전 문제집 등에 있는 '독해 지문들을 자
주 많이 보는 것'이 단기 점수 향상에 더 유리하다. 토익에 출제되는 내
용은 항상 일정하다.

토익 공부를 시작하기 전에 영어 소설 등의 원서 읽기를 이미 생활화
해 온 사람들은 그렇지 않은 사람들에 비해 토익 독해를 더 여유 있게
할 수 있다. 원서를 자주 읽으면 어휘력 및 문장 분석력이 향상되는 것
뿐만 아니라, 100%는 아니더라도 영어를 영어 자체로 받아들이는 능
력이 좋아진다. 우리가 어렸을 때부터 자주 사용해서 'bus'나 'school'을
영어 그대로 인식하는 것처럼, 해석을 하지 않아도 되는 부분들이 늘어
난다는 의미다. 당연히 독해 속도가 빨라진다.

그렇지만 현재 시점에서 취업, 졸업, 수험 등의 이유 때문에 토익 목
표 점수가 급한 사람은 재미는 없더라도 토익 교재로만 공부하는 것이
학습 기간을 단축시켜 준다. 나는 영어 소설 읽기를 즐기기는 하지만

토익 만점을 여러 차례 맞은 후에 생긴 취미다. 만점을 맞지 못했다면 토익 교재의 파트 7 지문들을 더 읽었을 것이다. 그런 방식이 점수 획득에 유리하다는 것을 잘 알고 있어서다.

만약 영어 자체에 관심이 있거나 토익 점수가 급하지 않아서 영어 원서 읽기와 토익 공부를 병행하고 싶다면, **'토익 시험 대비용 영어 소설 읽기'를 하면 좋다. 정독을 유지하되 의역(한국식 구조로 번역하는 것.) 하지 않고 빠르게 직독직해하는 방식을 말한다.** 모르는 어휘나 표현이 나와도 일일이 점검하지 말고 필기구로 표시만 하면서 속독속해한다. 몰라서 표시해 둔 어휘나 표현들은 한 단원 정도 읽은 후 한꺼번에 검토한다. 내가 영어 소설을 읽을 때 사용하는 방식이다.

'토익 대비용 영어 소설 읽기 방식'은 토익 독해에 필요한 고속 직독직해(= 속독속해) 능력을 향상시켜 준다. 영어 소설 몇 권을 그런 식으로 읽고 나면, 파트 7 독해할 때 속도가 빨라질 뿐 아니라 영어를 한국어로 해석하는 느낌도 감소할 것이다. 내가 영어 소설을 꾸준히 읽기 전 토익 시험을 봤을 때는, 답안지에 모든 답을 마킹 완료 후 10분 정도 남길 수 있었다. 그런데 소설 읽기를 즐긴 후에는 15분 이상으로 늘어났다.

'토익 대비용 영어 소설 읽기'는 하루에 20~30분 정도만 꾸준히 해도 영어 실력 및 RC 파트 풀이 능력 향상에 도움이 된다. 숙달되면 30분 정도에 20~30 페이지를 '정독'하면서 읽을 수 있다. 내 경험을 기준으로 한 것이다. 정독을 하지 않고 한국 소설 읽듯이 하면 훨씬 빨리 볼 수 있지만, 시험 대비용 속독속해 능력 향상을 위해서는 정독을 해야 한다.

대부분의 영어 소설들은 일반 대중들을 대상으로 저술된 것들이어서 책들 간 사용되는 어휘가 많이 중첩된다. 따라서 처음 몇 권만 잘 견디면 그다음부터는 모르는 어휘가 줄어든다. 내용을 즐기면서 읽을 수 있게 된다. 설령 모르는 단어나 표현이 부분적으로 계속 나오더라도 그다지 신경 쓰지 않게 된다.

시사적인 내용에 관심이 있다면 '영어 소설' 대신 영자 신문, 〈Economist〉, 〈Time〉, 〈Financial Times〉 등을 이용해 고속 읽기를 해도 된다.

토익 교재는 더 이상 볼 필요가 없는 실력이면서도, RC 파트 한두 문제 차이로 장기간 만점을 맞지 못하는 980~985점대의 고득점자들이 있다. 그들에게는 원서 읽기가 그 간격을 넘는 데 도움이 될 것이다. 토익 RC에는 토익에 어울리지 않는 이상한 문제 한 개가 어쩌다 나오는 경우가 있는데(만점자의 수를 줄이려는 목적인 것으로 추정된다), 영어 소설을 읽으면서 보았던 어휘나 내용이 정답과 관련될 수 있다. 또한 노출되는 영어의 범위가 넓어지면, 풀기 어려운 문제가 나오더라도 정답에 더 가까운 보기를 고르는 능력(영어 감각)이 향상된다.

• 패러 프레이징(말 바꾸기)이 왜 중요하죠?

특정 어휘나 표현을 동일하거나 유사한 의미를 가진 다른 어휘나 표현으로 바꾸는 것을 '패러 프레이징(paraphrasing: 말 바꾸기)'이라고 한다. 토익 LC 및 RC 전체를 지배하는 특징이다. 영어 회화 및 작문 실력을 평가하는 다른 시험들도 패러 프레이징 활용을 강조한다. 토익 고득점을 위해서는 패러 프레이징에 능숙해져야 한다.

IELTS(아이엘츠)나 TOEFL(토플) 등의 다른 영어 시험들도 마찬가지지만, 토익에서 본문에 있는 단어나 표현을 똑같이 사용해서 문제의 정답으로 출제하는 경우는 드물다. 그렇게 하면 시험이 너무 쉬워져서 변별력을 잃게 된다. 패러 프레이징이 기본이기 때문에 의미가 일치하는가를 기준으로 문제를 풀어야 한다.

예를 들어 A라는 회사가 1980년도에 설립되었다는 내용이 LC나 RC의 본문 지문에 있고, 질문이 'What is true about A?(A 회사에 대해 맞는 것은 무엇인가?)'라면, 정답은 'It was founded **a few decades ago**(그 회사는 수십 년 전에 설립되었다)'라는 형태로 말 바꾸기를 한다. 만약 독해 지문에 'printer(인쇄기)'가 나왔다면 문제 보기에는 'equipment(설비)'로 패러 프레이징한다.

패러 프레이징 사례를 몇 개 더 나열하면 아래와 같다.

a company(회사) → a business(회사, 사업체)

flower(꽃) → plant(식물)

apple(사과) → produce(농산물)

attract(관심을 끌다) → draw(관심을 끌다)

hospital(병원) → establishment(시설)

submit(제출하다) → turn in, hand in(제출하다)

register for(등록하다) → sign up for(등록하다)

패러 프레이징에 숙달되려면, **첫째, 어휘력을 길러야 한다.** 단어 책이나 교재에 정리되어 있는 단어들의 기출 동의어들을 철저히 외워야 한다. 이전에 출제 되었던 것들이 돌아가면서 다시 나오므로 암기만 잘하면 된다. **둘째, 사고가 빨라야 한다.** 듣거나 보았던 본문 내용이 문제 보기에서는 패러 프레이징되어 나오므로, 문맥상 의미가 동일한지 재빨리 추정하는 능력이 요구된다. **셋째, 모의고사를 많이 풀어야 한다.** 어휘력이 갖춰진 상태에서 문제들을 많이 풀면 패러 프레이징에 익숙해질 수밖에 없다. 거의 모든 문제들이 그렇게 출제되기 때문이다.

일상 회화나 비즈니스 회화에서도 '패러 프레이징 능력'은 중요하다. 일반 회사에 근무하면서 해외 거래처 담당자들과 미팅을 할 때, 대화를 하던 동료들이 중간에 말을 멈추고 주저하는 모습들을 자주 봤다. 원하는 영어 단어가 떠올리지 않아서 순간 당황해하는 것이었다.

특정 한국말에 특정 영어 단어만 사용하는 형식으로 회화 연습을 했을 때 그런 장면을 연출하게 된다. '아는 단어들을 조합(= 패러 프레이징)'해서 의미 전달만 하면 되는데, 그러한 사고 유연성 연습이 부족했던 탓이다. 예를 들어 (제품)불량은 'defect'로 주로 표현하지만, 그 단어가 생각나지 않으면 'a problem in quality(제품 품질 문제)' 혹은 'poor quality(빈약한 품질)'로 표현해도 된다.

• 냉정하게 포기하면 점수가 높아지나요?

특정 문제를 풀다가 시간이 생각보다 오래 걸릴 것 같으면 과감히 포기하고 냉정하게 다음 문제로 이동해야 한다. 한 문제에 집착하다 자기도 모르게 평정심을 잃기라도 하면 다른 문제들 풀이에 도미노처럼 악영향을 준다.

RC 파트를 풀 때 시간 끌기가 몇 차례 반복되면, 남아 있는 쉬운 문제들을 미처 못 풀고 잔뜩 찍는 상황을 초래할 수도 있다. LC는 성우들의 말을 따라가며 풀어야 하지만, RC는 수험생이 문제지에 있는 내용을 보며 풀이하므로 시간 관리에 실패할 가능성이 더 높다.

RC의 경우 '파트별 목표 풀이 시간 내'에 해결되지 않는 문제가 나오면 아무 답이나 하나 고른다. RC는 시간이 남으면 돌아와서 점검할 수 있으므로, 문제지에 별도 표시를 해놓은 후 지나간다. 그리고 '0.1초'의 미련도 갖지 말고 바로 잊는다. 그래야 점수가 더 잘 나온다. 토익 공부 초기에 조금만 주의를 기울이면 곧 습관화될 것이다. 정신 훈련을 해야 한다. 980점 정도가 나올 때까지는 '문제당 목표 풀이 시간 관리'를 하는 것이 좋다. 만점을 몇 차례 맞은 후에는 알아서 해도 된다(전체 시간 관리가 가능하므로 특정 문제에 시간을 좀 더 사용할 수 있다는 의미다).

시험 구조상 LC는 답을 한 번 고르면 끝이다. 성우의 말을 다시 들을 수 없기 때문이다. 그러나 RC는 전체 답안 마킹까지 완료 후에, 시간이 남으면 돌아와서 다시 점검할 수 있다. 시간 여유가 없다면 그대로 둔다.

LC를 풀 때도 못 들은 내용이나 혼동되는 문제에 집착하지 말아야 한다. 순간 듣지 못 해서 1~2 문제를 틀릴 것 같다고 해도 바로 잊어야 전체 점수가 더 잘 나온다. 훈련을 통해서 습관화할 수 있다. 잠시 평정심을 잃으면 뒤의 문제들을 줄줄이 틀리게 된다.

토익은 항상 쉬운 문제들이 더 많이 남아 있다는 생각으로 냉정하게 시간 관리를 해야 한다. 기초 공부가 된 사람들에게는 실제로 쉬운 문제들이 대부분이다. 어려운 문제 한두 개에 집착하다가 몇 배나 더 많은 쉬운 문제들을 어리석게 놓칠 수 있다. '냉정함 유지 및 과감한 포기'가 더 높은 점수를 획득하게 해 준다.

단, 파트별 시간 관리 자체가 주요 목적이 되면 안 된다. 한 문제 한

토익 시험의 천재가 되는 비법

문제 꼼꼼히 정확하게 푸는 것을 원칙으로 하되, 그 과정에서 부득이한 경우에 냉정히 포기하는 것이다. 평소 학습 시 강도 높은 훈련을 통해 목표 시간 내에 정확하게 풀어내는 능력을 빨리 갖추는 것이 중요하다. 대충 풀면서 2시간 내에 답안지 작성을 완료하는 것 자체에 만족하는 사람들도 있는데, 잘못된 방식이다. 습관화되면 오랜 기간 공부해도 고득점에 도달하기 어렵다.

02 시험장은 놀러 가는 곳이 아니다

• 시험장소 선택이 중요한가요?

나는 대학교 때 두 번째이자 마지막으로 치른 토익 시험에서 매미 소음 때문에 LC 듣기에서 손해를 봤었다. 시험을 봤던 교실이 큰 나무들이 심어져 있는 운동장 바로 옆에 있었는데, 창문을 닫아 놨어도 방음이 적절히 되지 않았다. 마치 바다에서 파도가 밀려오는 것 같은 느낌의 매미들 울음소리가 일정한 간격으로 계속 들렸다. 소리가 엄청나게 컸다. 그 결과 모의고사를 풀었을 때 2~3개 정도 틀렸던 것과 비교해 LC에서 점수가 많이 하락했었다.

그때의 나쁜 기억 때문에, 토익 강사를 하면서는 학원이 속한 지역에 있는 여러 고사장들을 의도적으로 바꿔 가면서 토익 시험을 응시했다. 그리고 검토 결과에 근거해, 큰 도로 옆에 위치해 방음에 한계가 있거나, 스피커 및 냉난방 상태가 나쁜 고사장이 있으면 수강생들에게 알려 주곤 했다.

누군가를 통해 고사장 환경 관련 정보를 미리 얻을 수 있다면 좋겠지만 그렇게 할 수 없다면 본인의 직접 경험에 의존해야 한다. 거주지에서 가까운 곳의 고사장에서 시험을 일단 치른 후, 방음, 스피커 시설,

토익 시험의 천재가 되는 비법

냉난방 상태가 적절하지 않으면 다음 시험에는 다른 장소로 신청한다. 토익 시험은 본인이 거주하는 지역이 아니라도 응시가 가능하다. 만약 다른 지역에 있는 수험장이 좋다는 내용을 온라인에서나 친구들로부터 확인할 수 있으면, 그곳에서 응시하는 것도 하나의 방법이다.

• 스피커 소리가 이상한데 어떻게 해요?

시험 시작 전 스피커 테스트를 할 때 소리가 적거나 적정하지 않다고 판단되면 부끄러워하지 말고 조정 요청을 해야 한다. 고사실 시험 감독관(proctor)이 소리가 괜찮은지 묻거나, 시험 본부의 관리자(administrator)가 돌아다니면서 확인한다.

소리가 분명히 작거나 메아리처럼 울림에도 불구하고, 관리자가 물으면 수험생들이 침묵하는 모습을 자주 봤다. 혹시나 하고 기다려 봐도 사람들이 끝까지 가만히 있어서 내가 직접 조정을 요구한 적도 몇 번 있었다.

표준적인 소리의 크기나 음질이 정해져 있는 것은 아니다. 다른 사람의 눈치 보지 말고 본인이 만족하는 수준으로 조정을 요청해야 한다. 내가 직접 요청할 때는 내가 듣기 편한 소리 크기나 음질이 되면 오케이 신호를 줬다. 토익 점수가 본인 인생에 중요하다면 그 정도 용기는 필요하다. 시험이 일단 시작되면 바꿀 수 없다.

스피커는 설비 자체가 안 좋으면 조절에 한계가 있다. 만약 소음이나 울리는 소리를 고사 본부에서 제거하지 못한다면 다음 시험부터는 고사장을 바꿔서 신청토록 한다.

책상이나 의자 높이가 너무 맞지 않는 경우도 요청하면 조치해 준다. 입실 금지 시간(9시 50분)이 지났음에도 빈자리가 있으면 자리 자체를 바꿔 주기도 한다. 책상이나 의자만 바꿀 수도 있다. 나는 내가 알아서 교환한 후, 시험 끝나면 원위치시킨 적도 있다.

• 다리를 떨거나 기침을 계속 하는 사람이 있어요

일부 수험생들이 시험 진행에 악영향을 주는 상황을 일으키면 감독관에게 알려서 조치하도록 한다. 마찰하면 소리가 나는 체육복 바지를 입고 와서 다리를 심하게 떨거나 기침을 계속하는 사람이 주위에 있으면 집중에 방해가 된다. 나는 가끔 경험했다. 소리 나는 바지를 입고 와서 다리를 계속 떠는 사람이 최악이었다.

시험 도중 그런 상황이 발생하면 주위에 앉은 수험생들이 영향을 받기 때문에 시험 감독관이 발견하면 직접 조치를 취한다. ETS 안내서에는 감독관(proctor)이나 관리자(administrator)의 재량에 의해 퇴거 조치(dismissal)할 수도 있다고 되어 있다. 만약 감독관이 알아채지 못했

토익 시험의 천재가 되는 비법

다면, 손을 들고 불러서 상황을 설명하고 해결을 요청하는 것이 바람직하다.

조치를 취하기 힘든 상황이라면 현실을 인정하고 최대한 집중해야 한다. 신경 써 봐야 본인만 손해다. RC 시간에는 감독관에게 해결 요청할 틈이 있겠지만, LC 파트 진행할 때는 몇 초만 방심해도 몇 문제를 틀리게 되므로 운명으로 받아들이고 그냥 집중하는 편이 낫다.

기침 감기가 심하게 걸렸거나 다른 사람에게 방해가 되는 상황을 일으킬 것 같은 사람은, 본인이 알아서 시험장에 오지 말아야 한다. 대부분의 수험생들에게 토익 점수는 매우 중요하므로 그 정도 예의는 갖춰야 한다.

• 여름에 에어컨을 켜고 LC를 봐야 하나요?

에어컨(실내기)팬 돌아가는 소리는 LC 시험에 영향을 준다. 그래서 LC 시간에는 껐다가 RC 시작할 때 다시 켤 것인지, 아니면 에어컨을 계속 켜 놓을 것인지 시험 감독관이 묻는다. 그럴 때면 더위를 많이 타는 사람들로 추정되는 한두 명이 에어컨을 켜 두자고 하는 경우가 간혹 있을 것이다. 아무도 이의제기를 하지 않으면 그 사람들 말에 따라갈 수도 있으므로 LC 시간 동안은 끄자고 적극적으로 의견을 개진해야 한다. 목소리 큰 한두 명에게 끌려가지 말아야 한다.

학교들 대부분이 아직은 최신형 저소음 에어컨을 사용하지 않고 있고 저소음 에어컨이 설치되었다고 해도 소리가 들린다. 고득점자들은 영향을 덜 받지만 중급 이하의 실력자들은 성우들의 말을 들을 때 방해가 된다.

내 경험에 의하면 외부 온도가 30도가 넘어도 시험 시작 전까지 에어컨을 충분히 가동시켜 놓으면 LC 시간 45분은 버틸 수 있다. 시간이 지나면서 후덥지근해지더라도 듣기 문제 풀기에는 '에어컨 팬 소리'가 날 때보다 유리하다.

• 교실에 시계가 있나요?

일반적으로 벽시계가 교실에 있다. 보통 교실 옆벽에 걸려 있는 것을 모두가 볼 수 있도록 시험 감독관이 칠판 중앙의 맨 윗부분에 올려놓는다. 없으면 벽시계를 요청해야 한다. 고사실에 비치해야 한다는 규정은 없지만 감독관이 어디선가 가져온다. 관리 본부나 시험을 보지 않는 교실에 있는 것을 잠시 빌려 오는 것 같다.

벽시계를 교탁 뒤의 칠판 아랫부분에 걸쳐 놓으면 중앙에 있는 사람들은 잘 안 보인다. 다른 사람들도 보기 불편하다. 만약 경험 없는 감독관이 그렇게 두면, 칠판 중앙부 위(태극기가 걸려 있는 부분 바로 아래)로 옮기도록 요청해야 한다.

나는 개인 시계를 가져가지 않고 교실 시계를 이용했었다. 다행히도 벽시계가 항상 있었다. 그러나 걱정이 된다면 시계를 가져가도록 한다. 만에 하나 학교에 시계가 없다면 방법이 없다. 단, 디지털시계는 규정상 사용 못 한다. 녹음 기능이 없는 아날로그 손목시계를 가져가야 한다. 휴대폰은 반드시 전원을 꺼서 시험 전 제출해야 하므로 사용할 수 없다. 실수로 전원을 켜서 제출했다가 벨이나 소리가 울리면 부정 행위로 간주되어 시험이 무효 처리되고 퇴실 조치된다.

LC 시간에는 시계를 볼 일이 없지만, RC는 중간중간 몇 차례 시간을 확인하며 풀어야 한다. 시계를 보기 귀찮거나 시계가 아예 없다면, 시험 종료 '15분 전'과 '5분 전' 총 2회에 걸쳐 나오는 '잔여 시간 안내 방송'을 듣고 시간 관리를 해야 한다.

운 나쁘게 교실에 벽시계가 없고, 감독관이 다른 곳에서 가져오지도 못 했고, 아날로그시계도 가져가지 않았는데 안내 방송 전에 시간을 검토하고 싶다면, 손을 들어 감독관을 부른 후 시간을 직접 물어본다. RC 시간에는 그렇게 할 수 있다.

• 샤프나 볼펜을 사용하면 어리석나요?

토익 답안지 마킹은 볼펜과 사인펜을 사용하지 못 하게 규정되어 있다. 볼펜이나 사인펜으로 답안지를 작성했을 때 점수에 어떤 영향이 있는지 그리고 불이익은 무엇인지 모르겠지만, 만약을 위해 시험규정은 준수해야 한다.

일반 샤프는 사용금지규정이 없지만, 연필이 준비되지 않은 부득이한 경우를 제외하고는 쓰지 말아야 한다. 귀중한 시간을 낭비하게 된다. 심이 두꺼운 연필(4B 연필을 주로 쓴다.)이나 두꺼운 연필심이 나오는 마킹용 샤프로 문제를 풀 때와 비교해 시간이 더 걸린다. 전체적으로 몇십 점을 손해 볼 수도 있다. 마킹 시간을 얕보면 안 된다.

답안지의 둥근 원모양으로 된 정답 표시란에 단순표시를 하거나 점을 찍으면 자동채점기가 인식하지 못할 수 있다. 따라서 원면적의 약 90~100%로는 필기구로 칠해야 안전하다. 그런데 샤프심은 얇기 때문에 두꺼운 연필로 칠하는 것에 비해 시간이 더 걸린다. 연습장에서 한번 해 보면 바로 알 수 있다. 연필을 준비하지 못해서 샤프로 답안 표기하게 되는 상황은 애초에 만들지 말아야 한다. 깜박 잊고 연필을 가져오지 않았으면 염치 불구하고 주변 사람에게 빌리도록 한다.

두꺼운 연필이 좋지만 일반 연필도 괜찮다. 단, **어떤 연필을 사용하든 끝부분을 칼로 깎거나 종이에 갈아서 뭉툭하게 만들어야 한다. 답안 작성을 빨리 할 수 있도록 하는 것이다.** 연필은 3개 정도 가져가서 심이 부러지더라도 칼로 깎으며 시간 낭비하지 않도록 한다. 부러지지만 않으면 연필 하나로 충분하지만 만약을 대비해야 한다. 풀다 보면 교실 바닥에 떨어뜨리기도 한다.

만점을 자주 맞는 사람도 여유 있게 토익 시험을 보지는 못한다. 단 몇 초라도 아끼려고 치열하게 노력하는 과정에서 만점이 가능하다. 만약 필기구를 제대로 준비하지 않았다면 시험에 대한 절박감이나 신중함이 결여된 것이다.

지우개는 반드시 있어야 한다. 가져오지 않았다면 시험 시작 전에 옆사람에게 조금만 잘라 달라고 부탁한다. 나는 몇 차례 지우개를 분할(?) 받았었다. 칼도 가져가야 한다. 집에서 연필들을 깎아서 갔는데 가방에서 모두 부러지는 상황이 발생할 수도 있다. 나는 필통을 가지고 다니지 않아서 몇 번 그런 경험을 했다.

책상 위에는 연필 한 개와 지우개 한 개만 둔다. 남는 연필과 칼은 시험 끝날 때까지 책상 속에 넣어 두었다가 필요할 때 꺼낸다.

• 문제지에 표시를 할 수 있나요?

반드시 표시하며 풀어야 한다. 규정상은 표시를 할 수 없게 되어 있다. 하지만 문제지에 필기구로 표시하며 풀었다고 해서, 시험장에서 쫓겨나거나 시험자격을 박탈당했다는 얘기를 들어 본 적이 단 한 번도 없다. 나도 지금껏 문제지에 항상 시꺼멓게 표시하면서 시험을 치렀다. 시험 종료 후 문제지는 무조건 제출해야 하므로 내가 한 표시가 규정 위반이라면 어떤 제재가 가해졌어야 하는데, 그런 적은 단 한 번도

없었다.

시험 관리 경험이 없거나 토익에 대해 잘 모르는 시험 감독관이 우연히 들어와서 뭐라고 한다면, '지금껏 문제되지 않았었고 다들 그렇게들 하는데 갑자기 통제하는 이유가 무엇인지' 이의를 제기해야 한다. 그러면 다른 감독관이나 시험 본부에 문의해서 확인 후 그대로 둘 것이다. 나는 아직까지 문제지 표시를 통제하는 감독관을 본적이 없다.

LC와 RC 둘 다 문제지에 답을 먼저 표시한 후 나중에 답안지에 옮겨야 하는 문제들이 많고, 지문이 긴 경우 문제지에 줄을 긋는 등의 표시를 하며 풀지 않고서는 원활히 진행할 수 없다. 토익이 눈으로만 보면서 문제를 푸는 특이한 기억 능력을 평가하는 시험은 아니다. 만약 엄격히 관리된다면 ETS 본사에 항의를 해야 할 사항이다.

문제지에 표시하지 말라는 ETS의 시험규정은 주변 수험생들과의 '부정행위방지' 목적이다. 그런데 시험 도중 문제지에 적힌 답이나 답안지의 표기내용을 주변 사람들과 공유하는 부정행위는, 감독관이 주 업무로서 어차피 관리한다. 발견되면 제재를 받는다. 문제지 혹은 답안지를 다른 사람이 볼 수 있게 하는 행위만 하지 않으면 된다. 남의 것을 훔쳐봐도 절대 안 된다. 감독관이 발견하면 문제지와 답안지를 압수한다. 응시자격도 2년간 제한된다.

시험을 처음 보는 초보자라고 해도 겁먹지 말고 토익 문제지의 독해 지문이나 문제에 적절히 표시를 하며 풀어야 한다. 그래야 풀이가 빨

토익 시험의 천재가 되는 비법

라진다. 문제지에 온통 지저분하게 표시해도 상관없다.

•답을 적어 올 수 있나요?

답이나 문제 내용을 기록의 형태로 유출하는 것은 명백한 규정 위반으로 제재사항이다. 시험 감독관이 그 행위를 이유로 시험을 무효 처리할 수 있고, 사안에 따라 2~5년간 응시를 금지당할 수도 있다.

문제지와 답안지는 시험이 끝난 후 반드시 제출해야 한다. 그러므로 자신이 작성한 답을 몰래 적어 올 수 있는 도구는 책상 위에 놓는 것이 허용되는 '수험표나 신분증'이다. 혹은 책상 위에 적어 뒀다가 시험 종료 후 휴대폰으로 찍어 올 수도 있을 것이다. 나는 답을 적어 온 적이 없어서 모르겠지만, 인터넷을 보면 온라인상에 떠도는 정답안과 맞춰 보기 위해 답을 적어 왔다고 말하는 사람들이 있다. 내 관점으로는 규정 위반 여부를 떠나서 시험을 일부 포기하는 것과 같은 어리석은 행위다. 말도 안 되는 짓이다. 결과가 너무 궁금해서겠지만 그럴 시간에 헷갈렸던 문제 한 개라도 재점검하는 것이 점수에 도움이 된다.

고득점자들은 1초라도 아껴서 문제 풀이와 점검에 사용하기 때문에 답을 적어 오는 부질없는 행동을 하지 않을 것이다. 오히려 답을 찍어야 하는 문제들이 많을 초급자들 중에, 바로 결과를 알고 싶은 마음에서 그런 사람들이 있을 수 있다. 하지 말아야 할 행동이다. 시험관에게 걸릴 수도 있다는 것을 염두에 두고 문제 풀이와 점검에 더 집중해야 한다. 어차피 2주일만 기다리면 결과가 나온다. 불안하다면 그 기간 동안 공부를 열심히 해서 다가오는 시험에 점수를 더 올리겠다는 생각을 해야 한다.

고득점자가 되면 애매했거나 틀렸다고 생각되는 문제 내용이 머리에 거의 100% 남아 있다. 나중에 시험 후기나 자료 등을 참조하며 정답 여부를 점검할 수 있다.

• 시험 종료 후 마킹하면 어떻게 되나요?

부정행위에 해당된다. 시험 종료 후에 답안지에 마킹하다가 감독관에게 발각되면 해당 시험은 무효 처리된다. 예전엔 봐줬지만 요즘은 엄격히 관리하므로 조심해야 한다. 시험을 자주 본 사람들은 시험 종료 직후에도 마킹을 하다가 감독관에게 제지당하는 수험생을 목격한 경험이 있을지 모른다. 나는 여러 차례 봤다. 시험을 처음 보는 수험생들이 시간 지난 줄 모르고 풀다가 그런 실수를 저지르는 것 같다.

정신없이 문제를 풀 수는 있다. 하지만 '시험 종료 15분 전과 5분 전' 2회에 걸쳐 남은 시간을 알려 주는 안내 방송이 나올 때는 주의를 기울여야 한다. 적어도 종료 5분 전 최후 안내 방송이 나올 때는 풀이를 중지하고, 문제지에 표시해 놓은 답들을 답안지에 신속히 옮겨야 한다.

그러고 나서 남은 시간에 문제 풀이를 지속한다. 시간 관리가 귀찮으면 종료 5분 전 안내 방송할 때를 기준으로 답안 작성을 신속히 마무리하도록 한다.

시험 종료가 되었으면 답안지에 마킹하지 못한 문제들이 있더라도 즉시 포기해야 한다. 2주 정도 후에 다시 시험을 보면 된다고 맘 편하게 생각해야 한다.

• 파본 검사 시간에는 무엇을 하나요?

파본은 문제지가 찢어져 있거나, 페이지가 누락되어 있거나, 인쇄가 잘못되어 있는 것을 말한다. 만약 토익 시험을 국내에 초기 도입했을 때처럼 몇 개월에 한 번씩 시험이 있고, 토익 성적을 몇 개월 후의 공식 시험일 전에 취업이나 졸업 등에 반드시 사용해야 한다고 가정하면, 파본 검사가 필요할 수도 있다. 만에 하나 심각한 파본이 나오면 낭패기 때문이다.

하지만 현재는 한 달에 토익 시험이 1~2회 있기 때문에 파본 검사를 할 필요 없다. 그 시간(1~3분 정도)을 활용해 파트 5 문제 10~15개를 더 풀 수 있는 기회를 놓치게 된다. RC 시간은 고득점자들도 부담을 느낄 정도로 빡빡하기 때문에 파본 검사 시간 활용은 필수적이다.

파본은 없다고 간주해야 한다. 문제지도 일종의 제품인데, 제품은 고객의 요청에 의한 공급 전에 출하 검사(제품을 고객에게 보내기 전에 하는 품질 검사)를 해야 한다. 인쇄 회사나 유통 회사에서 하나하나 철저히 검사 후 공급했을 것이라고 생각하면 된다. 파본이 자주 발생해 왔다면 이미 이슈가 되었을 것이다. 시험장에서 파본 검사를 하는 이유는 사전 점검이 허술해서가 아니라 혹시 모를 '예외적인 상황'에 대비하기 위함일 것이다.

나는 토익 시험을 보면서 파본을 발견한 적이 한 번도 없었다. 파본 검사 시간에 파본의 교환을 요구하는 수험생을 본 적도 없다. 그럴 가능성은 거의 없지만, 파본 검사를 안 하고 시험을 보다가 혹여 파본이 발견되더라도 어쩔 수 없다는 태도로 임해야 한다. 파본 검사 시간을 문제 풀이에 이용하면 몇십 점을 더 맞을 수도 있으므로, 희박한 파본 발생 가능성에 집착하지 말아야 한다.

파본 검사는 문제지를 공식적으로 볼 수 있는 시간이다. 문제지 배분 시간까지 포함한 약 5분 중에서, 시험장 상황 및 좌석 위치에 따라 '적게는 1분에서 많게는 3분 정도'를 사용할 수 있다. 파본 검사 시간에는 RC 파트 5를 펴고 문제지에만 문제를 풀도록 한다. 정식 시험 시간이 아니므로 답지에 답을 옮기면 부정행위가 된다. 절대 답안지에 마킹하지 말아야 한다.

ETS 규정상으로는 파본 검사 시간에 문제를 풀 수 없다. 연필로 문제지에 마킹을 하면 시험 감독관이 경고할 수도 있다(감독관의 정당한

지시에 응하지 않으면 시험이 무효 처리되고, 1년간 응시 금지를 당할 수 있다). 만약 상황이 허락되지 않거나 걱정되면, 문제지의 선택한 보기 앞에 연필로 점을 찍어 놓거나 '단지 눈으로만' 푼다. 눈으로만 풀어도 괜찮다. 파본 검사에 이어서 쉬는 시간 없이 바로 LC가 시작되는 것이 일반적인데, 파트 1 안내 방송 나올 때 몇십 초 정도 사용해 문제지에 표시할 수 있다. 시간 차가 적어 눈으로만 풀어 놓아도 답이 명확히 기억난다. '몇십 초에서 몇 분가량 지속되는 단기 기억'이 작동한다. 눈으로 골랐던 답을 찾아서 문제지에 표시하는 데 시간이 조금 소요되긴 하지만, 상황이 허락되지 않으면 눈으로 푸는 수밖에 없다.

감독관이 문제지를 일찍 배부해 파본 검사를 미리 시킨 후, LC 시작한다는 방송이 나올 때까지 문제지를 덮으라고 하는 경우도 드물지만 있다. 눈으로 푼 경우, 그럴 때는 잠시 기다렸다가 LC가 시작되자마자 문제지에 마킹한다.

파본 검사 시간에 LC 파트 3의 문제 지문들의 일부를 미리 읽어 두라고 하는 사람들도 있는데 잘못된 방식이다. 이해하기 힘든 시험 진행 요령이다. 파트 1, 2의 풀이에 집중하다 파트 3에 들어가면 미리 읽어 둔 내용이 거의, 혹은 아예 기억나지 않는다. 파트 3의 문제를 미리 읽을 시간은 해당 파트가 진행될 때 어차피 충분히 주어지므로 걱정 안 해도 된다. 2분 전후의 짧은 시간에 상대적으로 많은 문제를 풀 수 있는 곳은 파트 5뿐이다.

파본 검사 시간 활용에 대한 자세한 내용은 '5장 01단원'을 참조하길
바란다.

토익 시험의 천재가 되는 비법

2장

토익 단기 정복을 위한 3가지 원칙

01 무조건 어휘 먼저 95% 이상 외울 것

02 다 제쳐 두고 토익부터 빨리 끝낼 것

03 토익 영어를 벗어나지 말 것

⑪ 무조건 어휘 먼저 95% 이상 외울 것

• RC와 LC 공부를 먼저 시작하지 마라

토익은 RC와 LC 공부를 시작하기 전에 단어 책을 사서 필수 어휘부터 외워야 한다. **반복 출제되는 기출 어휘들을 1개월 내에 적어도 95% 이상 미리 암기하는 것이 가장 먼저 해야 할 일이다.** "시작이 반이다." 라는 속담이 있지만, 토익은 '어휘력이 반 이상이다.' 어휘 공부를 먼저 하지 않는 것은 어리석은 행위다.

어휘력이 갖춰져야 RC 및 LC 책에 나오는 예문들과 문제들을 효과적으로 공부할 수 있다. 모르는 단어들을 사전에서 빈번하게 찾고 있으면 학습 효율이 떨어져서 공부 기간만 길어진다. **어휘를 집중 암기하는 동안에는 RC나 LC 공부를 아예 제쳐 두는 것이 현명하다.**

어휘는 주제별 및 기출 빈도별로 정리된 단어 책을 이용해 암기한다. 앞에서 추천한 바 있는 'H'사의 단어 책이 좋다. 500페이지가 넘는 책에 약 5,000개의 어휘(단어, 숙어 등)가 실려 있다. 1개월 이내에 대부분 다 외우는 것을 목표로 해야 한다. 집중 공부하면 가능하다.

페이지별로 4~5개씩 큰 글씨로 인쇄되어 있는 표제어(주요 단어)만 공부하면 안 된다. 책에 있는 어휘를 다 암기하도록 노력 한다. 중

토익 시험의 천재가 되는 비법

고교나 대학 과정을 거치면서 일반적으로 알게 되는 단어들과 파생어 1,000~2,000개 정도를 제외하면, 많아야 3,000어휘 정도 외우는 셈이다.

어휘를 한꺼번에 일단 외웠다고 해도, 잦은 복습을 통해 빨리 '장기기억'으로 전환시키지 않으면 점진적으로 망각이 일어난다. 하지만 바로 이어서 RC, LC 공부를 진행하면 외웠던 어휘를 문장들 속에서 반복적으로 보게 된다. 자연스럽게 복습이 이루어진다.

• 1개월 안에 거의 다 외워라

토익 단어 책 한 권을 붙들고 몇 개월간 앞 페이지에서 1/3 정도 되는 부분까지만 다람쥐 쳇바퀴 돌듯 왔다 갔다 하는 수험생들이 있다. '연습장에 단순히 반복해 쓰면서 외우는 비효율적 방식'만을 고집하는 것이 주원인이다. 고생길을 걷고 싶지 않다면 암기 방식을 바꿔야 한다. 반복 쓰기는 너무 안 외워지는 단어가 있을 때나, 눈과 입을 이용해 1차 암기 후 2차 보완할 때 사용하는 것이 좋다.

온라인을 검색하면 효율적 암기법으로 하루에 백 단어 이상 혹은 수백 단어를 암기했다(1차 암기한 상태를 말한다.)는 수기들을 찾을 수 있을 것이다. 완벽히 다 외우지는 못했더라도 만족할 만한 수준으로 고속 암기를 한 사람들이 자신들의 경험을 공유하는 내용들이다. 그런 암기법들 대부분은 손으로 반복해 쓰지 않고 '눈'만 사용하거나, '눈과 입'을 동시에 사용해 외우는 방식을 강조한다. 손으로 쓰면서 외우는 방식은 부차적, 보완적으로 적용해야 한다고 주장한다. 그런 효율적 방식들을 검토 및 시도해 본 후, 합리적이라고 판단되면 벤치마킹해야 한다. 자신의 공부법만을 고집하면 안 된다. 수년 혹은 수십 년간 사용했던 방식이라도 더 나은 방식이 있다면 과감히 갈아타야 한다. 손으로 반복해 쓰는 방식 위주로 하면 하루에 몇십 단어 암기도 힘들다.

내가 저술 후 출간했던 《영어 단어 암기의 천재가 되는 비법》에 있는 '테드식 단어 암기법'의 요점을 참조용으로 아래에 간략히 소개한다. '눈과 입'만 사용해 3분 동안 20단어(혹은 2분 10단어)를 고속으로 암기하는 훈련법이다. 시간제한으로 사고를 빠르게 하면 집중력이 강화되는 효과 등을 이용해 암기력을 높이는 방식이다. 나의 직접 체험 및 토익 수강생들을 포함한 다른 사람들에게 적용했던 경험을 근거로 한 것이다. 반드시 20단어를 외울 필요는 없지만, 암기 조건을 가혹하게 할수록 잠재력이 최대한 발휘되는 것을 이용한 방식이다.

책 한 권에 정리한 내용을 한 페이지로 설명하기에는 한계가 있다. '이렇게도 단어를 외우는구나!'라는 것을 알려 주기 위해서 기본 절차만 요약했다. 토익 수업 시 수강생들에게 가르쳐서 효과를 반복적으로 검증했었다.

#1. 단어를 손으로 연습장에 쓰지 말고, 대략 20단어 정도씩 끊어서 3분 내에 눈과 입만 사용해 반복 암기한다. 20단어가 힘들면 10단어로 구분해 암기한다. 스톱워치로 시간을 재면서, 눈으로 보고 입으로 소리 내며 단어들 전체를 3~4회 돌면서 외운다.

영어를 보고 해석을 떠올리는 방식으로 진행한다.

영어를 보고 해석을 떠올릴 수준으로 한 단어가 대략 외워졌으면 다음 단어로 이동한다. 돌아가면서 '빠르게' 여러 차례 '반복'해 보는 것이, 한 단어씩 천천히 외우는 것보다 효과적이다.

#2. 소리 내어 외운다. 소리를 내지 못 하는 장소에 있더라도 입은 반드시 움직인다.

입을 크게 움직일수록 기억이 강화된다. 입을 움직이지 않으면 기억이 잘되지 않는다.

#3. 외우는 도중에는 발음과 철자의 정확성에 신경 쓰지 않는다.

본인의 발음이 정확하다고 생각하면서 자신 있게 읽으며 암기한다. 뇌의 인식 강화를 위해서다. 발음이나 철자에 신경 쓰면 기억력이 약화된다.

#4. 해석이 여러 개면 맨 앞에 있는 주요 해석 한 가지만 먼저 외운다.

영어 단어를 보자마자 주요 해석 하나를 떠올릴 수 있게 되는 것이 목표다. 다른 해석들은 나중에 천천히 외운다. 단어와 대표 해석 하나를 외운 상태에서 다른 해석들을 추가로 외우는 것은 쉽다.

#5. 집중 암기 도중에는 책에 있는 예문들을 보지 않는다.

단어와 해석만 보고 반복 암기하는 것이, 예문을 보고 문맥 속에서 단어를 이해하며 외우는 것보다 몇 배는 더 빠르다. 예문을 보고 싶으면 단어들을 먼저 암기한 후 본다.

#6. 3분이 지나면 암기를 멈춘 후, 해석을 종이 등으로 가리고 영어 단어만 보면서 해석을 떠올려 본다.

입력(input)보다 떠올리는 출력(output) 과정이 기억을 더 강화한다. 단순 평가 과정이 아니라 암기 과정의 일부분이다.

3분은 집중 및 암기력 강화를 위해 의도적으로 정한 시간이다. 가능한 그 시간 안에 다 외우도록 노력한다. 아무 생각나지 않을 정도로 빨리 외우면 집중력이 강화된다.

#7. 단어를 보자마자 해석이 떠오르지 않는 것들은 표시한 후, 1분 내에 다시 외운다. 그 후에 암기 상태를 재점검한다.

영어 단어를 보자마자 바로 해석이 떠올라야 1차 암기가 제대로 된 것이다. 늦게 떠오르면 기억이 빨리 소멸된다.

#8. 발음과 철자까지 정확하게 알고 싶으면 암기 완료 후 보완한다.

영어 단어를 보고 해석을 즉시 떠올릴 수 있는 수준으로 눈과 입만 사용해 먼저 암기한 후에, 발음을 보완하거나 써 보면서 정확한 철자를 기억시키는 것은 어렵지 않다. 그러나 발음을 조심하거나 단어를 쓰면서 외우면 1차 암기 자체가 잘 안된다. 순서가 중요하다.

#9. 암기한 단어들은 당일이나 적어도 2~3일 내에 재복습한다.

1차 암기한 단어들이 망각되기 전에 몇 차례 복습해야 단기에 장기기억 전환이 가능하다. 복습할 때는 암기가 대략 되어 있는 것들은 가볍게 보고 지나가고, 기억이 희미해져 낯설어 보이는 단어들은 다시 외운다.

'#1~7'의 절차에 따라, 100단어를 3분 20개 단위로 구분해서 시험 삼아 암기해 보도록 한다(단어 책을 이용한다). 1시간 정도 투자해서 '손으로 쓰지 않아도 암기가 되는구나!'라는 느낌을 가지게 되었으면 큰 성공을 거둔 것이다. 3분 20단어가 힘들면 2분 10단어로 시도해도 된다.

3분 20(혹은 2분 10)단어 암기를 바로 시작하기 부담스러우면, 스톱워치로 시간 측정하지 말고 외울 단어들(20개 혹은 10개)을 눈으로만 가볍게 훑어본다. 그 이후에 스톱워치를 이용해 정해진 시간 내에 동일 단어들을 고속 암기한다. 그렇게 해도 단순 반복 쓰기에 비해 최소 몇 배는 빠르게 단어를 외울 수 있다.

• 단어 책의 예문을 가능한 보지 마라

처음 토익 공부하는 사람이 토익 단어 책에 실린 어휘의 70~80% 이상을 이미 알고 있다면, 예문을 가볍게 보며 공부해도 시간이 많이 소요되지 않으므로 괜찮다. 하지만 그 이하라면 가능한 예문들을 보지 말아야 한다. 예문까지 보면서 단어 책 한 권을 1~2개월 내의 기간에 거의 다 외우기는 힘들다. 예문에 있는 모르는 단어들까지 찾으면서 암기하다 보면, 집중력이 떨어지고 반복 횟수도 적어져서 암기가 더 잘 안된다. 지루하더라도 단어들만 단기에 반복해서 외우는 방식이 훨씬 더 효과적이다.

단어 암기 후 바로 이어서 RC와 LC 교재를 공부해야 하기 때문에 수많은 문장들을 어차피 봐야 한다. 1차 암기한 단어들을 교재에 있는 문장들을 통해 복습하는 방식이 단어 책의 예문을 보며 단어들을 이해하는 것보다 학습 효율을 높여 준다.

예문을 보는 주요 이유는, 한 단어가 여러 가지 의미를 가지는 다의어가 많으므로 문맥 속에서 정확한 개념을 확인해야 할 필요도 있고, 스토리(이야기) 속에서 단어를 보면 기억 강화에 도움이 되기 때문이다. 그런데 토익 단어들은 일정한 의미로만 사용되기 때문에 전문가들이 교재에 정리해 놓은 해석을 외우면 충분하다. 또한 암기 방법이 효율적이면, 스토리 속에서 단어를 보는 것보다 더 빠르고 강하게 외울 수 있다. 예문을 꼭 보고 싶으면 단어를 먼저 암기한 후 봐야 공부 기간이 줄어든다. 순서를 바꿔야 한다.

• 가능한 단어장을 만들지 마라

단어 책에 있는 어휘를 95~100% 외웠으면 토익 교재의 문장들을 읽을 때 사전 찾을 일이 거의 없다. 그럼에도 불구하고 토익 LC 및 RC 교재를 공부하다 보면 단어 책에 없거나 미처 외우지 못한 단어들이 나올 수 있다. 그럴 때는 교재의 하단이나 해설집에 정리된 어휘 목록을 본다. 거기에 없으면 문장 해석을 참조한다.

사전을 먼저 찾으면 토익에 사용되지 않는 해석들까지 보게 되므로 시간 낭비다. 특정 단어가 여러 가지 의미(다의어)를 가지고 있다고 해도 토익에 나오는 단어들 대부분은 항상 일정한 의미 한두 개로만 사용된다. 출제 범위가 일정하다. 시험 내용을 꿰차고 있는 토익 전문가에 의해 정리된 단어나 해석 자료부터 봐야 불필요한 해석을 외우지 않게된다.

토익 단어 책이나 교재들은 한 단어가 가지고 있는 다양한 의미를 싣지 않는다. 기출 문제 분석에 근거해 실제 출제되는 해석 한두 개 위주로 정리한다. 토익 출제와 관련 없는 해석들이 많이 실려 있는 단어 책이나 학습 자료는 토익 전문성이 떨어지는 사람이 만든 것이므로 보지 말아야 한다. 중고교 시절에는 단어 하나가 가진 다양한 해석을 배우는 방식으로 공부하지만 토익은 그렇게 하면 안 된다. 토익 목표 점수 획득 후에 공부 범위를 넓히도록 한다.

토익 공부할 때 별도의 단어장을 직접 만드는 것을 나는 장려하지 않는다(내 개인적 의견이다. 개인 취향에 따라 단어장을 만들어도 상관은 없다). 공부 시간 관리 측면에서 비효율적이라고 판단한다. 단어 책과 교재를 이용해 암기하는 것이 편하다.

LC나 RC 교재를 공부하다가 단어 책에 없었거나 의미가 기억나지 않는 어휘를 문장에서 보게 되면, 교재에 정리된 어휘 목록을 먼저 살펴보고, 거기에 있으면 줄을 긋거나 형광펜으로 표시한다. 그곳에 없으면 해설을 참조해서 해당 단어 밑에 관련 해석을 적어 놓는다. 그리고 필요하다면 사전을 찾아 확인한다.

표시했거나 해석을 달아 놓은 단어들은 즉시 외운 후, 특정 단원이나 전체 학습이 끝나면 페이지를 가볍게 넘기면서 반복 암기한다. 토익 교재를 수십 권 봐야 하는 것이 아니고 공부를 할수록 어휘력도 늘기 때문에 부담이 크지 않다. 아는 단어든 모르는 단어든 어차피 교재에 다 있으므로 통합 관리하는 방식이 효율적이다.

나의 경우 토익 강의 목적으로 단어장을 만들어서 수강생들에게 배부하긴 했었지만, 내가 토익 공부하는 과정에서 단어장을 만든 적은 없다. 교재나 모의고사 자료를 보다가 모르는 단어들이 나오면 표시 후 빨리 외워 버렸다. 앞에서 짧게 소개한 '3분 20단어 암기법'에 익숙했기 때문이었다.

나는 토익 자료뿐만 아니라 영어 소설이나 기타 영어 자료들을 읽을 때도 자료에 해석을 적어 둔다. 그리고 책 한 권이나 자료를 완독한 후에, 표시한 단어들만 눈으로 가볍게 몇 차례 훑어보면서 '장기 기억'시킨다. 가능한 나중에 다시 볼 필요가 없을 수준으로 외운다. 습관적으로 그렇게 한다.

나도 단어를 별도로 정리할 때가 있다. 미국 영화나 드라마를 보거나, CNN, FOX, NPR 등의 라디오 뉴스를 휴대폰 앱을 통해 청취할 때 간헐적으로 그렇게 한다. 모르는 단어가 들리면 소리에 근거해 사전에서 확인 후 메모지나 컴퓨터 엑셀파일에 기록한다. 그러나 토익 교재와 달리 해석을 적어 놓을 수 있는 대본이 없기 때문에 부득이하게 하는 것이다. 메모지에 기록한 경우는 빨리 외우고 버린다. 나중에 외운다는 생각으로 간직해 두면 결국 보지 않게 된다.

02 다 제쳐 두고 토익부터 빨리 끝낼 것

• 공부 기간이 짧아야 목표를 빨리 이룬다

새롭게 배우는 외국어에 하루 1~2시간 정도 투자해서는 수년간 꾸준히 공부한다고 해도 중급 수준의 회화나 듣기 능력을 갖기도 힘들다. 오랜 기간에 걸쳐 천천히 공부할수록 불리하다. 단기에 집중 학습을 해야 시간을 절감하면서 높은 수준에 더 빨리 도달할 수 있다. 토익도 외국어이므로 마찬가지다. 몇 개 외국어를 깊이 있게 공부해 보고 몇 개는 가볍게 조금씩 학습해 본 내 경험에 근거한 판단이다.

뇌 과학적으로도 그런 현상을 설명할 수 있다. 새로운 정보가 신경 전달 경로를 거쳐 뇌에 들어오면 그것과 관련된 전기 및 화학 신호가 발생하는데, 그대로 두면 금방 사라진다. 처음 보거나 들은 내용을 되새기지 않으면 잠시 기억에 머물다가 사라지는 현상이 그 때문이다. 해당 신호가 사라지기 전에 뇌에 동일한 자극(= 동일한 내용의 학습)이 집중적, 반복적으로 가해져야, 시냅스 연결 및 강화가 진행되어 관련 정보에 대한 '장기 기억 저장용 뇌신경망'이 형성된다. 그로 인해 학습한 내용이 사라지지 않고 머리에 남아 있게 된다. 공부를 할 때 '적정 기간 내'의 '적정 횟수 복습'이 중요한 이유가 거기에 있다.

토익 시험의 천재가 되는 비법

새롭게 배우는 외국어 저장 및 처리용 뇌신경망은 아직 만들어지지 않은 상태다. 조금씩 공부하면 학습한 내용들이 뇌에 신호 형태로 머물다가 사라지거나, 약한 뇌신경망 상태로 있다가 소멸되는 것을 반복하게 된다. 공부를 했는데 내용이 기억나지 않거나, 일부만 기억나거나, 듣기 훈련할 때는 잘 들렸는데 나중에 똑같은 내용을 들어도 잘 안 들리는 현상들이 나타난다. 단기 집중 및 반복 학습을 통해 그 악순환의 고리를 빨리 끊어야 한다. 이미 뇌에 기억된 모국어를 이용해 학습하는 과목들과 동일한 방식으로 접근하면, 원하는 성과를 희망하는 기간 내에 거두기 어렵다.

나는 주위 사람들에 비해 상당히 짧은 기간에 영어, 중국어, 일어의 회화, 독해, 듣기를 고급 수준(비즈니스 협상이 가능한 수준을 말한다.)으로 끌어올렸었다. 초급에서 고급 단계까지 가는 기간이 일반 사람들에 비해 단기였다고 판단한다. 중국어와 일어는 회사 다니면서 독학으로 공부를 했었는데, 나보다 먼저 공부를 시작했던 회사 동료들이 초급을 못 벗어날 때 나는 고급 수준에 도달했다.

그래서인지 가까운 곳에서 지켜본 사람들이 '내가 외국어 감각을 타고난 것 같다는 얘기'를 자주 했었다. 나는 그때마다 학습 방식의 차이 때문이라고 대답했다. 효율적 학습법을 적용한 것도 영향을 줬지만, '외국어 단기 집중 학습의 효과'를 체험을 통해 잘 알고 있어서 실천으로 연결했기 때문에 가능했다고 판단한다. 평일에는 얼마 못 했지만 주말 동안은 놀지 않고 하루 종일 집중 공부를 하려고 노력했었다. 그렇게 공부할 때 실력이 상승하는 것을 실감할 수 있었다.

영어 단어나 문법은 하루에 1~2시간씩 공부하더라도 실력을 꾸준히 향상시킬 수 있다(물론 단기 집중 학습을 할 때에 비해 성과는 낮게 나온다). 모국어용으로 형성되어 있는 뇌신경망을 일부 이용하기 때문이라고 추정된다. 그러나 토익 고득점에 필요한 수준의 영어 듣기와 고속 직독직해 능력은 적어도 하루 3~4시간 이상 최소 1~2개월은 집중해야 큰 폭의 실력 향상이 가능하다. 어떻게 해서든 시간을 '단기에 집중 투자'할 수 있는 방법을 찾아야 한다.

• 토익 점수는 계단식으로 오른다

듣기, 문법, 독해 실력이 꾸준히 늘고 있다고 해서 갑자기 토익 점수가 잘 나오지는 않는다. 정답을 고르기 위해 필요한 공부량에는 도달하지 못했기 때문이다.

예를 들어 문장에 나오는 단어 5개를 알아야 정답을 맞힐 수 있는 경우, 공부를 열심히 해서 4개의 단어를 알게 되었다고 해도 미처 못 외운 마지막 1개 때문에 답을 틀릴 수 있다. 문법 사항 4가지를 이해해야 문제를 정확히 풀 수 있는데 3가지만 학습한 상태일 때도 마찬가지다.

토익 시험의 천재가 되는 비법

그런 현상은 시험 전체에 골고루 나타난다. 공부량은 분명히 쌓이고 있지만 만족할 수준의 점수 상승이 한동안 실현되지 않을 수 있다.

어려웠던 문법 내용이 어느 순간 갑자기 이해되는 것은 우연히 생기는 현상이 아니다. 공부한 지식들이 뇌에서 쌓이고 있다가 그 양이 충분해지는 특정 시점에 뇌에서 상호 결합되고 정리되어 일어나는 현상이다. 듣기 능력도 마찬가지다.

그 시점에 도달하기 전까지는 공부를 계속해도 성과가 눈에 띄게 나타나지 않는다. 전반적으로 실력이 향상되고 있어도 점수에 반영되기에는 뭔가 조금씩 모자란다. 그러다가 점프하듯 점수가 급격히 오른다.

토익 점수는 투자 시간에 비례해 실력이 점진적으로 조금씩 느는 완만한 경사 형태보다는, 큰 변화를 못 느끼다가 특정 시점에 갑자기 상승하는 계단 형태가 일반적이다. 일정 공부량이 쌓일 때마다 약 50, 100점처럼 큰 단위로 점수가 상승한다. 점수 상승 시점은 집중 학습을 할수록 앞당겨진다.

자신의 공부 방식이 효율적이라면 지루하고 힘들더라도 일정기간 버텨야 한다. 몇 주나 한 달 정도 내에 점수의 급상승은 없더라도 실력이 좋아지는 것은 스스로 느낄 수 있을 것이다. 만약 1~2개월 정도 꾸준히 공부하고 있음에도 점수뿐만 아니라 실력도 장기간 정체하고 있다면 자신의 학습 방식을 점검해야 한다. 관련 자료들을 찾아보거나

토익 전문가(강사나 고득점자)에게 문의해서 문제점을 즉시 보완해야
한다.

• 다른 공부는 제쳐 두고 토익 먼저 끝내라

토익만 공부할 처지가 아닌 사람들이 대부분일 것이다. 그러나 특정
토익 점수가 일정 기간 내에 반드시 필요하면 토익 먼저 끝내야 한다!
토익은 외국어라서 모국어로 공부하는 과목들과는 다른 접근이 필요
하다.

토익 공부를 하는 사람들은 취업, 각종 수험, 다른 외국어, 학교 교
과목 공부와 병행하는 것이 일반적이다. "**토익 공부를 천천히 오래 하
면 실력이 잘 늘지 않고, 투자 시간 중 많은 부분을 헛되이 낭비하게 된
다.**"라고 내가 조언하면. "다른 공부도 같이 해야만 된다."고 하면서 고
민하는 수강생들을 가끔 봤었다. 불안감 때문이었겠지만 나에게는 굉
장히 안타까운 모습들이었다. 각종 수험을 준비하던 주위 사람들이 토
익이나 영어를 다른 과목들과 병행 학습하다가, 과락이나 낮은 점수 때
문에 고생하는 것을 몇 차례 봤었기 때문이다.

단기에 토익 목표 점수의 달성이 반드시 필요하다면, 심리적으로 불
안하더라도 다른 과목은 좀 미뤄 두거나 시간을 적게 배분해야 한다.
토익 집중 학습을 해야 한다. 필요한 토익 점수를 획득한 후에 다른 과

목들에 집중하는 것이 취업이나 시험 등의 최종 목표 성취에 유리하다. 토익 점수가 걸림돌이 되어 계속 고생하지 않으려면 외국어 학습의 특징을 고려해 현명하게 공부 계획을 세워야 한다.

어떤 외국어를 학습하든 '천천히 조금씩 오랜 기간에 걸쳐 하는 것'은 비효율적이다. 총 투자 시간 대비 성과가 적다. 취미로 할 때만 그렇게 해야 한다. 한 가지 외국어를 깊이 있게 공부해서 높은 수준에 도달해본 사람들은 체험을 통해 그런 점을 이해하고 있을 것이다. 국내에서 외국어를 공부하다가 해외로 어학연수를 떠나는 사람들도, 집중 및 몰입 학습의 필요성을 스스로 느꼈기 때문인 경우가 많을 것이다. 국내에서 외국어를 공부해도 집중, 몰입 학습이 당연히 효과적이다.

• 고득점을 맞고 그만둬라

토익을 일단 시작했으면 최소한 700~800점 이상은 넘겨 놓아야 한다. 그러면 공부 성과의 많은 부분들을 상실하지 않고 수년 이상 유지할 수 있다.

토익 수강생들 중에 과거에 토익 공부를 했었지만 한동안 영어를 사용하지 않았던 사람들이, 취업, 이직, 승진 등의 이유로 최신 토익 점수가 필요해 수업을 듣는 경우가 있었다. 그런 분들을 관찰한 결과에 따르면, 토익 700~800점 이상 맞았던 사람들은 원래 실력이 꽤 많이 남아 있었다. 처음에는 자신 없어하지만 수업을 몇 차례 정도 진행하면 과거의 능력을 회복하면서 잘 따라온다. 반면 300~600점대의 사람들은 토익을 처음 배우듯이 낯설어하는 경향이 일반적이었다. 과거 공부한 내용들이 많이 사라진 상태였다. 투자한 시간들이 헛수고가 되어 버린 것이다.

어떤 외국어를 공부하든 회화, 듣기, 독해 능력을 높은 수준까지 일단 올려놓으면, 몇 년간 공부나 사용을 하지 않더라도 실력이 많이 사라지지 않고 뇌의 어딘 가에 남아 있다. 짧은 기간 집중 공부를 통해 옛날 능력을 대부분 회복시킬 수 있다. 나는 내가 고급 수준까지 공부했다고 말할 수 있는 영어, 중국어, 일본어에 대해 그런 체험을 공통적으로 했다.

내가 일반 회사 생활을 할 때 생산, 제조, 품질, 개발 등 엔지니어링 관련 일을 몇 년간 했었다. 그 기간 동안 영어 자체를 인생에서 지워 버리듯이 잊고 살았다. 업무상 필요한 전문 용어만 보는 정도였다. 그러다가 이직 때문엔 회화와 토익 성적표가 필요해져서 다시 공부를 했었다. 그런데 집중 학습을 몇 차례만 했는데도 과거 능력에 가깝게 회복이 되었다. 뇌의 어딘가에 학습했던 내용에 대한 기억들이 대부분 남아 있었다가 다시 자극을 받아 활성화된 것으로 생각할 수밖에 없었다.

고급 수준까지 공부를 했던 일본어와 중국어에 대해서도 비슷한 체험을 했다. 5~6년 이상 전혀 사용하지 않다가 국제 전시회 참가나 이직

토익 시험의 천재가 되는 비법

으로 인한 관련 국가 업무 담당 등의 이유로 갑자기 회화나 작문을 해야만 하는 상황들이 있었다. 그때마다 며칠간 집중 학습으로 실력을 거의 회복시켰다.

03 토익 영어를 벗어나지 말 것

• 토익 시험이 만들어진 이유

토익은 출제 범위가 확실히 규정된 시험이다. 시험이 생긴 이유와 관련이 있다. 토익은 1979년도에 일본 경제 관련 단체에서, 미국 현지에 파견할 일본인 직원을 평가하기 위한 목적으로 탄생된 것이다. 기존 TOEFL(외국인의 미국 대학 등의 입학용 시험), GRE(미국 대학원 등의 입학용 시험) 등을 출제하는 미국의 ETS(Education Testing Service)라는 기관에 요청해 만들었다. 우리나라에는 1982년도에 최초 도입되었다.

토익은 영어로 비즈니스를 하는 사람들이면 국가, 회사, 업종, 부서와 상관없이 서로 사용하고 이해할 수 있는 일반적이고 기초적인 비즈니스 영어(= 일상 비즈니스 영어)와, 일정 범위의 생활영어 능력을 평가한다. 공부할 영어의 범위가 좁다.

토익은 비즈니스 영어를 주로 다루지만 특정 회사나 부서에서만 사용되는 전문적인 내용들은 포함하지 않는다. 회사의 해외 업무 담당자들이 실제 사용하는 영어보다 범위가 훨씬 협소하다. 또한 기출되었던 내용들이 반복 출제되므로, 회사 생활을 하지 않아 배경지식이 없어도 토익 교재들만 열심히 공부하면 고득점이 가능하다. 고교생도 높은 점수를 맞을 수 있다.

토익에는 비즈니스와 직접 연관 없는 '원예, 공연, 여행, 교통, 쇼핑, 주방, 레저, 병원, 도서관, 박물관, 주택 구매, 식사 등'에 관한 생활영어도 나온다. 영어권 국가의 회사에 근무하는 외국인 출신 회사원들의 일상생활에 필요할 기본적인 표현들이 출제된다. 그러나 미국 드라마나 영화에서 흔히 나오는 관용적 표현, 속어, 간접적 표현, 유머 등은 출제되지 않는다. 원어민 대상의 시험이 아니고 외국인으로서 회사원인 사람들의 영어 능력 평가 시험이기 때문이다. 아주 기본적인 생활영어들이 출제되고 출제 내용도 항상 일정하다.

토익용 영어 범위가 일정하므로 단기에 토익 점수를 높이는 것이 목적이라면, 다른 영어 공부는 일단 미뤄 두고 토익 교재 위주로 공부해야 한다. 유사한 영어 실력을 가진 사람 두 명이 토익 공부를 동시에 시작해서 동일한 기간 동안 학습한다고 가정하면, 영어를 광범위하게 공부한 사람보다 토익 교재로만 한 사람이 훨씬 더 높은 점수를 맞을 수 있다.

• ETS 안내서에 명확히 설명된 시험 범위

토익 출제 범위에 관한 내용을 아래와 같이 인용한다. ETS 미국 본사에서 발행한 〈토익 수험자용 안내서(Examinee Handbook)〉의 내용을 번역한 것이다. 토익 공부 방향을 잡는 데 도움이 될 것이다.

■ 출제 범위

개발: 연구, 제품개발

식사: 비즈니스 및 비격식적 점심식사, 연회, 환영회, 식당 예약

오락 활동: 영화, 연극, 음악, 미술, 전시회, 박물관, 방송매체

금융과 예산: 은행 업무, 투자, 세금, 회계, 대금 청구

비즈니스 일반: 계약, 협상, 합병, 마케팅, 판매, 품질 보장, 비즈니스 계획 작성, 회의, 노사 관계

건강: 의료 보험, (일반 의사, 치과 의사, 일반 의원이나 병원, 종합 병원)방문

주택/기업 자산: 건설, 설계 규격, 구입과 임대, 전기와 가스 서비스

제조: 조립 라인, 공장, 일반 관리, 품질 관리

사무실: 이사회, 위원회, 편지, 메모, 전화, 팩스와 이메일, 사무용 설비와 가구, 업무진행 절차

인사: 구인, 채용, 퇴직, 급여, 승진, 취업 지원, 구직 광고, 연금, 보상

구매: 쇼핑, 사무용 비품 주문, 배송, 송장(= 계산서)

기술 영역: 전기, 기술, 컴퓨터, 실험실 및 관련 설비, 기술 규격

여행: 기차, 비행기, 택시, 버스, 배, 유람선, 티켓, 일정, 역과 공항에서의 안내, 자동차 렌트, 호텔, 예약, 연기, 취소

출제 범위에 '연구, 계약, 협상, 회계, 품질 관리, 전기 등' 복잡하게 보이는 내용들이 있지만, 전문적인 영역은 토익에서 다루지 않는다. 예를 들어, '계약을 맺다, 협상을 하다, 품질을 검사하다, 전기를 켜다'처

토익 시험의 천재가 되는 비법

럼 단순한 내용으로 출제 된다. 회사원이라면 누구든 이해할 수 있는 일반적인 수준을 벗어나지 않는다. 토익에서는 그런 수준을 '일상 비즈니스 영어'라고 표현한다.

'토익의 범위 및 출제 내용에 맞춘 학습의 중요성'을 더 잘 이해할 수 있도록, ETS의 〈토익 수험자용 안내서(Examinee Handbook)〉에 있는 시험 범위에 관한 내용을 추가로 소개한다. 일종의 시험 출제 규정이다.

About the TOEIC Test(토익 시험에 관하여)

"The TOEIC Listening and Reading test is an English-language proficiency test for people whose native language is not English. It was developed to assess the English-language listening and reading skills needed in the workplace and everyday life. TOEIC Listening and Reading test scores indicate how well a person can communicate in English with others in a business setting. The test does not require specialized knowledge or vocabulary beyond that of a person who uses English in everyday workplace activities."

"토익 LC와 RC 시험은 **영어가 모국어가 아닌 사람들에 대한 영어 숙련도를 테스트**하는 시험이다. 토익은 업무장소와 일상생활에서 필요한 영어 듣기와 독해 능력을 평가하기 위해 개발되었다. 토익 LC와 RC 점수는 한 사람이 어떤 비즈니스 환경에서 다른 사람들과 얼마나 잘 영어로 의사소통할 수 있는가를 나타낸다. 토익 시험은 일상적인 업무활동에서 영어를 사용하는 사람의 지식이나 어휘의 범위를 넘어서는 전문적인 지식과 어휘를 요구하지 않는다(= 일상적인 비즈니스 영어만 출제한다)."

How To Get Ready To Take the TOEIC Test(토익 시험을 준비하는 방법)

"The TOEIC Listening and Reading test is not based on the content of any particular English course but rather on your English-language proficiency - your overall ability to use English. Improvement in proficiency may take some time and is generally achieved through a combination of practice and study. The TOEIC Listening and Reading test does not test business knowledge, and you are not required to know specialized business and technical vocabulary beyond what is used in everyday work activities."

"토익 LC와 RC 시험은 어떤 특정한 영어 과정의 내용에 근거를 둔 것이 아니라, 그보다는 수험생의 영어 숙련도를 평가하는 것에 기반하고 있다. - 영어 숙련도란 수험생의 전반적인 영어 사용 능력을 의미한다. 영어 숙련도의 개선은 시간이 좀 걸릴 수 있고 실행과 학습의 결합을 통해 일반적으로 성취된다. 토익 LC와 RC 시험은 비즈니스 지식(= 전문 지식)을 테스트하지 않는다, 그리고 일상적인 업무활동에서 사용되는 어휘를 넘어서는 전문적인 비즈니스 어휘와 기술적인 어휘를 수험생들이 알 필요 없다(= 일상 비즈니스 관련 어휘만 알면 된다)."

ETS의 토익 시험 출제 가이드라인은 출제 범위를 넘어서는 어휘나 내용에 대해 '출제되지 않을 것이다'라고 하거나 '공부하지 않아도 될 것이다'라고 애매하게 말하지 않았다. 대신에 단정적으로 '출제 안 한다, 공부가 요구되지 않는다'라고 명확히 기술하고 있다.

예를 들어서 'meeting(회의), budget(예산), printing(인쇄), presentation(발표), itinerary(여행 일정표)' 등과 같이 일상적으로 사

용되는 용어들을 모르면, 누구든지 회사 생활을 정상적으로 하기 힘들다. 그러므로 토익 출제대상이 된다. 그러나 회계 부서에서 사용하는 '현금 흐름표(cash flow statement)', 마케팅 부서에서 사용하는 '3C(customer, competitor, company)분석', 품질 부서의 'FAI(초도품 검사)', 반도체 회사에서 주로 사용되는 용어인 'etching(식각)' 등, 특정 부서 및 업종의 사람들만 알 수 있는 전문적 용어 및 내용은 토익 시험에 출제되지 않는다.

토익 출제 지문들은 어디엔가 이미 있는 문장들을 참고하거나 변형해서 만들기도 하는 것으로 추정된다. 그래서인지 미처 편집되지 못한 전문적인 비즈니스 용어나 내용이 일부 나올 때도 있다. 하지만 그런 것들은 정답을 고르는 데 있어 영향을 주지 않는다.

만점을 목표로 하면 알아야 할 것들

· 만점자들은 시험을 여유 있게 보나요?

여유 있게 시험을 봤다는 만점자들의 얘기를 듣거나 어디에서 읽은 적이 없다. 시험이 끝나는 순간까지 '극도로 집중했다'는 수기는 가끔 읽었다. 합리적 설명 없이 대충 공부해서 만점 맞았다는 얘기는 신뢰하지 않는다. 드러내지 않은 학습 배경이 있을 것이라고 나는 추측한다.

토익 시험을 검토해 본 적 있다고 하는 원어민 회화 강사 두 분에게 시험에 대해 '어떻게 느끼는지' 물어본 적도 있는데, 생각보다 어렵다는 반응을 공통적으로 보였다. 두 분 다 고개를 좌우로 흔들고 자세한 얘기를 피했다. 문제의 난이도가 높아서가 아니라 2시간 동안 쉴 틈 없이 초집중하는 것이 힘들었을 것이다.

나는 문제 분석과 만점 획득 중 한 가지를 목표로 토익 시험을 봤었다. 토익 수업 반영 목적으로 전체적인 문제 분석에 집중할 때는 만점을 포기한다. 중요하다고 판단되는 내용들을 반복해 보면서 기억시켜야 하기 때문이다. 문제 풀이에만 집중하면 무슨 문제가 나왔었는지 자세히 분석할 틈이 없다.

만점을 목표로 할 때는 강하게 집중한다. 시험 시작부터 끝날 때까지 한시도 방심하지 않으려 한다. 나도 모르게 몇 초만 멍하니 집중력을 잃어도 단 한 문제 차이로 만점을 놓칠 수 있기 때문이다. LC 파트는 2~3문제 틀려도 만점이 나오기 때문에 사실 여유가 있다. 그럼에도 불구하고 예상치 못한 실수를 방지하기 위해 긴장을 풀지 않으려 노력한다.

나는 RC 답안 표기까지 완료 후 평균 '10~15분 정도'를 남긴다. 980점을 목표로 하면 20분가량 남길 수 있다. 그러나 만점을 목표로 할 때는 지문들을 대부분 정독하고 애매한 부분은 반복 점검하기 때문에 그 정도 시간이 남는 것 같다. 독해 속도가 늘면서, 점수 차이는 없어도 답안지 표기까지 완료 후 남는 시간이 '5분 → 10분 → 15분'으로 변화했다. 처음 만점 맞을 때는 1~2분 정도 남았었다.

남는 시간에도 마지막까지 집중한다. 답이 100% 명확하지 않고 애매한 느낌이 있어서 표시해 두었던 문제들(1~3문제)을 시험 종료될 때까지 재점검한다. 그렇게 재검토 후 수정한 RC 파트 한두 문제 때문에 만점을 맞은 경우가 나는 몇 차례 있었다. 시간 관리를 하느라 빨리 풀다 보면 나도 모르게 답이 보이지 않을 때가 있는데, 남는 시간에 유심히 보면 정답을 발견하게 된다.

만점을 자주 맞는 사람들이 970~980점을 목표로 하면 다소 여유롭게 시험을 볼 수 있다. 대학을 나와서 영어를 가르치는 일을 하고 있고 비즈니스 영어 경험이 있는 원어민들도 비슷할 것이다. 하지만 985~990점을 획득하기 위해서는 두 시간 동안 최선을 다해야 한다. **단 한 문제도 틀리면 안 된다는 것과 한두 개 정도 틀려도 된다는 것은 완전히 다른 얘기다.** 적어도 내 입장에서는 그렇다.

신토익 990점을 몇 개월에 걸쳐 연속으로 맞았다는 분들을 보면 존경스럽다. 시험이 어려워서가 아니다. 시험 치를 때마다 두 시간 동안 한순간의 방심도 없이 고도의 집중을 유지하는 것이 얼마나 힘든지 잘 알기 때문이다. 휴일에 쉬지도 못하고 에너지 소요가 큰 시험을 자주 보는 것은 결코 쉬운 일이 아니다. 목적의식이 없으면 받는 스트레스가 엄청날 것이다. 나는 그런 의지까지는 없어서 필요할 때만 한 번씩 시험을 봤었다.

나는 강의를 할 때 보통 '월요일~토요일'까지 진행했고, 서로 다른 교재로 초급, 중급, 실전반까지 LC와 RC를 동시에 가르쳤었다. 그래서 쉬지 못 하고 일요일에 시험을 볼 때면 너무 피곤했다. 몰라서라기보다는 에너지 부족으로 인한 실수로 한두 개씩 틀릴 때도 있었다. 그마저도 극복을 해야 하는데 노력이 부족했었다.

• 만점은 어떻게 해야 맞을 수 있나요?

'만점 달성을 위한 학습 순서'를 간략하게 정리해 보겠다. 내 독학 경험과 토익 강의를 하면서 수강생들에게 적용했던 학습 과정을 근거로 한 것이다. 한 가지 사례일 뿐이므로 참조용으로 보길 바란다.

'정기 시험 응시 및 실전 모의고사 풀이 횟수'에 관한 내용은 '1장'에서 이미 언급했지만, 설명 편의를 위해 여기에 다시 정리했다.

(1) 초보자가 600~700점 도달하기

중고교 영어 교육 과정을 평균 수준으로 거친 사람의 첫 토익 점수가 300~500점 사이라고 가정해 보자. 그 점수에서 시작해 중급 수준인 600~700점까지 도달하기 위해서는, '필수 어휘 암기, 온라인 혹은 오프라인 기초 강의 1회 수강, 기초서(베이직 혹은 스타트) 2회 반복 학습, 공식 시험 1~2회 응시, 모의고사 5~10회분 풀이(실전 문제집 이용)'가 필요하다고 판단한다.

2개월 정도의 강도 높은 토익 집중 학습을 통해 달성 가능한 목표다(거의 매일 공부한다는 것을 가정한 것이다. 집중 학습을 못하는 경우는 기간이 더 오래 걸린다). 하루 투자 시간이 '최소 3~4시간 이상'은 되어야 하고, 이 책의 4, 5장에 정리된 것과 같은 효율적 공부 및 풀이 방법을 적용해야 한다. 평일에 시간 투자를 많이 할 수 없다면 주말이나 휴일에는 하루 종일 토익 공부만 해야 한다.

대학생들은 방학 기간 동안 집중 몰입 학습을 하면 효과적이다. 주말을 제외하고 매일 진행되는 특강을 활용하면, 한 달 반(45일) 정도의 기간에 RC와 LC 기초 강의 수강, 필수 단어 암기, 모의고사 문제 풀이까지 진행할 수 있다. 어휘와 문법은 고득점에 필요한 수준까지 충분히 끌어올릴 수 있다. 스터디도 병행할 수 있다. 특강 때는 강사가 직접 관리해 주는 스터디까지 하는 것이 좋다.

단어를 충분히 암기했고, 초급 교재(LC, RC) 내용을 학습하고 대략 이해했다면, 문제집을 사서 모의고사를 '주 1회' 정도는 풀어야 한다. 기초 지식이 갖춰진 상태에서는 내용만 계속 학습하는 것보다 실전 모의고사와 병행해야 실력 및 점수 향상이 촉진된다. 동기 부여도 되고 학습 효율도 높아진다.

모의고사 보면서 틀렸던 문제나 잘 모르는 내용들은 반드시 보완 학습해야 한다. 모의고사 횟수만 단순히 증가시키는 것은 큰 의미가 없다. 틀린 문제는 또 틀린다. 오답 노트를 만들어서 관리해도 좋다. 나는 오답 노트 만드는 것이 귀찮아서 책에 표시 후 복습했다. 수강생들에게도 그렇게 하라고 권유했었다.

기초 교재를 2회 이상 봤으면 가능한 빨리 중급용 교재인 RC/LC 기본서로 갈아타도록 한다. 기본서 공부를 하지 않아도 600~700점은 가능하지만, 그 이상의 고득점을 위해서는 모의고사 풀이와 함께 기본서 학습을 병행하면 효과적이다. 파트별, 문제 유형별 심화 학습을 할 수 있다.

기본서의 이론 내용은 기초서와 대부분 일치하므로 몰랐던 내용들

토익 시험의 천재가 되는 비법

위주로 보고, 연습 문제들은 '목표 풀이 시간'에 맞춰서 빠르게 풀이한다. 문제들을 하나하나 분석하며 천천히 풀면 너무 오래 걸린다. 문제 수와 상관없이 실제 토익 시험 시간에 맞춰 재빨리 풀고, 그 이후에 분석하는 것이 학습 시간을 단축시켜 준다. 기본서의 문제들을 푸는 것이 정 귀찮다면 실전 문제집만 풀어도 된다. 그러나 특정 파트나 특정 문법 단원이 약한 경우, 유형별 문제들을 많이 모아 놓은 기본서를 이용해 집중 보완하면 좋다.

기초 강의 수강을 통해 RC와 LC 전반에 대해 이해가 되었다면 중급용 강의는 안 들어도 된다. 교재만 가지고 공부해도 충분하다.

(2) 600~700점대에서 800~950점 이상 도달하기

600~700점대에서 800~950점에 도달하기 위해서는 실전 모의고사 문제를 많이 풀어야 한다. 모의고사 횟수를 '주 2회'로 늘린다. 또한 파트 7만 수록된 실전 문제집도 때때로 풀어 보고, 중급용 기본서 학습도 병행한다(기본서는 자신이 취약한 부분만 찾아서 봐도 된다). 그와 동시에 속도 훈련을 해야 한다. 4장에 정리된 속독속해 및 속청속해 훈련 방식을 참조하길 바란다.

힘은 들겠지만 600~700점대 수험생이 1~2개월 미친 듯이 집중 학습하면 900점대까지 도달할 수 있다. 중급에서 고급으로 갈 때는 어휘나 문법이 주는 영향이 생각보다 적다. 중급 수준이면 고득점에 필요한 어휘력과 문법 실력을 이미 갖추고 있을 것이다. '<u>듣기, 독해, 문제 풀이</u>

의 빠르기(= 속도 능력)'가 관건이다. 4장에 정리된 속독속해 및 속청속해 연습을 의도적으로 열심히 하고, 모의고사 풀이량을 늘리면 토익 시험 특성상 단기간에 점수를 점프시킬 수 있다.

모의고사는 10~20회(실전 문제집 두 권 분량) 이상 푼다. 그러면 '기출 문제 유형 파악, 효율적 문제 풀이 요령 습관화, 빈출 어휘 및 표현 암기, 패러 프레이징 적응, 시간 관리 능력 구비' 등을 높은 수준으로 달성할 수 있다. 20회를 푼다고 해도 엄청 많은 횟수는 아니다. 시험 시간으로 환산하면 총 40시간 분량이다. 600점을 넘긴 수험생들은 문제집을 이용해 모의고사를 자주 봐야 한다. 모의고사를 많이 볼수록 점수가 빨리 향상된다.

학원에서 토익 수강생 모집을 할 때 홍보 효과를 위해, '만점 강사'라는 타이틀을 내세우고 관련 성적표들을 공개하기도 했었다. 그러면 공부량이나 학습 기간은 이미 만점자 수준이라고 판단되는 사람들도 실전반(모의고사 풀이 반)에 온다. 점수가 계속 정체되어 만점자의 경험과 요령을 배우려고 수강 신청을 한 것이다.

예를 들어 600~700에서 800~850점으로 가지 못하거나, 800~850에서 900~950점 이상으로 점수를 올리는 데 실패한 수강생들이다. 토익 공부를 정말 열심히 해 왔고 다른 곳에서 강의를 여러 차례 들었음에도, 벽에 부딪힌 듯이 점수가 오르지 않는 사람들이다. 목표 점수 획득이 급한 상태이므로 '만점 강사는 혹시 뭔가 다르지 않을까?'라는 생각에 수강하는 것이다.

모의고사 문제를 풀게 하면서 의도적으로 그들을 관찰하고 분석해보면, '잘못된 독해 방식이나 문제 풀이 방식, 듣기 및 독해 속도가 충분히 빠르지 못한 것, 어휘력 부족 등'이 다양하게 영향을 주고 있었다. 하지만 공통적으로 발견되는 특징은 '모의고사 횟수 부족'이었다. 실전 문제집 한 권 분량(LC, RC 각각)인 10회 정도 내에서 푼 사람들이 많았다.

그런데 두 달의 수업 기간 동안 수업과 예습을 통해 총 15~20회 분량의 모의고사를 강제로 풀게 하면, 수강생들의 상당수가 본인의 목표 점수에 근접하거나 도달한다. 수업 중 '질의와 응답'을 통해 각자의 취약점들을 찾아내서 보완하도록 유도하는 것과 문제 풀이 후 수강생들이 궁금해하는 것들만 취합해서 집중 설명하는 것도 영향을 줬지만, 모의고사 횟수 자체도 중요했다.

토익 강의가 보통 2개월인데, 그 기간에 토익 점수를 수십 점에서 수백 점 올려 주는 강의들은 '문제를 많이 풀어 주고 풀게 하는 특징'이 있을 것이다. 그런 강의를 들어 본 수험생들은 고개를 끄덕일 것이다. 어쩌다 모의고사를 한 번씩 보거나 공식 시험을 자주 보는 것만으로는 부족하다.

(3) 950~985점에서 만점 도달하기

(듣기, 독해 및 풀이) 속도가 '토익의 빠르기'를 지배할 수준이 되었다

면, 950~985점까지는 토익 교재만 가지고 열심히 공부해도 도달할 수 있다. 토익 교재만으로 하는 것이 다른 영어 공부를 병행하는 것보다 더 효율적이라고 나는 판단한다. 그러나 교재 학습만으로 990(만점)을 맞는 것은 힘들다. 900점을 맞았다고 해서 950점까지 쉽게 올라갈 수 있는 것이 아닌 것처럼, 980~985점을 맞았다고 990점(만점)을 단기에 획득할 수 있는 것은 아니다. 몇 개월 이상이 걸릴 수도 있다.

950~985점에서 만점까지의 차이를 극복하는 데는 토익 외의 영어에 대한 노출(영어의 생활화)이 도움이 된다. 그 점수대면 토익 교재들의 내용이나 효율적 풀이 요령은 거의 완벽히 파악하고 있는 것이다. 시간 관리 능력도 갖추고 있다고 봐야 한다. 추가적인 뭔가가 요구된다.

내가 추천하는 방법은, 미국 뉴스 및 시사 프로그램 시청이나 청취, 영어 자료(영자 신문, 소설, 잡지 등) 읽기다. 생활 속에서 조금씩 실행해야 한다. 여러 가지를 동시에 할 상황이 아니라면 '영어 자료 읽기'가 좋다. 흥미로워 보이는 것을 골라서 읽는다. 고득점자들이 LC에서 만점을 맞지 못하는 경우는 거의 없고 주로 RC에서 놓친다. 그러므로 RC를 강화하는 것이 효율적이다.

LC는 2~3문제 틀려도 만점(495)이 나온다. 반면 RC에서는 문제 1개만 틀려도 만점을 놓칠 수 있으므로 독해 관련 공부를 일상화하면 좀 더 유리하다. 나는 신토익에서 분명히 RC 한 문제 틀린 것 같은데도 985점이 많이 나왔다. 3~4회 985점 맞고 1회 990점 맞는 식이었다. 물론 노력 부족 때문이었다. 평소 영어 공부를 꾸준히 하고 시험도 계속 응시해야 하는데, 바쁘고 힘들다는 핑계로 시험 경향 파악과 감각 유지 차원에서 가끔 시험을 쳤다.

토익 교재 외의 영어에 대한 노출은, 일반적인 토익 문제라고 보기 어려운 한두 문제의 정답을 찾도록 도와준다(만점자 과다 산출을 방지하기 위해 부득이하게 출제하는 문제로 추정된다. 간혹 그런 문제들을 출제한다). 봤던 자료에 있던 어휘나 표현이 답으로 나오는 경우도 있고, 영어에 대한 시각이 넓어지면 찍더라도 정답에 더 가까운 것을 고르게 된다.

만점을 자주 맞는 사람들이 모든 답을 항상 명확히 알고 있을 것이라고 생각하면 오산이다. 답이 애매한 문제들이나 본 적 없던 표현이 어쩌다 1~2개씩 나오면 '소거법'으로 맞추기도 하는데 그 정확도가 다른 수험생들에 비해 높은 것이다. 남다른 노력 및 영어에 대한 꾸준한 노출로 정답에 가까워지는 능력을 배양한 결과다. 무의식적으로 실수할 가능성도 존재하는데 관리를 통해 최소화하는 것이다.

나는 대학 시절 시험을 두 번 정도 보고 졸업했던 것으로 기억한다. 아주 오래전이었는데 그때는 일 년에 토익 시험이 2~3회밖에 없었던 것 같다. 지금은 사라졌지만 당시에 인기 있었던 《안박사 토익》이라는 교재를 보고, 단권으로 판매하던 모의고사 문제 몇 회 풀고 들어갔었다. 두 차례 시험을 봐서 취업 시 서류전형 통과에 필요한 목표 점수를 획득한 후에는 토익에 대해 더 이상 신경 쓰지 않았었다. 그때는 영어 면접 통과를 위한 회화 공부가 더 중요했다.

토익 만점은 졸업 후 나중에 필요한 상황이 생겨서 1개월 정도 집중 학습해서 획득했다. 그 이후에는 학원 홍보용으로 필요할 때 가끔 시험을 봐서 만점을 획득하곤 했다. 초집중하면 만점이 나오고 잠시 방심하거나 너무 피곤하면 985점이 일반적으로 나온다.

힘든 과정을 거쳐 만점을 한두 차례 맞고 나면 그다음부터는 약간의 공부로 감각 유지만 해도 985~990점 사이가 유지된다. 영어에 몇 개월간 전혀 신경 쓰지 않다가 며칠만 토익 집중 공부를 해도 그 점수가 나온다. 튼튼한 토익용 뇌가 만들어져 있는 상태이기 때문일 것이다.

나는 만점 자체가 큰 의미는 없다고 생각한다. 쉽지는 않더라도 누구든 시간을 충분히 투자해서 열심히 공부하면 언젠가는 만점을 맞을 가능성이 있다. 만점을 맞기까지의 투자 시간 및 비용이 상대적으로 적은 것이 중요하다. 투자 대비 성과(= 생산성)가 높아야 한다. **토익을 몇 년에 걸쳐 장기간 열심히 공부했거나, 영어권 국가에 오래 머물렀다거나 하는 등의 배경이 있는 만점자들은 배울 점들이 생각보다 적다. 반면에 국내에서 단기 집중 공부로 만점을 획득한 사람들에게서는 학습 요령 및 태도에서 배울 점들이 많다.**

• 성우들의 말이 왜 잘 안 들리죠?

중요한 원인 중 하나는 '뇌의 소리 처리 속도'가 충분히 빠르지 않아서다. 어휘력, 발음, 문법 실력도 영향을 주지만 '소리 처리 속도'만큼은 아니다. 토익 초급반 수강생들을 대상으로 한 단순한 실험을 통해서도 그 사실을 반복 검증했었다. 파트 3이나 4의 듣기 파일 하나를 1.1~3.0배까지 점진적으로 배속하며 집중해 듣게 한 후 원래 속도로 틀어 주면, 모두 '뇌의 소리 처리 속도'가 무엇을 의미하는지 직감적으로 이해했다. 설명이 필요 없어진다. 모르는 단어들이 나와도 소리 자체는 대부분 명확히 들리는 것을 체험하기 때문이다.

귀의 청각 기관을 통해 들은 소리는 신경 전달 시스템을 거쳐 뇌의 소리 인식 영역에 전달된다(소리 정보는 전기, 화학 신호의 형태로 이동한다). 즉, 영어를 듣는 속도는 '신체 기관 및 뇌가 소리 신호를 처리하는 속도'를 의미한다.

1차적으로 뇌에서 인식된 영어 소리는, 해당 소리가 나타내는 단어에 대한 해석과 머릿속에서 연결되어 2차적으로 내용이 분석된다. 관련 단어에 대한 소리와 해석이 뇌에 미리 기억되어 있을 때만 그런 과정을 통해 의미를 파악할 수 있다.

그러나 이미 기억하고 있는 단어나 표현이라고 하더라도 소리 처리 속도가 느리면 의미를 제대로 파악할 수 없다. 예를 들어, 귀의 청각 기관으로 'revision(수정)'이라는 단어의 소리가 일단 들어는 왔다고 하자. 그런데 처리 속도가 빠르지 않아 'revi'까지만 소리 신호가 처리되고, 연이어 들리는 다른 단어의 소리에 밀려 나머지가 끊기면 그만큼 안 들린 것으로 우리는 인식하게 된다. 그 결과로 해당 단어의 한국말 해석을 아예 못하거나 불완전하게 하게 된다. 듣기 실력이 부족하면 한 문장이나 한 지문을 듣는 동안 그런 현상이 계속 반복된다. 뇌의 소리 처리 속도를 향상시켜야 해결할 수 있다.

모국어인 한국어는 어려서부터 계속 들어왔기 때문에, 누가 빠르게 말하더라도 즉시 인식하고 처리할 수 있는 뇌신경망과 기능을 우리는 이미 가지고 있다. 심지어 생전 처음 듣는 낱말들을 사용해 누군가가 빠른 속도로 얘기하더라도 소리는 알아듣는다. TV나 라디오 뉴스를 한번 들어 보길 바란다. 이해 못하는 경제, 법률, 의학, 공학 용어가 나와도 소리 자체는 들을 수 있고 그 소리를 흉내 낼 수도 있을 것이다. 마찬가지로 '영어를 처리하는 뇌신경망'이 튼튼하게 형성되면 원어민이 정상적으로 발음하는 소리는 빨리 인식할 수 있게 된다. 의미는 모르더라도 소리 자체는 명료하게 들을 수 있다.

토익 LC는 성우들의 발음이 표준적이고 명확하다. 미국 영화나 드라마와 달리, 영어 사투리, 듣기 힘든 연음이나 묵음, 뭉개진 발음, 비격식적 표현은 거의 나오지 않는다. 그 때문에 '듣기 속도 훈련'의 효과가 단기에 나타난다. 듣기 속도에 적응만 하면 소리는 대부분 잘 들린다. 소리를 놓치지 않고 잡아낼 수 있으면 내용 파악은 어렵지 않다. 단어와 해석만 미리 기억하고 있으면 된다.

뇌의 소리 인식 기능 및 처리 속도를 빨리 향상시키기 위해서는 4장에 정리된 '쉐도잉, 배속 듣기' 등의 효율적 듣기 훈련을 별도로 해야 한다. 단순 반복 듣기가 효과 없는 것은 아니지만, 뇌 자극이 상대적으로 약해서 학습 시간 대비 성과가 너무 낮다. 길을 걷고 있거나 대중교통을 이용할 때처럼 다른 방식 적용이 어려운 상황하에서는 단순 듣기라도 해야 한다. 그러나 집이나 도서관 등 학습 환경이 갖춰진 장소에서 공부할 때는 효율적이고 강도 높은 듣기 훈련 위주로 해야 한다.

• 나는 파트 2가 파트 3, 4보다 어려워요

파트 2는 LC에서 유일하게 문제지에 질문과 보기가 없다. "답안지에 답을 표시하라(Mark your answer on your answer sheet)"는 단순 안내 문구만 문제지에 인쇄되어 있다. 문제지에 아무것도 표시하지 않으면 어색해서 그런 문구를 넣어 둔 것 같다.

파트 2의 질문과 보기 지문 길이가 짧기는 하지만 듣기에만 의존해 풀어야 한다. 또한 파트 2는 구어체(회화) 표현 위주고 단어로만 해석할 수 없는 숙어들도 많이 나온다. 그 때문에 회화 실력이 낮은 사람은 파트 3, 4보다 오히려 어렵게 느껴질 것이다. 파트 3, 4는 문제지에 문제 지문(질문과 보기)이 있고, 성우들이 들려주는 본문 내용도 길어서 힌트를 찾아내기가 편하다. 처음에는 파트 3, 4가 더 어렵겠지만 공부를 할수록 파트 2보다 풀기 쉬워진다.

토익 공부는 많이 했지만 회화가 취약한 700~800점대의 수험생들이, 파트 2가 파트 3, 4보다 어렵다는 고민을 간혹 나에게 토로했었다. 파트 2에서 실제 틀리는 문제는 몇 개 되지 않더라도 파트 2가 진행되는 동안 심리적 불안감을 계속 느끼기 때문이다. 그렇다고 토익 점수가 급한 사람이 토익 공부하면서 파트 2를 쉽게 풀 수준의 회화 실력을 동시에 기르기에는 시간적으로 한계가 있다.

파트 2를 힘들어하는 사람들에게 내가 추천하는 간편한 대처 방식은, '시험 직전에 문제를 몰아서 푸는 것'이다. 시험 2~3일 전에 실전 문제집을 이용해 파트 2만 '10회 분량(250문제)' 정도를 한꺼번에 풀면 효과적이다. 그렇게 하면 파트 2에 대한 불안감이 줄어들고 풀이 감각을 시험 당일까지 유지할 수 있다. 10회 정도 분량이면 기출 유형들도 대부분 풀어 보고 갈 수 있다. 파트 2에 대한 고민을 나에게 얘기했던 수강생들에게 '몰아 풀기'를 추천한 후 나중에 확인해 보면, 그런 단순한 방식이 실제로 도움이 되었다고 했다.

파트 2는 총 25문제이고, 시험 진행 시간은 파트 안내 부분을 빼면 약 8분이다. 10회 분량을 풀어도 '1시간 20분(80분)' 정도밖에 안 걸린다. 틀린 문제 분석하는 것까지 포함해도 몇 시간 안에 끝낼 수 있다. 한꺼번에 많은 문제를 풀어도 부담이 적은 파트다. 풀이는 이미 공부했던 문제들을 이용해도 되고 새 문제들을 풀어도 괜찮다. 나중에 전체 모의고사를 보기 위해 문제지를 깨끗하게 유지하고 싶으면, A4용지 등에 답을 적는 방식으로 한다.

하루 전에 풀어 보면 효과가 가장 좋지만 시험 당일 컨디션에 나쁜 영향을 줄 수 있다. 시험 전날은 되도록 무리하지 말고 2~3일 전에 풀도록 한다.

• 파트 3 시작할 때만 이상하게 잘 안 들려요

토익 중급반 수강생 중 한 명이 파트 3의 첫째 지문 도입부가 잘 안 들린다며 왜 그런지 궁금하다고 물어본 적이 있었다. 두 번째 지문부터는 자신의 실력만큼 들리는데 유독 첫 지문만 성우의 말을 놓쳐서 문제들을 제대로 못 푼다는 얘기였다.

그 말을 듣고 다른 수강생들에게도 물어보니 유사 경험을 했다는 사람들이 꽤 있었다. 생각해 보니 나도 그런 적이 있었다. 회사 생활을 하면서 오랜 기간 토익에서 멀어져 있다가 다시 시험을 봤을 때 그런 느낌을 한 차례 받았었다.

그 이유는, 짧은 문장의 파트 1, 2에 적용되어 있다가 파트 3의 지문 길이가 확 늘어나면서 뇌의 기능이 즉시 반응하지 못해서다. 첫 번째 지문을 들으면서 뇌가 성우의 말 속도에 어느 정도 적응을 하게 되므로, 두 번째 지문부터는 그런 문제점이 완화된다. 즉, 뇌의 소리 신호 처리 속도가 빨라진다. 하지만 쉬운 문제들을 틀리면 안 되고 처음부터 당황하면 계속 심리적 영향을 받을 수 있기 때문에 대응 방법을 알아야 한다. 내가 가르쳤던 대처 요령은 두 가지다.

첫째, 시험을 보기 위해 고사장에 가는 길에 휴대폰 앱(재생 플레이어)을 이용해서, 파트 3이나 4의 본문 지문 배속 듣기(1.3~1.5배)를 10분 정도 한다.

뇌를 '워밍업'시키는 것이다. 그러면 시험 시작까지 1시간 정도 간격이 있어도 뇌가 그 속도감을 기억한다. 그 영향으로 파트 3 시작할 때 놓치는 부분이 사라지거나 줄어든다. 아니면 시험장에 정시에 가서 9:20~9:30분 사이에 5분 정도만 배속 듣기를 한다.

1.5배속으로 듣는 것이 좋지만 익숙하지 않은 사람은 머리가 아플 수 있다. 시험 직전에는 컨디션 관리가 중요하므로 1.5배속이 부담스러운 사람은 1.3배 정도로 듣는다.

둘째, 파트 3 안내 방송(direction)할 때, 첫 담화(talk) 관련 3문제(질

토익 시험의 천재가 되는 비법

문 3개 + 정답 보기 12개)를 아주 빠른 속도로 2회 미리 읽는다.

파트 3, 4는 성우가 말해 주는 본문 내용을 듣기 전에, 항상 관련 문제 3개의 지문들을 미리 읽어야 한다. 나는 2회 미리 읽는 것을 권장하지만, 개인 특성상 그 속도를 감당하기 힘들어서 1회만 읽어야 하는 사람들도 있다. 그러나 첫째 담화와 관련된 3문제만이라도 빠르게 미리 2회 읽으며 해석하면 뇌가 워밍업되어 듣기가 더 원활해진다.

여기서 얘기하는 '워밍업(warming up)'은 뇌가 영어를 인식하고 처리하는 속도(뇌 신호 처리 속도)를 순간적으로 증가시키는 것을 말한다. 단순히 아주 빠르게 읽기만 해도 듣기 능력이 순간적으로 조금 향상된다. 읽을 때와 들을 때 상호 겹치는 뇌기능들(해석 기능 등)이 있기 때문일 것이다.

LC 450~495점을 맞을 수준이 되면 그런 현상이 거의 사라진다. 사전에 듣기 연습 등을 하지 않고 바로 들어도 놓치는 부분이 나오지 않게 된다.

• 파트 3, 4의 문제 지문을 한국어로 미리 요약해요?

절대 하면 안 된다!! 점수 획득에도 불리하고 듣기 실력 향상도 방해한다. 성우의 말을 듣기 전에 파트 3, 4의 문제 지문을 미리 읽어 두는 대신, 그 시간에 문제 지문의 요점을 한국어로 해석 후 문제지에 간략히 정리해 놓아야 된다는 생각을 하는 사람들이 드물지만 있다. 초급반 수업 중 교재의 연습 문제를 풀 때 간혹 발견하곤 했다. 왜 그렇게 하는지 물어보면 어디선가 배웠다고 한다. 아마도 수능 영어 문제 풀 때의 습관일 것이다.

기초가 부족할 때는 도움이 되는 방식처럼 여겨질 것이다. 성우가 긴 본문 내용을 말하는 것을 귀로 들으면서, 동시에 눈으로는 문제를 보며 푸는 것이 부담스럽게 때문이다. 하지만 궁극적으로 점수 향상을 방해한다. 파트 3, 4는 '문제 지문 3개씩'을 미리 읽어 두어야 고득점이 가능한 구조인데 그럴 수가 없게 된다. 게다가 쓰면서 미리 요약을 하기에는 주어진 시간이 너무 짧다. 따라서 대충하게 된다.

문제 지문의 요점을 글로 써서 정리해 놓는 것은, **영어를 눈으로 읽고 즉시 해석하는 '속독속해 기능'의 성장도 방해한다.** 토익은 내용을 읽은 후에 순차적으로 해석을 정리할 시간 여유가 없다. 동시 해석을 해야 고득점이 가능하다. 힘들더라도 초급 때부터 동시 해석 연습을 해야 실력이 빨리 향상된다.

• 파트 3, 4의 질문과 보기를 미리 읽어야 하나요?**

(1) 미리 읽어야 한다

반드시 미리 읽어야 한다. 2회를 목표로 하되 '최소 1회'는 읽는다. 질문들만이 아니라 보기들도 모두 본다. 보기 4개에 '공통적으로 나오는 단어들(동일한 동사, 전치사, 관사, to 부정사 등)'은 계속 읽지 않아도 되지만, 그 외의 단어들은 빠뜨림 없이 읽도록 한다. 모의고사 풀이를 자주하다 보면 보기들에 공통적으로 나오는 단어들을 순간적으로 인식할 수 있게 되는데, 그들만 제외해도 시간 여유가 생긴다.

파트 3, 4는 특정 주제에 대한 성우 담화별로 아래처럼 3개의 문제가 세트로 나오는데 모든 내용을 미리 읽는다.

1. What are the speakers discussing?

(A) A promotional offer

(B) Retirement

(C) Replacement of some parts

(D) Promotion of an employee

2. Why will Mr. Theodore retire?

(A) He succeeded in business.

(B) He has a health problem.

(C) His father will hand down the family business to him.

(D) The company owner forced him to retire.

3. What does the man say he will do later?

(A) Ask for a higher salary

(B) Ask for a promotion

(C) Request a transfer to the other department

(D) Spend some money

　파트 3, 4는 '특정 주제 관련 문제 지문들(3개)'을 미리 읽을 수 있는 시간이 '약 35~40초' 사이로 주어진다. 문제지 페이지가 넘어갈 때는 5초 정도 더 쓸 수 있다. 처음 3문제는 파트를 안내(direction)할 때 미리 읽는다. 그리고 성우들이 말을 시작하면, 그 내용을 들으면서 동시에 미리 읽었던 문제 지문을 다시 훑어보며 답을 고른다. 특정 주제에 관한 성우들의 담화가 끝난 후, 이어서 문제지에 있는 관련 질문 3개를 읽어 주는데, 그때는 다음 주제에 관한 문제 지문 3세트로 이동해서 미리 읽어야 한다. 그런 식으로 3, 4파트 전체를 풀이한다. 성우의 말을 다 듣고 난 후, 혹은 성우의 말을 들을 때 처음으로 관련 문제 지문을 보며 풀면 안 된다.

　파트 3, 4는 성우들의 담화(talk) 내용도 많고, 문제 지문도 길고, 보기도 패러 프레이징(paraphrasing: 말 바꾸기)하고, 사람 이름 등의 고유명사가 정답이 되기도 한다. **성우들의 말을 들을 때는 내용을 100% 정확히 이해했어도 답과 관련된 사항을 모두 기억하기는 어렵다. 사소한 내용이 정답이 되기도 한다. 또한 성우들의 말을 귀로 들으면서, 동**

토익 시험의 천재가 되는 비법

시에 눈으로는 문제 지문을 보며 내용을 명확히 파악하는 것은 누구에게든 쉽지 않다. 따라서 LC를 항상 만점 맞는 고득점자라도 '미리 읽기'를 하지 않으면 순간 실수할 수 있다.

문제 미리 읽기의 중요성을 깨닫게 해 주는 사례를 토익 강의를 하면서 몇 차례 경험했었다. 미국이나 영어권 국가에서 오래 살았거나 해외 외국인 학교를 다녀서, 영어를 모국어처럼 구사하는 사람들이 처음으로 토익 수업을 듣는 경우가 드물지만 있었다. 그런 수강생들이 파트 3, 4문제를 처음 풀 때면 문제를 미리 읽지 않는다. 성우들이 하는 말(본문)을 다 들은 후에, 성우 한 명이 질문들을 읽어 줄 때 비로소 문제를 보며 풀기 시작한다. 그러면 원어민 수준의 실력임에도 틀리는 문제가 몇 개씩은 나온다.

생각보다 틀린 문제들이 많은 것에 본인들도 이상해한다. 성우들의 말이나 문제 내용 자체는 명확히 이해했기 때문이다. 줄거리만 알면 풀 수 있는 단순한 문제 유형은 쉽게 대응을 한다. 하지만 **세부 내용을 정확히 기억해서 풀어야 하는 문제들을 틀리거나, 패러 프레이징된 답을 순간적으로 찾지 못하거나, 담화(talk) 순서와 문제 순서가 다를 때 실수를 한다. 이해하는 것과 기억하는 것의 차이 때문에 그런 현상이 발생한다.** 문제를 미리 봤다면 쉽게 맞출 수 있는 것들이다. 그런 수강생들에게 파트 3, 4의 출제 특징을 설명해 주고 푸는 방식을 교정해 주면 실수가 줄어든다. 본인들도 만족하는 결과가 나온다.

(2) 2회 미리 읽을 수 읽도록 연습한다

보통은 문제 미리 읽기를 1회만 하는데 나는 2회를 권한다. 나도 예전에는 1회만 미리 읽었었다. 그런데 파트 3, 4 문제를 틀리는 경우는 거의 없었어도 왠지 한두 문제 틀릴 것 같은 불안감이 있었다. 그래서 시험 삼아 질문과 보기들을 2회 읽는 것으로 바꿔서 연습해 봤는데 내용들이 더 명확히 인식되었다. '고속 반복 읽기'가 단기 기억과 집중력을 강화하는 효과로 이어졌기 때문일 것이다. 더 쉽게 파트 3, 4를 풀 수 있었다. 처음에는 정확히 읽으면서 속도를 높이는 것이 쉽지 않았지만 곧 적응되었다. 애매한 부분은 3회도 읽는다. 연습을 충실히 하면 토익 초급 수준이더라도 2회까지 읽을 수 있을 것이다.

사고 속도가 적절히 빨라지면 뇌에서 집중을 유도하는 호르몬(노르에피네프린 등의 스트레스 호르몬)이 자동 분비되어 기억과 분석력을 강화한다. 그 결과로 문제를 더 정확히 풀 수 있게 된다. 의학자들이나 관련 연구자들이 객관적인 실험과 뇌 관찰로 증명한 일반적인 현상이다.

미리 2회 읽으면 '시간 관리 능력'도 향상된다. 평소에 1회만 읽는 연습을 하면 그 속도에 맞춰 독해와 사고를 하는 것이 습관화된다. 문제를 풀다가 부득이하게 시간이 부족하게 되는 상황이 발생하면 대처가 힘들다. 그렇지만 2회 미리 읽기 연습을 충실히 하면 실제 시험에서의 대응력이 좋아진다. 예기치 않은 사정으로 급히 읽어야 할 때 신속하

토익 시험의 천재가 되는 비법

고 정확하게 내용을 파악할 수 있다.

실제로 내가 그런 상황을 경험했었다. 시험을 보다가 잠시 멍해져서 시간 부족이 발생할 때가 몇 차례 있었는데, 문제를 빠르게 읽어서 대응할 수 있었다. 또한 2회 미리 읽기 연습을 하면 실제 시험에서는 여유가 생기므로 문제들을 1회만 읽는다고 해도 아주 자세히 분석하며 볼 수 있다.

토익 강의 시 수강생들에게도 2회 기준으로 가르쳤다. 나중에 확인을 해 보면 효과가 있었다고 대체적으로 말했다. 2회 읽는 것이 너무 힘들다고 하소연하는 수강생들도 있었다. 그런 사람들에게는 1회만 읽되 자세히 보라고 얘기했다. 사람에 따라 차이가 있을 수 있으므로 강요하지는 않았다.

실제 시험을 볼 때 문제 지문이 너무 긴 것은 2회 읽는 것이 부담될 수 있으므로 한 번만 읽어도 된다. 하지만 공부할 때는 2회 읽으려고 노력해야 '속독속해 및 고속 분석 능력'이 향상된다. 어차피 파트 5, 6, 7의 지문들도 비슷한 속도로 읽어야 한다.

(3) 미리 읽고 푸는 것은 뇌의 '단기 기억'을 이용하는 것이다**

집중하면서 문제들을 미리 읽으면 주요 내용이 뇌에 단기 기억으로 몇십 초에서 몇 분 정도 머무른다. 누구나 직접 체험할 수 있는 것이지만, 뇌 과학자들이 뇌파 측정 실험을 통해 과학적으로 증명한 사실이기도 하다. 특정 내용을 읽었을 때 발생한 고유한 뇌파가 바로 사라지지 않고, 다른 내용을 읽고 있을 때까지 일정 기간 지속되는 것을 측정한 연구 결과가 있다.

문제들을 미리 읽은 후 이어서 성우의 말을 들으면, 읽은 내용과 관련된 표현이 나올 때 보기에서 정답이 눈에 확 들어온다. '단기 기억(전기 및 화학 신호)'으로 머리에 남아 있다가 관련 내용을 들으면 무의식적으로 서로 연결되는 것이다. 단기 기억의 강도가 셀수록 답이 더 잘 보인다. 정확히 읽을 수만 있으면 1회보다 2회 미리 읽기가 단기 기억을 더 강화한다.

귀로 성우들의 말을 듣고 해석하면서 동시에 문제 지문들을 정확히 읽기는 어렵다. 하지만 문제 지문 미리 읽기를 해 놓으면 보기들을 대략 훑어보면서도 정답은 쉽게 찾을 수 있다.

• 그래픽(도표) 문제는 어떻게 대처해요?

파트 3, 4에 각각 2~3문제씩 출제된다. 문제 지문 맨 위에 위치한 그래픽 자료와 문제 지문들 사이를 왔다 갔다 해야 하므로 시선 이동 거리가 길고, 그래픽이 없는 다른 문제들보다 봐야 할 내용이 더 많기 때문에 까다롭게 여겨진다. 2016년 5월부터 시행된 신토익에 추가된 유형이다. 풀이 시간이 더 걸리도록 해서 난이도를 높이려 한 것으로 추정된다.

회사 생활을 한 사람들은 한글로 된 유사한 도표들을 많이 봐서 내용이 복잡해 보이지는 않을 것이다. 그러나 학업 중인 사람들은 도표들이 낯설어 보여서 내용 파악에 시간이 걸릴 수 있다. 대응력을 높이려면 시험 며칠 전에 모의고사 문제집의 그래픽 문제들만 한꺼번에 많이 풀어 본다(듣기 파일의 경우 재생 플레이어로 그래픽 문제 부분만 탐색해서 실행시킨다). 시간이 없으면 듣기 파일은 듣지 않고 문제 지문들만 눈으로 읽어 본다. 출제 유형들이 눈에 익기만 해도 풀기 쉬워진다. 모의고사 10회분(실전 문제집 한 권 분량)이면 파트 3, 4 합산해서 그래픽 문제 '약 40~45개'를 풀거나 읽을 수 있다.

선을 사용하는 방식을 적용해도 된다. 문제 지문을 미리 읽을 때, 문제의 보기들과 그래픽의 관련 부분(각종 수치, 장소, 제품, 사람 이름 등) 사이를 연필로 선을 쭉 그어 연결해 놓는다. 그러면 시선 이동이 편해진다.

예를 들어, '판매 동향 표'의 특정 월에 매출액 $300,000이 표시되어 있다고 하면, 그곳에서부터 해당 수치가 있는 문제 지문의 보기까지 선을 가볍게 그어 연결해 놓는 것이다. 보기 4개 모두를 선으로 그래픽에 연결한다. 몇 초 걸리지 않는다. 그렇게 해 두면 문제 지문과 그래픽 사이를 왕복할 때 낭비되는 시간과 혼동을 줄여 준다. 단순하지만 효과적이다. 그래픽이 헷갈린 것이 나왔을 때 내가 적용했던 방식인데 실제로 도움이 되었다. 선을 그리는 시간이 몇 초 소요되지만 전체 풀이 시간은 감소된다.

• 딕테이션(받아쓰기) 연습은 비효율적인가요?

단순 반복 듣기보다는 듣기 실력 향상에 더 좋은 방식이다. 그러나 듣기 실력을 빨리 향상시키기 위해서는 딕테이션(dictation: 받아쓰기) 보다 쉐도잉(shadowing: 똑같이 따라 말하기)이 훨씬 효과적이라고 나는 확신한다. 두 가지 방식을 다 시도해 본 내 스스로의 경험에 근거한 것이다.

실력 점검 차원에서 어쩌다 한 번씩 딕테이션을 해 보는 것은 괜찮다. 그렇게 할 때도 파트 1, 2의 짧은 문장 몇 개만 가지고 해야 한다. 파트 3, 4 지문으로는 시간이 너무 오래 걸리므로 비효율적이다. 그 시간에 '4장'에서 설명할 '쉐도잉'을 몇 차례 더 하는 것이 실력 향상에 유리하다. 쉐도잉을 며칠이라도 연습한 후, 두 가지 방법을 동시에 시도해 보면 성과 차이를 체험할 수 있을 것이다.

딕테이션과 쉐도잉 둘 다 수동적인 '단순 듣기 방식'에 비해 듣기 능력을 더 빨리 향상시킨다. 수동적으로 듣기만 할 때는 불명확하게 들리거나 아예 듣지 못하는 부분들을 크게 의식하지 않고 대충 넘어가게 된다. 그러나 듣고서 입으로 따라 말하거나 손으로 쓰려면 강한 집중을 할 수밖에 없다(성실하게 연습한다는 것을 전제로 한다). 집중력이 높아지면 뇌가 더 강한 자극을 받게 되어 듣기 능력이 향상된다. 듣기는 관련된 뇌신경망이 처리하는 것이므로, 뇌를 더 강하게 자극하는 방

토익 시험의 천재가 되는 비법

법을 사용해야 실력이 더 빨리 향상된다.

그러나 딕테이션과 쉐도잉만 비교하면 딕테이션의 학습 속도가 상대적으로 너무 느리다. 예를 들어, 초급 수준의 수험생이 파트 3이나 4의 한 지문으로 딕테이션 연습을 한다고 가정해 보자. 듣기 파일을 몇 번이고 재생하면서 받아쓰다 보면 30~60분 이상 걸릴 수도 있다. 쓰다가 지친다. 그 시간이면 잘 안 들리는 표현을 검토 및 분석까지 하면서 쉐도잉을 10여 차례 반복할 수도 있다. 훈련 성과가 더 높게 나온다. 게다가 쉐도잉을 하면 듣기 연습을 더 흥미롭게 할 수 있고 회화 능력도 향상시킬 수 있다.

영어 딕테이션 연습용 교재들도, 지문이 길면 일부분만 비워 놓고 단어 채워 넣기 하는 형식으로 제작된 것들이 대부분이다. 긴 지문을 딕테이션하는 것의 비효율성을 저자들이 스스로 잘 알기 때문일 것이다. 딕테이션과 쉐도잉 둘 다를 진지하게 연습해 본 영어 전문가라면 나처럼 쉐도잉 위주로 하라고 조언할 것이다. 쉐도잉에 익숙해지면, 파트 3, 4의 긴 지문들을 가지고 딕테이션을 할 생각 자체가 생기지 않을 것이다.

쉐도잉은 원어민의 발음과 억양을 가능한 똑같이 따라 말하는 것이므로, 딕테이션으로 연습할 때에 비해 소리를 정확히 잡아내는 기능 향상에 더 효과적이다. 딕테이션은 소리를 듣는 행위에 있어서 쉐도잉보다 수동적이므로 뇌 자극이 상대적으로 약하다. 입으로 따라 하지 않고 귀로만 들으면 그 순간은 더 잘 들리는 것 같지만, 뇌 자극이 상대적으로 약하기 때문에 훈련 성과의 차이가 생긴다. 뇌를 더 강하게 자극하는 훈련 방식을 적용해야 한다.

• 쉐도잉(따라 말하기)이 너무 어려워요

들리는 말을 똑같이 따라 하는 듣기 연습 기법인 '쉐도잉(shadowing: 따라 말하기)'은 세계의 모든 사람들이 태어나서 모국어를 배울 때 사용하는 방식이다. 우리가 이미 경험한 학습법이다. 부모나 주변 사람들의 말을 아기가 따라 하면서 배우는 과정이 '쉐도잉'이다. 단순 듣기에 비해 '몇 배는 빠르게' 외국어 듣기 실력을 향상시켜 준다고 나는 판단한다. 뇌 자극의 세기에 커다란 차이가 있다. 소리 인식과 기억을 더 잘하게 만들어 준다.

쉐도잉(shadowing)이라는 용어는 러시아의 언어학자인 Ludmilla Chistovich와 Valerij Kozhevnikov에 의해 주도된 'Leningrad Group(레닌그라드 그룹)'이라는 연구 집단에서 처음 사용했다고 한다. 그들이 언어 연구 목적으로 1950년도에 개발한 'Speech Shadowing Technique(말 따라 하기 기법)'에서 유래된 것으로 알려져 있다. 지금은 여러 나라의 동시통역사들이나 외국어 학습자들이 듣기 연습할 때 즐겨 사용하는 방법 중의 하나가 되었다. 모국어 배우던 방식을 외국어 학습에도 적용하게 된 것이다.

토익 듣기 공부에도 쉐도잉은 도입되어 있다. 그렇지만 쉐도잉 연습 방법과 효과에 대해 어디선가 들었어도 실행 방법을 정확히 이해 못했거나 연습이 힘들어 포기하는 사람들이 더 많은 것 같다. 토익 수업을 개강할 때마다 수강생들에게 물어보면 쉐도잉으로 연습하는 사람들이 생각 외로 거의 없었다. 중고교 영어 과정에서 가르치지 않아서인 듯하다.

영어를 귀로 듣는 것에만 익숙한 사람이 귀로 들으며 동시에 입으로 똑같이 따라 말하는 방식으로 연습하면 처음에는 자기의 소리에도 방해를 받아 더 잘 안 들린다. 에너지도 많이 소비되기 때문에 숙련되기 전까지는 육체적으로도 힘들다. 입을 움직이는 것도 벅차다. 그래서 경험 많은 전문가의 지도가 없이 혼자 하다가는 몇 차례 시도해 보다 포기할 가능성이 높다. 효과가 없거나 자기와 맞지 않는 방식이라고 단정할 수 있다.

초보자들이 쉐도잉을 연습할 때 직면하게 되는 어려운 점들을 구체적으로 정리해 보겠다. 특정 사람만 겪는 것들이 아니다. 쉐도잉에 익숙해지기 전까지 누구나 경험한다. 연습 초기에는 힘들더라도 참고 극복을 해야 한다. **쉐도잉을 하지 않는 것은 듣기 능력 향상을 위한 지름길을 포기하고 먼 길을 돌아가는 것이다! 연습 효과가 단순 듣기 대비 몇 배는 더 높다. 내 경험에 의거한 확신이다.** 하루에 파트 3 혹은 파트

4 지문 3~4개만 완벽하게 연습해도 효과가 크다.

#1. 회화에 약한 사람이 쉐도잉을 처음 할 때는 토익 성우들의 말 속도를 따라갈 정도로 입이 움직이지 않는다.

입 근육도 훈련을 시켜야 빨리 움직인다. 상호 겹치는 부분도 있겠지만, 영어는 한국말을 할 때와 다른 입 근육과 뇌기능을 사용해야 한다. 그래서 단련이 되기 전까지는 힘들 수밖에 없다. 초기에는 입에서 단내가 날 것이다.

#2. 입으로 따라 하면서 내는 소리와 녹음 파일에서 들려오는 소리가 겹친다.

쉐도잉하면서 자기 입으로 내는 소리가 녹음 파일에서 나오는 소리의 청취를 방해한다. 훈련을 통해 능숙해져야 들리는 소리에만 선택적으로 집중할 수 있게 된다. 너무 신경 쓰이면 이어폰을 끼고 쉐도잉하거나, 소리를 내지 않고 입만 움직이면서 하는 방법을 병행한다. 소리없이 입 근육만 움직여도 듣기 능력 향상 효과는 발생한다.

#3. 성우들의 말을 따라 하기 위해서는 소리에 극도로 집중하면서 입 근육을 빨리 움직여야 한다. 귀로 듣기만 할 때보다 에너지가 많이 소요되므로 체력적으로 힘들다.

익숙해지기 전까지는 쉐도잉을 10분만 해도 힘들다. 입을 빠르게 움

토익 시험의 천재가 되는 비법

직이면서 소요되는 에너지 못지않게, 집중 강도의 상승으로 소비되는
에너지의 양도 많다.

#4. 연습 초기에는 말을 따라 하기도 벅차기 때문에 동시 해석할 여유가 없다. 그냥 듣기만 할 때보다 내용 이해가 되지 않을 수 있다.

쉐도잉 초보자가 말을 따라 하며 동시 해석까지 하는 것은 너무 어렵다. 그래서 성우의 말을 대부분 따라 할 수 있을 때까지는 해석을 하지 않고 따라 하기에만 집중하는 것이 좋다. 그 이후에 동시 해석을 시도한다. 한 지문으로 반복 연습할 때, '따라 하기 → 따라 하며 동시 해석하기' 순서로 진행하는 것이다.

쉐도잉을 처음부터 잘하려 하거나, 완벽하게 할 수 있어야 LC 고득점이 가능하다는 선입견은 가지지 말아야 한다. 부담만 커져서 몇 번하다가 지쳐서 포기하게 된다.

우리가 갓난아기였을 때 쉐도잉을 통해 모국어를 배우는 과정은 체계적이지 않다. 처음에는 엄마나 아빠가 하는 말을 서투르게 흉내 낸다. 그러다가 조금씩 더 따라 하게 되고 동작을 보며 단어나 표현의 의미를 이해한다. 몇 단어들을 말할 수 있게 된 후에는 관련 단어들로 만들어진 문장을 따라 하는 순서를 거친다. 나중에는 문장을 스스로 만들어 내는 능력을 갖게 된다. 그 과정에서 주변 사람들이 잘못된 표현을 수정 보완도 해 주고 다양한 학습 과정을 통해서도 다듬어진다. 처

음부터 완벽하게 흉내 내는 것이 아니다.

쉐도잉으로 외국어 공부를 할 때는 부끄러워하지 말아야 한다. 쉐도잉에 능숙한 사람들도 어린아이가 모국어 배울 때와 같은 어설픈 단계를 일반적으로 거친 것이다. 외국어를 배울 때만큼은 내성적인 사람도 외향적인 성격으로 스스로 바꿔야 한다. 자신을 버릴수록 실력이 빨리 성장한다.

쉐도잉의 특징 및 연습법에 대해서는 '4장 02단원'에 자세히 설명했다. 다른 듣기 연습 기법들도 같이 정리되어 있다. 이 책의 가장 중요한 부분이므로 반드시 보도록 한다.

・듣기 공부할 때 어떤 어플을 사용하죠?

나는 PC용으로는 '다음 팟플레이어'를 추천한다. 무상으로 다운로드할 수 있다. 4배속 이상(12배속까지 가능하다.)으로 재생할 수 있고, 구간 반복 기능이 있고, 재생 시간도 확인할 수 있어서 연습에 적합하다. 무상 다운로드 가능한 '곰플레이어'도 유사한 기능을 가지고 있는 좋은 프로그램이다.

모바일용으로는 안드로이드 폰의 'Play 스토어'에서 다운로드 가능한

'메이플 플레이어(Maple Player)'가 좋다. 5배속까지 가능하고 구간 반복 기능이 있어서 사용하기 편하다. 그 외의 모바일용 앱들도 이것저것 사용해 봤는데 배속과 구간 반복 기능에서 단점들이 있었다. 무상 앱들이 많이 있으므로 직접 찾아보도록 한다.

어플(앱)은 4배속까지 속도 조정이 가능하고 구간 반복 기능이 있는 것을 골라야 한다. PC용의 경우 목표 시간 관리를 위해서는 파일 재생 시간이 표시되어야 하고, 구간별로도 시간 확인이 가능해야 한다. 모바일용들은 시간 표시가 되지 않는 듯하다.

2배속까지만 가능한 앱들은 사용하지 않도록 한다. 토익 LC를 '배속 듣기'할 때는 가끔 3배속 이상도 들어 봐야 한다. 연습을 항상 그렇게 할 필요는 없지만, 때때로 가혹 연습을 하면 속도감(뇌가 소리를 처리하는 속도)을 이해하는 데 도움이 된다.

· **파트 5의 문제를 5초 내에 풀 수 있나요?**

파트 5의 각 문제들은 평균 약 15~20단어로 이루어진 '단 한 문장'으로 출제 된다. 문장의 한 장소에 '공란(blank)'을 주고 거기에 들어갈 어휘를 맞추는 유형들이다. 공부만 되어 있다면 대부분 10초 안에 풀 수 있는 난이도다.

파트 5의 모든 문제들을 '약 5초 내'에 풀 수 있다고 하면 지나친 과장이지만 '품사 위치 문제'는 그렇게 풀 수 있다. 단, 필수 기출 어휘들을 거의 다 외우고 있고, 기초 문법(문장의 5형식, 주요 구성 성분, 8품사의 특징)은 정확히 이해하고 있어야 하고, 스톱워치를 사용하면서 문제를 빨리 푸는 연습도 꾸준히 했어야 한다.

파트 5의 약 25~30%(6~9문제)는 '품사 위치 문제'가 출제된다. 지문을 다 읽으면 풀이 정확도가 더 높아지겠지만, 공란의 앞뒤만 보고도 '5초 정도'면 무리 없이 정답을 고르고 답안지 마킹까지 할 수 있는 유형들이다(3초 내에 풀고 2초 내에 마킹할 수 있다). 예를 들어, 주어 자리에 공란이 있으면 명사나 대명사 주격을 골라야 하고, 주어 뒤 동사 앞이나 완전한 문장 앞 뒤 공란에는 부사가 답이고, 전치사 뒤는 명사가 대명사 목적격이 답이고, 문장의 공란 외의 부분에 동사가 없으면 동사가 답이고, 조동사와 본동사 사이는 부사가 답인 식이다. '품사 위치 문제'의 일반적인 유형인 아래의 예문을 풀어 보자.

Kevin in the quality control department ------- resolved the quality issues caused by the newly released products. (품질관리부의 케빈은 새롭게 출시된 제품들에 의해 발생된 품질 문제들을 신속히 해결했다.)

(A) promptly
(B) prompt
(C) promptness
(D) prompts

→ 동사(resolved) 앞이므로 '부사'인 (A)가 답이다. resolved(해결하다)까지만 보고도 정답을 고를 수 있다. 3초면 충분하다.

'품사 위치 문제'는 한 단어를 품사만 다르게 해서 정답 보기들을 나눈 형태로 주로 출제된다. 품사만 구분할 수 있으면 쉽게 풀 수 있다. 게다가 기출 어휘가 돌아가면서 나오고 출제 형태도 일정하다. 초급자라도 2개월 정도 열심히 공부하면 대부분 맞출 수 있다. 의도적으로 빨리 읽고 분석하는 훈련을 평소에 해야 하지만 문장이 짧아서 어렵지 않다.

만점이 목표라면 만약을 대비해 문장을 다 봐야 하므로 문제당 10초

정도 투자해야 되겠지만, 950~980점 정도가 목표라면 품사 위치 문제는 5초 내에 풀어도 된다. 쉬운 문제들에서 단 몇 초라도 절감해야 한다. 그렇게 풀어도 공부할 때 연습만 충실히 했다면 실수로 틀릴 가능성은 거의 없다. 품사 위치 문제들 대부분은 함정 없이 단순하게 출제되기 때문이다. 다만, 공부할 때는 품사 위치 문제들도 지문 전체를 다 읽으면서 풀어야 속독속해 능력이 향상된다.

파트 5에 출제되는 다른 유형의 문제들은 지문을 다 읽고 풀어야 하므로 평균 10초 정도 걸린다. '단어 선택 문제'는 몇 초 안에 풀 수 있는 쉬운 것들도 있지만 대부분 품사 위치 문제보다 시간이 더 소요된다. 문장을 다 읽고 보기의 단어들을 일일이 대입해 봐야 한다.

파트 5의 전체 30문제 풀이 시간은 5분을 일반적으로 배분한다. 문제 당 10초씩이다. 약간 어려운 문제는 15초 정도 걸릴 수 있지만 쉬운 문제들에서 시간이 절감되므로 평균 10초 전후로 풀 수 있다. 시험장에서는 초 단위로 시간 검토를 할 수 없지만, 공부할 때 스톱워치로 측정하며 풀면 실제 시험에서도 비슷한 시간이 나온다.

나는 시험장에서 파트 5를 풀 때 품사 위치 문제까지 포함해 모든 문제 지문들을 꼼꼼히 다 읽는다. 2~3회 읽을 때도 있다. 한 문제 차이로 만점을 맞지 못하는 경우를 방지하기 위해 그렇게 한다. 평균 10초 정도 걸린다. 하지만 급할 때는 답안지 마킹시간까지 포함해서 5초 내에 풀기도 한다.

토익 시험의 천재가 되는 비법

• 문장의 5형식이 중요한가요?

문장의 5형식에 대한 유래를 나도 찾아본 적이 있다. 영국의 문법 학자였던 A. J. Cooper와 Edward. Adolf. Sonnenschein이 1889년 출간한 《An English Grammar for Schools, Part II: Analysis and Syntax》라는 책에, '술부의 다섯 가지 기본 형식'에 관한 정리가 있는데, 문장의 5형식 구분관련 최초 작업으로 알려져 있다. 책 내용을 읽어 보면 우리나라 문법책들에 있는 문장의 5형식과 거의 유사하다.

그 이후에 영국의 문법 학자 Charles Talbut Onions가 1904년에 출간한 저서에서 유사한 분류를 했고, 일본의 영문학자 호소에 이츠키(細江逸記)가 1917년 출간한 저서에서도 거의 동일한 내용을 언급했는데, Charles Talbut Onions의 책에 있는 내용을 근거로 정리한 것으로 알려져 있다. 영어와 일본어로 각각 저술된 두 책을 다 읽어 보았는데, 문장을 다섯 가지 형태로 크게 구분하는 방식은 기본적으로 비슷하다. 국내의 경우 1949년에 출간된 조성식 교수의 《고등 영문법》에서 Onions의 저서에 있는 '5가지 기본 문장'에 관한 예문을 인용해 문장 형식을 설명한 것을 발견할 수 있다. 그 이후에 발간된 국내 주요 영문법서들도 동일하거나 유사한 분류를 하고 있다.

영어권에서 출간된 현대 영문법 책들에서는 일반적으로 언급되지 않는 문법 개념이고, 수십 가지로 분류할 수 있는 영어 문장 형태를 '다섯 개'에 모두 끼워 맞추려는 엉뚱한 사람들도 있어서 논란은 많지만,

문장의 5형식 공부가 토익에서는 큰 도움이 된다. 다섯 가지 문장 유형의 특징을 정확히 파악하고 있으면 아래와 같은 이점이 생긴다.

첫째, 파트 5 문제들의 약 25~30%를 차지하는 품사 위치 문제를 푸는 데 도움이 된다. 품사 위치 문제들이 다섯 가지 문장 구조 내에서 거의 다 출제된다. 문장의 5형식 공부는 문장 구성 성분인 '주어, 동사, 목적어, 보어, 수식어'의 위치와, 각 문장 구성 성분에는 어떤 품사들이 사용되어야 하는지를 명확히 이해하게 해 준다.

둘째, 독해를 원활하게 할 수 있다. 아무리 긴 문장이라도 '주어, 동사, 목적어, 보어, 수식어'를 구분할 수 있으면 독해를 쉽게 할 수 있다. 원어민들이 많이 사용하는 대표적인 문장 다섯 가지의 구조와 그 특성을 정확히 알고 있으면 대부분의 문장을 분석할 수 있다.

셋째, 전체적인 문법 이해에 도움이 된다. 'to 부정사, 동명사, 분사, 접속사(명사절, 형용사절, 부사절) 및 기타 문법 내용들'을 문장의 5형식 구조를 기준으로 분석하면 일관적으로 이해할 수 있다. 다섯 가지 문장의 가장 기본적인 구조들로부터 파생되었기 때문이다.

문장의 5개 형식은 현재도 원어민들이 많이 사용하는 유형들 다섯 가지다(3형식 문장 사용빈도가 가장 높다). 하지만 모든 문장 구조들을 포괄하는 것은 아니다. 원어민 학자들에 따라 10~20개 이상으로 문장 유형을 구분하기도 한다. 다행히 토익 시험의 품사 위치 문제는 '5개 문장 형태 내'에서 거의 출제된다. 토익 독해 지문들도 표준적인 문장 구조 위주다. 따라서 '동사 기준'으로 구분되는 문장의 5형식을 정확히 이해하고 있으면 토익 공부를 효율적으로 할 수 있다.

1~5형식의 구조에 포함할 수 없는 문장들도 많다. 그런 문장들은 억지로 5개 형식 중 하나에 꿰맞추려 하지 말아야 한다. 토익에 자주 등장하는 표현이면 그냥 외워야 한다. 예를 들면 수동태가 대표적이다. 수동태는 1~5형식 문장 구조에 속하지 않는다고 나는 생각한다. 위에서 언급한 5형식의 기원관련 해외 학자들의 저서에서는, 3형식 문장을 수동태로 전환하면 1형식 문장이 되고, 4형식은 3형식, 5형식은 2형식 문장이 된다는 식으로 설명했지만 논리적 일관성은 떨어진다고 판단된다. 능동 및 수동 동사 구조의 차이가 분명하기 때문이다. '수동태 문장은 문장의 5형식에 속하지 않는 다른 형태구나!'라고 생각하고 넘어가는 것이 좋다고 본다. 우리가 5개 형식으로 모든 문장 형태를 분석하려는 것을 알면 대부분의 현재 원어민 영어 학자들은 고개를 갸우뚱할 것이다.

아래의 예문도 문장의 5형식에 포함되지 않는다.

I am not sure that he has already completed his project. (나는 그가 그의 프로젝트를 이미 완료했는지 확실히 모르겠다.)

위의 문장을 2형식이라고 하거나, sure를 타동사로 해석해서 3형식이라고 분류하거나, sure 뒤에 전치사가 생략되었다거나 하는 식의 분석은 할 필요 없다. 머리만 아프다. 원어민들이 자주 사용하는 표현 중의 하나이므로 그냥 외우면 된다. 학습 편의를 위해 위와 유사한 문장들을 묶어서 6형식 혹은 7형식으로 본인이 규정하는 편이 차라리 바람직하다.

• RC 파트는 순서대로 풀면 안 되나요?

RC를 '파트 5 → 6 → 7' 순서로 풀면 주어진 시간 내에 안정적으로 끝내기 힘들다. 파트 7을 마지막에 풀지 않아야 점수에 유리하다. 고득점자들임에도 불구하고 시간이 부족해 파트 7의 문제 10~20개를 찍는 일이 발생하기도 한다. 풀어서 틀린 것이 아니라 문제들을 아예 읽어 보지도 못하는 것이다.

RC는 '파트 7 → 6 → 5' 순서로 풀어야 효율적이다. 내가 추천하는 방식이다. '체력 소진 상태, 정신적인 상황, RC 파트 문제 구성의 특성'을 고려한 것이다. 파트 7을 마지막에 풀면 체력이 가장 저하되는 시기에

토익 시험의 천재가 되는 비법

RC에서 가장 풀기 어려운 '이중 및 삼중 지문'을 다뤄야 하므로 비효율적이다. 자세한 이유 및 대처 방식에 대해서는 '5장 03단원'에 정리되어 있다.

독해 및 분석 속도가 압도적으로 빠르면 풀이 순서를 효율화할 필요 없다. 하지만 토익 만점자들 중 그런 여유를 가지고 있다는 사람들의 이야기를 어디서 보거나 들은 적이 아직 없다. 원어민들이 토익을 직접 푸는 해외 영상 자료들도 몇 개 봤는데 모두 시간 제약 때문에 힘들어했다. 이용 가능한 방법들을 최대한 동원해서 시간을 절감해야 한다. 토익 특성상 '풀이 순서'에 의해 수십 점이 좌우될 수 있다.

• 파트 7은 질문부터 읽나요?

나는 독해 지문보다 '질문' 먼저 읽는 것을 추천한다. 단 정답 보기들은 절대 미리 읽지 않는다! 질문을 읽을 때는 '고유명사, 수치, 날짜'만 읽고 나머지 내용들은 무시한다.

독해 지문부터 읽어야 하는지 아니면 질문 먼저인지, 토익 수험생들이라면 한 번쯤 고민한 적 있을 것이다. 속독속해 능력이 탁월하면 어떤 순서로 풀든 상관없다. 그러나 고득점자들도 파트 7을 압도할 수준의 속도 능력을 갖추기 쉽지 않으므로 좀 더 효율적인 방법에 대해 고민하는 것이다.

한국어로 보는 우리나라 시험들은 질문부터 읽는 것이 일반적이므로 수험생들도 그런 습관을 가지고 있다. 그런데 영어를 원어민 수준으로 하는 사람이 아닌 경우, 파트 7의 질문들(주제별 2~5개 사이)을 먼저 읽은 후 이어서 독해 지문을 보고 나면, 질문 내용이 머릿속에서 가물가물해진다. 방식이 잘못되어서 그런 것이 아니다. 익숙한 모국어인 한국어와 달리 외국어인 영어는 머리에 잘 들어오지 않기 때문이다. 질문을 먼저 읽은 경우 그 내용을 기억해야 한다는 강박관념 때문에 지문을 독해할 때 집중력이 분산되기도 한다. 그런 이유들이 읽는 순서를 고민하게 만든다.

그럼에도 불구하고 나는 '질문 먼저 읽기'가 효율적이라고 판단한다. 내 경험에 의하면, 집중해서 봐야 할 내용을 모르는 상태에서 긴 독해 지문을 읽는 것에 비해, 질문 먼저 읽는 방식이 시간 관리에 더 효율적이다.

질문을 미리 읽지 않아서 무엇이 정답 관련 내용인지 전혀 모른 채 독해 지문을 본다면, 질문 먼저 볼 때에 비해 더 많은 내용을 기억하려고 노력해야 한다. 주제나 목적을 찾는 문제는 지문의 앞부분이나 줄거리 위주로 봐도 풀 수 있지만, 읽을 때 놓치기 쉬운 사소한 내용이 답과 관련 있거나 전체 내용의 여러 부분을 종합해야 답을 찾을 수 있는 문제들이 더 많다. 그렇지만 긴 지문을 짧은 시간에 속독해야 하기 때문에 원하는 만큼 기억을 못 시킨다.

토익 시험의 천재가 되는 비법

질문들을 먼저 읽고 독해 지문을 봐도 비슷한 현상은 발생한다. 그러나 연습을 통해 질문의 '주요 내용(핵심어)'을 대략이라도 기억할 수 있는 능력이 갖춰지면, 독해 지문 먼저 읽을 때보다 문제와 독해 지문 사이를 왔다 갔다 하는 빈도가 조금이라도 줄어든다. 독해 지문을 처음 읽을 때부터 질문 관련 부분을 좀 더 집중적으로 보기 때문이다. 다만, 질문들을 미리 읽는다고 기억이 잘되는 것은 아니므로 '질문 읽는 요령'이 필요하다.

질문을 먼저 읽을 때는 아래와 같은 순서와 방식으로 7파트 문제를 풀이한다. 질문이 5개인 경우 총 읽는 시간은 10초 정도(한 질문당 평균 약 2초)여야 하고, 단일, 이중, 삼중 지문에 상관없이 모든 질문들을 한꺼번에 다 읽은 후 본문 지문으로 이동한다.

#1. 질문들을 미리 읽되 고유명사 등(고유명사, 수치, 날짜)이 나오지 않는 것은 건너뛴다. 그런 것들은 1초 정도 내에 가볍게 훑어보고 지나간다. 자세히 봐도 어차피 기억에 거의 남지 않아 실익이 없다.

특정 독해 지문에 딸린 질문 전체(2~5개)에 고유명사 등이 없을 수도 있다. 그때는 독해 지문으로 바로 이동한다.

#2. 질문에 '고유명사(사람 이름, 회사명, 제품명, 지역명, 행사명 등), 수치, 날짜'가 나오면, 문제지에 연필로 줄을 긋는 등의 표시를 하면서

순간 기억하려고 노력하며 본다.

그렇다고 고유명사 등을 기필코 암기해야 한다는 강박관념을 가지지는 말아야 한다. 계속 의식하면 다른 질문들을 읽거나 지문을 독해할 때 방해가 된다. 읽을 때만 기억하려 노력하면서 강하게 인식하고, 그 후에는 자신의 머리가 알아서 하도록 맡겨 둔다. 집중해서 1~2회 읽으면 '단기 기억'으로 저절로 유지된다.

고유명사, 수치, 날짜 외에도 정답과 관련된 다른 어휘들이 당연히 있겠지만 신경 쓸 필요 없다. 쓱 보면서 지나간다. 다른 어휘나 내용들은 고유명사 등에 비해 기억이 거의 나지 않는다. 모든 것을 다 가질 수 없으므로 '선택과 집중'을 하는 것이다.

고유명사, 수치, 날짜외의 '핵심어'들도 미리 읽을 수는 있지만 내가 추천하는 방식은 아니다.

문제 보기들(A~D)은 절대 미리 읽지 않는다. 시간만 낭비한다. 질문 하나당 보기가 4개고 내용들도 다양하다. 거의 기억되지도 않지만, 문제별로 3개의 보기들은 정답과 관련이 없으므로 기억할 필요가 없다. 독해 지문을 읽은 후 다시 문제로 돌아와서 문제를 순서대로 하나씩 풀 때 비로소 읽는다.

#3. 독해 지문 위에 있는 '지문 제목(memo, e-mail, article…)'을 읽는다.
질문들을 읽은 후에 읽는다. 질문보다 먼저 읽을 필요 없다.

#4. 독해 지문을 본다. 미리 읽은 질문 내용(고유명사 등)을 전혀 의식하지 않고 독해에만 집중한다.

독해 지문을 읽기 시작하면 빨리 정신 차리고 고도로 집중해야 한다. 질문을 읽었던 정신 상태에서 완전히 벗어나야 한다. 훈련을 통해 익숙해지면 0.1초 만에도 집중할 수 있다. 그렇게 못하면 독해 진행이 더 더뎌진다.

독해에 바로 집중하더라도, 의식하면서 봤던 질문의 고유명사나 각종 수치 등이 뇌에 '단기 기억(몇십 초에서 몇 분 정도 뇌에서 전기 및 화학 신호 형태로 머물렀다 사라지는 기억)'으로 대략 남아 있다. 그 때문에 지문에서 관련 부분이 나오면 눈에 확 들어오면서 읽었던 기억이 되살아난다. 자기도 모르게 '어? 봤던 단어네?'라는 느낌이 순간적으로 든다. 그때 해당 부분을 자세히 읽는다. 그러면 문제를 빠르게 푸는 데 도움이 된다.

#5. 첫째 문제(질문과 보기들)부터 차례대로 보면서, 독해 지문과 문제 사이를 왔다 갔다 하며 문제를 푼다.

관련 내용들을 2~3회 이상 반복해 읽어도 상관없지만 문제당 평균적으로 1분 내에 풀이를 완료해야 한다.

위와 같은 풀이 방식이 효과 있는 이유는, 파트 7 문제들의 정답이 '고유명사'와 관련된 것들이 가장 많기 때문이다. 파트 7 문제 총 54개의 약 55~65% 정도가 고유명사와 연관된 것들이다. 특히 사람 이름이 자주 나온다. 독해 지문도 대부분 고유명사를 중심으로 내용이 전개된다.

파트 7의 풀이법에 관한 자세한 내용은 '5장 03'단원을 참조하도록 한다.

• 고유명사들이 파트 7의 독해 진행에 방해가 돼요

의미 없는 낯선 고유명사를 보면 눈에 잘 들어오지 않고 어떻게 발음할지 순간 갈등하게 된다. 그 영향으로 독해나 문제 풀이 속도가 느려진다. 고유명사에 신경 쓰면서 파트 7의 독해 지문을 하나 읽어 보면 그런 현상이 발생하는 것을 깨달을 수 있을 것이다. 파트 7은 고유명사 중심으로 내용들이 전개되므로 극복해야 한다. 읽기 어렵다고 대충 보고 건너뛰면 오히려 독해 및 문제 풀이 시간이 더 오래 걸린다.

효과적인 고유명사 인식 방법은 자신감 있게 읽어서 뇌를 자극하는 것이다. 속으로 읽어도 되고 소리 없이 입을 움직이면서 읽어도 된다. 나는 입을 사용해 읽는다. 읽을 때는 발음이 어떻든 개의치 말아야 한다. 주저 없이 읽어야 뇌가 소리와 글자 모양을 순간적으로 더 잘 인지하고 기억할 수 있다. 예를 들어, 'Marlene'이라는 이름이 나왔다면, '말레네, 말레이네, 마를레네, 말렌, 말레이너, 마를린, 멀른'처럼 생각나는 대로 발음하면 된다.

　얼버무리듯이 대충 읽으면 인식 강도가 떨어진다. 독일식이든, 한국식이든, 혹은 말도 안 되는 발음이건 간에 상관없이, 자신의 발음이 100% 정확하다는 확신을 가져야 한다. 그러면 뇌 자극이 강해져 독해 및 문제 풀이 시 단기 기억을 효과적으로 이용할 수 있다. 토익 공부를 하면서 고유명사를 볼 때마다 의도적으로 꾸준히 연습하면 고유명사 순간 인지 능력이 발달된다.

　모음(a, e, i, o, u) 하나의 발음이 다양하고, 동일 자음도 서로 다르게 발음되기도 하는 영어의 특성상, Jane, Victoria, Tom, David와 같이 흔히 알려진 고유명사가 아니라면 정확한 발음을 우리가 알 수 없다. 재수가 좋아서 우연히 맞는 발음으로 읽을 수는 있겠지만 예외일 뿐이다.

　유명한 인물이나 국가 이름 같은 고유명사들을 제외하고는 원어민들도 처음 보는 고유명사의 정확한 발음은 모른다. 실제 그 고유명사를 만들었거나 사용한 적 있는 사람에게 직접 확인해야 한다. 그러므로 토익 시험 볼 때 나오는 고유명사의 발음이 정확한지 고민할 필요가 전혀 없다. 독해와 문제 풀이 원활함을 위해 자신 있게 읽는 것 자체가 중요하다.

• 스키밍(skimming), 스캐닝(scanning)을 왜 하면 안 되나요?

파트 7의 지문들을 독해할 때 정독을 하지 않고, 스키밍(skimming: 중요하지 않다고 생각되는 부분은 건너뛰면서 대략적으로 훑으며 읽는 방식, skipping이라고도 한다.)과 스캐닝(scanning: 중요한 부분이나 핵심어만 찾아 읽는 방식.)을 적용하면 나쁜 습관이 생긴다. **현재 토익 시험 경향과는 맞지 않는 독해 방식들이다. 실제 시험에서 시간 관리에 실패했을 때만 예외적으로 적용해야 한다.** 제품 규격, 음식 메뉴, 여행 일정 등을 나타내는 '표'가 독해 지문에 나온 경우에도 상황에 따라 적용할 수 있다. 표의 전체 내용을 볼 필요가 없는 문제들이 간혹 출제된다. 하지만 표 외의 내용은 '정독'을 원칙으로 해야 한다.

토익 공부량이 많은 중급 수준의 토익 수강생들 중에, LC는 450점 이상인데 RC는 200~350점대에 머무는 사람들이 간혹 있었다. 상담을 통해 분석을 해 보면, 거의 공통적으로 파트 7의 독해 지문들을 '정독'하지 않고 '부분적으로 독해'하는 악습관을 가지고 있었다. 본인들은 무엇이 문제인지도 몰랐다. 소설이나 일반 자료를 읽을 때 적용하는 스키밍이나 스캐닝 기법이 습관화된 것이었다. 토익 공부를 시작할 때 어디선가 잘못 배웠는데 궁극적으로 RC 점수 향상을 가로막는 '숨어 있는 장애물'이 된 것이다.

파트 7 문제 유형 중에서 '부분 독해'로 그나마 풀 수 있는 것은 독해 지문의 맨 윗부분만 보거나 대략적인 줄거리를 파악하면 풀 수 있는 '주제 및 목적 찾기 문제'와, 지문의 뒷부분에 주로 힌트가 있는 '미래 발생할 일을 물어보는 문제' 정도다. 다른 유형의 문제들은 지문을 정독하지 않으면 쉬운 문제임에도 답을 찾지 못할 수 있다.

특히 여러 가지 내용을 동시에 고려해 풀어야 하는 NOT/true 문제나, 추론 문제, 지문 연계 문제 등은 '정독'이 필수다. 미처 못 읽은 단어 하나가 정답과 관련 있는 경우 마치 미로에 빠진 듯 좀처럼 답이 보이지 않게 된다. 그런 문제들에 집착하다 전체 시간 관리에 실패할 수도 있다.

정독을 하는 목적이 읽은 내용을 모두 기억하기 위한 것은 아니다. 정독을 해도 주요 어휘나 표현에 근거해 전체 의미를 파악하게 된다. 그러나 같은 크기의 그물이라도 더 촘촘하게 만들어져 있으면 더 많은 물고기를 잡을 수 있는 것과 마찬가지로, 정독을 하면 정답을 고를 확률이 높아진다.

공식 시험에서는 지문을 대충 봐야 할 상황이 예기치 않게 발생하기도 한다. 하지만 교재나 실전 모의고사집의 문제를 풀 때는 그런 방식을 아예 적용하지 말아야 한다. 정독하며 속독속해하는 능력의 단기 향상과 습관화를 위해서다.

나쁜 독해 습관이 굳어지면 무엇을 잘못하고 있는지 스스로 발견하기 힘들다. 내가 겪어 본 관련 수강생들도 '공부를 열심히 장기간 하고 있는데 왜 RC 점수가 정체될까?'라는 의구심을 가지고 있었다.

스키밍, 스캐닝 등의 '부분 독해 방식'이 습관화되었을 때 생기는 또 다른 심각한 문제는 '독해 속도의 더딘 향상'이다. 정독을 유지하면서 지문을 빨리 읽고 이해하는 능력의 발달을 저해한다. 어떤 사람이 하나의 긴 지문을 빠진 단어 없이 다 읽고 해석하는 데 걸렸던 시간이 최초에 2분이었다고 가정해 보자. 만약 그 사람이 동일 지문을 스캐닝이나 스키밍 기법으로 읽어서 1분이 소요되었다면 그것은 속도의 향상이 아니고 대충 읽은 것이다. 단어들을 꼼꼼히 다 읽고 해석 및 분석하면서 1분 걸리는 수준이 되어야 속도가 두 배로 향상된 것이다. **토익 시험에 필요한 속독속해 능력은, '관사 하나'도 빼놓지 않고 문장들을 빠르고 정확하게 읽으려 노력하는 과정에서 향상된다. 정통으로 해야 한다.**

소설을 읽거나 일반 자료를 검토할 때는 '부분 독해'를 하는 것이 일반적이다. 소설은 스키밍이 어울리고, 논문이나 자료를 볼 때는 키워드나 관심 있는 내용만 찾아서 읽는 스캐닝이 적합하다. 나도 그렇게 한다. 그러나 토익은 출제 경향에 맞춰 공부해야 하는 시험이다. 소설 읽기 등과 혼동하지 말아야 한다.

초급자들은 정독을 하면서 주어진 시간 내에 파트 7의 문제들을 다 푸는 것이 불가능하다. 그래서 스키밍이나 스캐닝으로 하라는 말을 들으면 돌파구를 찾았다는 착각을 할 수 있다. 정독하면서 지문을 독해하는 것보다 시험 점수도 좀 더 높게 나올지도 모른다. 쉬운 문제들이 많기 때문에 대충 보면서 빨리 지나가며 풀다 보면 재수 좋게 '얻어 걸리는 문제들'이 있을 것이다. 그러나 동일 수준에서 출발했다면, '정독을 유지하며 속독속해를 연습'한 사람이 중고급 수준에 훨씬 빨리 도달한다. 속독속해 능력이 더 단기에 향상되기 때문이다. 초급 수준에서 장기간 벗어나지 못하게 만드는 나쁜 독해 습관을 가지지 않도록 주의해야 한다.

• 속독속해하면 이해력이 떨어지지 않을까요?

영어 문장을 본인이 편하게 느끼는 속도보다 더 빠르게 읽으면 내용 파악의 정확성을 저하시키고 기억에도 나쁜 영향을 줄 것이라는 생각을 할 것이다. 그러나 뇌 과학의 연구 결과 및 나의 경험은 다르다. 속도를 적절히 높이면 긴장감이 약간 생기면서 집중력, 인지력, 기억력이 순간적으로 강화된다.

앞에서 언급한 적 있지만 집중을 뇌에서 실제 벌어지는 현상으로 분석하면, '노르아드레날린' 등의 스트레스 호르몬이 뇌의 관련 부분에 분비되는 화학적 과정이다. 우리가 스트레스 호르몬을 나쁜 것으로만 생각할 수 있는데 집중 강화의 긍정적 역할도 한다. 긴장을 하면 관련 호르몬들이 자동으로 생성된다.

지나치게 빠른 속도의 독해는 스트레스 호르몬을 과다 분비시켜 사고 능력을 마비시키는 역효과를 가져온다. 그렇지만 속도가 자신의 현재 능력에 비해 적당히 빠르면, 잡념이 사라지면서 들리거나 보는 내용에 자동 집중이 된다. 뇌에 다른 정보가 들어올 틈이 사라지면서 '몰입'을 유도한다. 그로 인해 인지 및 기억강도가 향상된다. 오랜 시간 긴장하면서 집중하기는 어렵지만 토익 시험 시간(2시간) 동안은 그런 상태를 꾸준히 유지할 수 있다.

토익에는 적절히 다듬어진 표준적인 문장들이 나온다. 기초 문법 공부가 된 상태에서 필수 어휘들만 외우고 있으면 대부분 해석하고 분석할 수 있다. 독해 속도를 꽤 많이 높여도 정확성을 유지하면서 풀 수 있는 유형의 시험이다. 7파트 독해 지문들의 길이도 속독속해를 하기에 무리가 없다. 짧지는 않지만 고속으로 읽어도 요점을 기억할 수 있는 수준이다. 연습만 효율적으로 하면 적절히 대처할 수 있다.

• 패러 그래프(paragraph)를 어떻게 구분해요?

파트 7에는 독해 지문(passage)의 일부를 이루는 특정 '패러 그래프(paragraph: 문단)'의 특정 '라인(line: 줄)'에 있는 단어와 문맥상 동일하거나 유사한 의미의 단어를 보기에서 고르는 문제가 한두 개씩 항상 출제된다. 아래의 질문 유형을 말한다.

In the first email, the word "draw" in **paragraph 2, line 5** is closest in meaning to (첫째 이메일의 두 번째 문단에서 5번째 줄에 있는 "draw"는, 보기의 단어들 중 어떤 것과 의미상 가장 가까운가)

(A) attract
(B) paint
(C) withdraw
(D) pull

처음 토익 시험을 보는 사람들은 '한 줄 띄어쓰기(혹은 들여쓰기)'로 구분되는 '패러 그래프'라는 개념에 익숙하지 않아, 독해 지문을 일일이 읽으면서 해당 부분을 찾느라 시간을 낭비하기도 한다.

하나의 독해 지문(passage)을 구성하는 '패러 그래프(paragraph: 문단)'들은 토익에서 '한 줄 띄어쓰기'로 서로 구분된다. 토익 지문들에서는 거의 사용되지 않지만 영어 소설이나 자료에서는 주로 '칸 들여쓰기'로 패러 그래프를 나눈다.

파트 7에 나오는 '하나의 독해 지문(passage)'은 한 가지 주제를 다루는데, 동일한 주제라고 하더라도 내용에 조금씩 변화가 있으면 '패러 그래프'로 구분한다. 다시 말해서, 독해 지문 한 개가 여러 개의 패러 그래프를 포함할 수 있다. 긴 지문을 계속 읽으면 힘들고 답답하다. 호흡할 틈도 필요하고 앞뒤의 내용들과 뭔가 차이가 있음을 나타내 주면 이해도 쉬워진다. '한 줄 띄어쓰기'를 통한 패러 그래프 구분이 그런 역할을 한다.

패러 그래프보다 더 작은 단위는 마침표(.), 물음표(?), 느낌표(!)로 구분되는 '문장(sentence)'이다. 만약 독해 지문이 한 문장으로 끝나면 'passage(지문), paragraph(문단), sentence(문장)'가 일치하게 된다.

영어로 비즈니스 이메일을 쓰거나 문서를 작성할 때는 '한 줄 띄어쓰기'로 패러 그래프를 구분하는 것이 국제적 관행이다. 읽는 사람들의 가독성을 높이기 위해서다. 토익 파트 7 지문들도 그 기준에 맞춘 것이다. 예전에는 일반 영어 자료들의 경우 한 칸 들여 쓰기를 더 많이 사용했는데 지금은 이메일처럼 '한 줄 띄어쓰기'가 대세인 듯하다.

체계적으로 해외 업무를 하는 팀이나 부서에 신입 사원이 들어오면 고참들이나 상관으로부터 이메일 작성법을 배운다. 국제 업무의 대부분이 이메일로 이루어지기 때문이다. 이메일 수신인을 '고객'으로 보고 이메일을 상품으로 간주해 작성하라는 조언들을 보통 하면서 요령을 가르친다. 그때 강조하는 것들 중 하나가 '패러 그래프 구분'이다.

나는 한 줄 띄어쓰기를 적절히 적용하지 않고 전체 내용을 쭉 붙여 쓴 이메일을 받으면 한숨부터 나왔다. 보기가 싫었다. 내용은 이해해도 읽을 때 너무 답답했다. '앞으로 일할 때 힘들겠구나!'라는 생각을 할 때도 있었다. 글의 내용뿐 아니라 전체적인 구조를 통해서도 그 사람의 사고방식을 간접적으로 느끼기 때문이었다. 국제 비즈니스에서는 상대편의 능력을 글로 평가하기도 한다. 거래의 원활함을 위해서는 이메일이나 문서 작성 시 필요한 기본 요령은 숙지하고 있어야 한다.

토익 시험의 천재가 되는 비법

'유사 의미의 단어 찾기 문제'를 풀기 위해 패러 그래프를 구분할 때는 아래의 내용들을 제외해야 한다. 한 줄 띄어쓰기가 되어 있다고 패러 그래프로 오해하지 말아야 한다.

◎ 이메일 주소 및 제목

◎ 이메일 시작 인사말 및 수신자 이름
→ Dear Tom, Hello Sir 등

◎ 이메일 끝 인사말 및 발신자 이름(직책 혹은 부서명 포함)
→ 끝 인사말

　Best regards, Sincerely yours, Respectfully 등

→ 끝 인사말 바로 밑에 적는 발신자 이름과 직책 혹은 부서
　(팀)명

　Best Regards, Ted

◎ 각종 표나 도표
→ 독해 지문 안에 있는 '표'를 패러 그래프의 일부로 포함시켜서 '유사어 찾기 문제'를 출제하지 않는 것이 일반적이다. 그러나 표를 제외하고 패러 그래프를 계산했는데 질문에 표

시된 단어를 찾을 수 없다면 표까지 고려해서 분석해야 한다.

◎ **표 밑에 달린 주석**
→ 표 안에 있는 내용을 부연 설명하는 형태의 주석들은 표의 일부다.

• 이메일(email)은 형식이 일정한가요?

토익 파트 6, 7에는 이메일(전자 편지) 지문이 자주 나온다. 시차 및 거리 때문에 전화나 직접 만남을 통한 대화를 자주할 수 없는 국제 비즈니스의 특성상 이메일을 주요한 커뮤니케이션 수단으로 사용한다. 이메일은 전자적으로 객관적 근거를 남기므로 종이 서류를 대신하는 역할도 한다. 직접 만나서 나눈 대화나 협상 내용도 이메일로 정리해서 상호 확인하는 것이 통상적인 국제 업무 절차다.

토익에 출제되는 이메일 내용 자체는 어휘력만 갖췄다면 초급자라도 쉽게 파악할 수 있는 수준이다. 전체 지문들 중 가장 쉽게 나오는 유형이다. 그렇지만 해외 비즈니스나 원어민들과의 커뮤니케이션 경험이 없는 토익 수험생들은, **이메일의 본문 내용보다는 '수신, 발신, 발송 날짜, 제목 등 형식적인 것들'에** 오히려 혼동을 느낄 수 있다. 사소한 것들이지만 독해 진행을 방해할 수 있으므로 미리 파악하고 있어야 한다.

국제 비즈니스에 사용되는 이메일의 앞부분 형식은 거의 일정하다. 토익 출제 유형도 마찬가지다.

◎ To(~에게): 수신자 이메일 주소
특정 사람 혹은 특정 회사의 이메일 주소를 옆에 입력한다.
→ 실무에서는 To 대신 **ATTN(attention)**이 사용되기도 한다. 이메일 주소가 직접 표시되기도 하지만, 수신하는 사람이나 회사의 이름으로만 표시되도록 프로그램을 미리 설정해 놓는 것이 일반적이다. 보기 편하기 때문이다. 그런 경우 이름을 클릭하면 링크(연결)된 이메일 주소를 볼 수 있다. 토익 출제 이메일에서도 아래와 같이 두 가지 형태로 수신자나 발신자를 표시한다.

To: Carl 혹은 To: Carl@tmail.com

◎ CC: 기타 참조인들 이메일 주소
이메일을 볼 필요는 있지만 직접적인 대화 대상이 아닌 덜 중요한 사람들의 이메일 주소를 옆에 입력한다.

→ 과거 '타자기(typewriter)'를 사용해 편지를 작성하던 시절에 원본 내용을 다른 깨끗한 종이에 복사할 용도로 중간에 끼워서 사용했던 'Carbon Copy(먹지)'의 약어라고 한다. 토익 출제 이메일에서는 실무와 달리 CC란이 없는 경우가 일반적이다.

◎ **From(~로부터): 발신자 이메일 주소**
보내는 사람의 이메일 주소나, 보내는 사람이 일하는 회사를 대표하는 이메일 주소가 옆에 나타난다.
→ To가 From보다 위에 위치하는 것이 일반적 형식이지만, 혹시 순서가 바뀌어 있더라도 'To는 수신자, From은 발신자'를 나타내는 것을 혼동하면 안 된다.
→ 수신자와 발신자가 헷갈리면 이메일 본문 내용을 보고 확인한다. 시작 인사말 바로 옆에는 수신자 이름이 적혀 있고 (이름대신 'Sir'를 적는 경우도 있다), 마무리 인사말 바로 아래에는 발신자 이름이 적혀 있는 것이 기본이다.

◎ **Date: 이메일 발송일**
'월, 일, 년도' 순서로 표현된다.
→ 실제 회사에서 사용하는 이메일 프로그램들에서는 초 단위 시간까지 자동으로 표시해 주기도 한다.

토익 시험의 천재가 되는 비법

◎ **Subject: 이메일 제목**

무엇에 관한 이메일인지를 간략히 나타내는 어휘나 표현을 적는다.

일반 편지(letter)는 실제 비즈니스에서 사용이 감소되는 현황을 고려해 토익에서 사라져 가고 있다. 일반 편지의 본문 부분은 이메일과 기본적으로 동일하다. 다만 편지의 맨 위에 '수신자 이름 및 직책, 회사명, 실제 주소지'가 적히는 것이 이메일(전자 편지)과 다르다.

04 토익 문법 문제를 왜 쉽다고 하죠?

•문법 문제 출제 비율

파트 5에 출제되고 파트 6에도 일부 나오는 토익 문법 문제들은 일상 국제 비즈니스 영어 능력을 평가하는 토익 시험의 수준에 맞게 출제된다. 국제 비즈니스에서 실제 사용되는 영어에 대한 자료 조사를 기반으로 한다. 국내의 각종 영어 시험에서 볼 수 있는 '학술용 문법 문제들'은 토익에 나오지 않는 것이 일반적이다. 일상 비즈니스 영어에 사용되지 않기 때문에 당연하다.

문법 파트라고 불리는 파트 5에서 가장 출제 빈도가 높은 것은 '단어 고르기 문제'다. 전체의 40~45% 정도 차지한다. 단어 의미만 정확히 알면 맞출 수 있는 아주 쉬운 것들이고 기출 문제들이 대부분이다. 구조 분석이 필요하지 않으므로 문법 문제라고 볼 수 없다.

만약 파트 5의 단어 고르기 문제들이 복잡한 문법 문제들처럼 보이면 어휘력이 턱없이 부족해서다. 토익 필수 어휘를 외우고 있으면 '단순한 문제'로 인식될 것이다.

그다음으로 출제 비율이 높은 것은 '품사 위치 문제'다. 약 25~30%

토익 시험의 천재가 되는 비법

로 출제된다. '명사, 대명사, 동사, 형용사, 부사, 접속사'가 문장에서 사용되는 기본적인 위치가 어디인지를 맞추는 것들이다. 가장 풀기 쉬운 유형이다. '순서의 언어'라고 불리는 영어의 특징상 품사의 위치가 일정하다.

결국, 파트 5의 약 65~75%(총 30문제 중 약 20~23개)는 '단어 고르기'와 '품사 위치' 문제다. 명사, 동사, 형용사, 부사, 전치사의 기출 단어들을 알고 있고, 각 품사들이 '주어, 동사(술어), 목적어, 보어, 수식어'의 위치 중 어디에 원칙적으로 사용되는지를 정확히 파악하고 있으면, 많게는 파트 5, 6 문법 문제들의 약 75%까지 해결할 수 있다.

단어 고르기나 품사 위치 문제에 비해 풀기 어려운 기타 문법 문제들(시제, 준동사, 접속사, 가정법, 특수 구문 등)은 돌아가면서 약 20~25% 출제된다. 이들도 출제 유형이 일정하기 때문에 기출 문제들을 집중 공부하면 어렵지 않게 맞힐 수 있다. 그들 중에서도 쉬운 편인 '부사절 접속사'의 출제 빈도가 높다.

최근 3년 정도의 시험 내용을 근거로 분석 했을 때, 파트 5 문법 문제(총 30개)의 평균적인 출제 비율은 대략적으로 아래와 같았다. 그 이전에도 비슷했고 앞으로도 그러리라 예상된다.

⇒   단어 고르기 문제   : 약 40~45% 사이(약 14문제)
⇒   품사 위치 문제   : 약 25~30%(약 8문제)
⇒   기타 문법 문제   : 약 25~30%(약 8문제)

문법 문제 출제 경향을 직접 확인하고 싶다면, 실전 문제집에서 파트 5 문제들만 몇 회분 가볍게 눈으로 훑어보도록 한다. 출제 유형 및 비율이 일정함을 직감할 수 있을 것이다. 정밀하게 제작된 실전 문제집의 모의고사들은 실제 출제 비율, 출제 유형, 출제 경향을 반영한다.

• 단어 고르기 문제가 약 40~45%인 이유

국제 비즈니스에서 영어를 사용할 때 요구되는 것은 세련된 표현이 아니라 명확한 표현이다. 일상적으로 자주 사용되는 단어들과 표준적인 문장 구조를 사용해야 표현이 명료해진다. 상대편을 배려하지 않고 자신의 현학적 영어 지식을 자랑하면 안 된다.

명확한 의사 표현의 핵심은 단어다. 문장 구조가 좀 틀리더라도 적절한 단어만 사용하면 일단 의사소통은 할 수 있다. 외국어를 잘하는 사람들이 어휘력을 강조하는 이유도 경험을 통해 그 사실을 이해하고 있기 때문일 것이다. ETS에서도 단어가 비즈니스 의사소통에 가장 중요한 역할을 한다고 판단하는 것으로 분석된다.

· 품사 위치 문제가 약 25~30%인 이유

영어는 의미 전달의 중요한 역할을 하는 주어, 동사, 목적어 및 보어의 구분을 '순서와 위치'로 한다. 동일 단어를 사용한다고 해도 주어나 목적어 중 어느 위치에 놓느냐에 따라 의미 자체가 달라진다. 우리나라가 체언(명사나 대명사) 뒤에 붙은 조사로 주어와 목적어를 표현하는 것과 다르다.

영어는 문장을 이루는 필수 구성 요소인 '주어, 동사(술어라고도 한다), 목적어, 보어'의 순서와 위치가 일정하고, 각 구성 요소를 이루는 품사도 일정하다. 그래서 필요한 단어들을 품사만 잘 맞춰서 제 위치에 사용하면 기본적인 의사소통이 된다. 단어 고르기와 품사 위치 문제가 토익 문법 문제들의 대부분을 점유하는 이유도 그 때문일 것이다.

순서가 중요한 영어와 달리, 한국어는 단어의 끝 부분을 변화(= 활용)시켜서 의사 전달의 가장 핵심역할을 하는 주어, 목적어, 동사를 표현한다. 단어의 뒷모습을 보면 문법적인 역할을 파악할 수 있으므로 순서가 절대적이지 않다.

예를 들어, 동작을 하는 주체인 주어의 표현은 조사 '은/는/이/가'를 붙이고, 동작을 받는 목적어에는 조사 '을/를/에게'를 붙이며, 동사의 기본형은 어미 '다'로 끝난다. 말 뒤에 붙는 것들(조사나 어미들) 때문에 말을 어떤 순서로 표현하든 의미 파악이 정확히 된다. 아례의 사례를 보도록 하자.

나는 영화 한 편을 보았다.

= 보았다 영화 한 편을 나는
= 영화 한 편을 나는 보았다
= 나는 보았다 영화 한 편을
= 한 편을 영화 보았다 나는
= 영화 보았다 한 편을 나는
= 한 편을 보았다 영화 나는
= 나는 한 편을 영화 보았다

'주어 + 목적어 + 동사'의 순서가 가장 표준적이긴 하지만, 한국어는 어떻게 순서를 바꾸든 의사 표현은 된다.

'고대 영어'도 한국어와 비슷하게 단어의 뒷부분 변화를 통해 주어나 목적어 등의 문법적 역할을 구분하고 의사 전달을 할 수 있었다. 그러나 중세 영어를 거치면서 외래어의 영향으로 한국어와 유사한 굴절어의 특성들이 거의 사라졌다. 대신에, **단어가 동사를 중심으로 좌우 위치한 순서에 의해 주어와 목적어 및 보어를 구분하는 방식으로 변화했다. 그에 따라 수식어(형용사, 부사) 및 품사들의 위치도 일정해졌다.**

영어가 순서의 언어로 정착화되는 데 있어서 스칸디나비아어 및 프랑스어가 주로 영향을 주었다고 영어권 학자들은 분석한다. 관련 언어

토익 시험의 천재가 되는 비법

사용 민족들이 영국을 침입하고 장기간 지배하는 과정에서 발생한 언어적 변화 때문이라고 한다.

현재 영어는 한국어와 달리 주격 및 목적격 조사가 없으므로 단어 간 자리를 바꾸면 다른 뜻이 된다. 의미가 성립되지 않아 말을 듣거나 글을 읽는 사람이 이해 못할 수도 있다. 단어순서 변경이 영어 의미에 어떤 영향을 주는지 아래 예문으로 살펴보자.

> ⓐ Ted watched a movie. 테드는 영화 한 편을 보았다.
> ⓑ A movie watched Ted. 영화 한 편이 테드를 보았다.

위 두 예문 간 단어들 구성은 완전히 동일한데, 'ⓑ'는 'ⓐ'와 달리 'A movie'가 동사 좌측 주어 위치로, 'Ted'가 동사 우측 목적어 위치로 가면서 뜻이 완전히 바뀌었다. 'ⓑ'의 문장은 의미가 성립되지 않으므로 문법적으로도 틀린 표현이다. 조사로 주격 및 목적격을 나타내는 한국어에서는 나올 수 없는 현상이다.

영어에도 주어와 동사의 위치가 바뀌는 표현이 있기는 하다. '도치 (inversion)'라고 부른다. 그러나 강조를 위해 특수한 경우에만 사용하는 예외일 뿐이다. 의사 전달에 있어 가장 중요한 부분인 '주어 + 동사 + 목적어(보어)'의 순서와 위치는 기본적으로 고정되어 있다.

영어와 한국어의 문장 구조가 다르기 때문에 영어를 공부하는 과정에서 한국 사람들이 어려움을 겪게 되는 것은 자연스럽다. 영어 표현의 대부분이 '주어 + 동사 + 목적어(보어)'의 순서인데, 한국어는 '주어 + 목적어(보어) + 동사'이고 순서를 자유롭게 바꿔서도 사용한다. 당연히 뇌에서 사고의 충돌이 발생한다. 영어 처리용 뇌신경망이 정착화되기 전까지는 모국어용 뇌회로를 습관적으로 자꾸 사용하게 되므로 혼동이 생긴다.

·기타 문법 문제가 약 20~25%인 이유

기타 문법은 '수일치, 태, 시제, to 부정사, 동명사, 분사, 등위상관 접속사, 형용사절 접속사, 명사절 접속사, 부사절 접속사, 가정법, 비교급, 특수 구문(도치 및 생략)'을 말한다.

위 문법들 각각의 출제 비중은 단어와 품사 위치 문제에 비해 현저히 적다. 꾸준히 나오는 부사절 접속사를 제외하면 돌아가면서 골고루 1~2문제씩 나온다. ETS에서 국제 비즈니스에 사용되는 표현들을 통계적으로 분석했을 때, 상대적으로 덜 중요하다는 결과가 나왔기 때문이라고 추정할 수 있다.

하지만 기타 문법들도 토익 기초 교재에 정리된 내용은 정확히 파악하고 있어야 한다. 파트 6, 7 독해 및 LC 풀이에 영향을 준다. 문법을 잘 알수록 독해 속도가 빨라지고 영어를 들을 때 이해도 더 잘된다.

회화를 하고 있을 때는 문법에 얽매이면 사고의 유연성을 떨어뜨리므로 좋지 않다. 일단 원하는 바를 어떻게 해서든 말로 표현하는 것이 더 중요하다. 그러나 문법을 잘 활용해야 영어를 빨리 배우고 세련된 회화를 구사할 수 있다는 것은 부정할 수 없다. 토익 수준의 문법 지식은 반드시 갖춰야 한다.

미국 정치인들이나 기업인들이 나오는 미국 방송 프로그램을 시청하거나 청취하면 문법적으로 거의 완벽하게 영어를 구사하는 것을 흔하게 발견할 수 있다. 마치 토익 파트 7의 지문이나 영자 신문의 사설을 읽듯이 말하기도 한다. 미국 영화나 드라마에 나오는 자유로운 영어 표현과 다소 차이가 있다. 평소 생활에서는 비격식적인 영어를 사용한다고 해도, 상황에 따라 구사하는 영어의 품격에 차이가 있는 것이다. 일부 사례이긴 하지만 원어민들도 다양한 방법으로 자신의 언어 지식을 계속 갈고닦는다는 것을 알 수 있다. 우리가 영어를 배울 때도 그런 수준을 지향하는 것이 바람직하다.

4장

토익 속도 지배를 위한 훈련 비법***

01 독해 실력 단기 향상 비법(속독속해법)

토익 RC 고득점을 위해서는 '속독속해 능력'의 구비가 필수다. 속도 기능은 RC뿐 아니라 LC 파트 3, 4의 문제 지문 읽기에도 영향을 준다. 속독속해 능력은 '빨리 읽고 해석해야 한다'는 생각만으로는 그다지 늘지 않는다. 구체적 목표를 세우고, 자신의 현재 수준을 측정한 후, '스톱워치'를 사용하면서 목표에 맞춰 고속 직독직해 연습을 치열하게 해야 단기에 향상시킬 수 있다.

토익 시험에서 어휘와 문법은 골칫거리가 아니다. 잘 골라야 하겠지만 좋은 교재와 강의들이 있다. 초급자도 특강을 들으면서 방학 동안 1~2개월만 집중 학습하면 고득점에 필요한 실력을 갖출 수 있다. 그러나 '속독속해' 연습은 효율적 방식을 적용해 직접해야한다. 토익 강의하면서 '속독속해나 속청속해' 연습을 체계적으로 시키는 경우는 일반적으로 없다. 수업 진도를 나가야 하기 때문이다. 속도 연습을 강조하는 강사들도 어떻게 하는지 설명만 하고 지나갈 것이다.

• RC 고득점에 필요한 독해 속도

독해 속도는 '지문의 단어들을 분당 얼마나 많이 읽을 수 있는가'를 기준으로 측정할 수 있다. 정독을 유지하되 내용을 약 80~90% 이상 이해하면서 분당 읽어야 하는 단어 수로 계산한다. 국제적으로 사용되는 용어로는 'WPM(words per minute: 분당 단어 수)'이라 한다.

상호 언어가 다르므로 영어 읽는 속도를 한글 읽는 속도와 비교할 필요 없다. 시험인 토익에 나오는 지문을 독해하는 속도와 일반 영어 자료를 읽을 때의 속도 간 비교도 별 의미가 없다. 토익 고득점에 필요한 속도가 어느 수준인지만 알면 된다.

나의 독해 속도와 토익 강의를 할 때 수강생들을 가르친 경험에 근거하면, 신토익 RC 지문은 '분당 250~300단어(초당 4~5단어)'를 정독하면서 읽고 해석할 수 있어야 한다. 파트 7을 문제당 1분 내에 풀면서 RC 450~495점을 맞기 위해 필요한 독해 속도다. 쉬운 지문은 '분당 약 300단어'까지도 읽어야 한다. 그러면 모든 답안 작성 완료 후 10~20분가량 남길 수 있다. 상황에 따라 지문과 문제들을 2~3회 반복해 읽으면서 푸는 것까지 고려한 수치다.

RC 400~450점이라도 안정적으로 맞으려면 분당 200단어 이상은 정독할 수 있어야 한다. 하지만 평균적으로 분당 200단어 수준에 머물면 시간에 쫓기게 되어 불안한 상황에서 풀게 된다. 250단어까지는 끌어

올려야 한다.

분당 200~250단어까지는 초급자라도 단기에 달성 가능하다. 토익에 출제되는 주제, 표현, 어휘가 다양하지 않고 일정하기 때문이다. 그러나 분당 300단어 이상을 정독하며 독해하는 것은, RC 만점에 가까운 고수들뿐만 아니라 일반 원어민들에게도 부담되는 빠르기다. 단순히 열심히 연습하는 것을 넘어서는 치열한 노력이 요구된다.

평균적으로 분당 250~300단어 사이로 읽으며 내용을 이해할 수 있는 능력이 되면 독해를 할 때 다소 신기한 현상을 체험할 수 있다. 동일한 지문을 여러 차례 반복해 읽으며 문제를 풀어서 목표 시간을 많이 초과했을 거라고 생각했는데, 실제 시간은 얼마 지나지 않은 것을 발견하게 된다. **속도감은 실력에 따라 상대적이다. 자신이 현재 인식하는 독해 속도를 절대적인 것이라고 오해하지 말아야 한다.**

시간을 엄격히 관리하며 속독속해 연습을 하면 초기에는 힘들지만, 꾸준히 하면 에너지를 많이 소비하지 않고도 독해를 빨리 할 수 있게 된다. 본인의 뇌는 잠재력이 충분히 있었는데 적극적으로 개발하지 않았을 뿐이라는 것을 깨달을 수 있다.

토익 RC와 LC의 통합 점수가 600점 미만인 초급반 수강생들을 대상으로, 독해 지문을 '정독'하며 읽게 한 후 독해 속도를 측정한 적이 있었다. 결과에 따르면 '분당 약 150~180단어'가 일반적이었다. 중고교나

대학에서 일반 영어 시험을 보는 기준으로는 느린 것이 아니지만, 토익 고득점에 필요한 속도보다는 한참 느렸다. 고득점에 필요한 어휘력과 문법 실력은 이미 갖췄다고 해도, 시간 부족으로 틀리는 문제들이 많을 수밖에 없는 수준이다. 만약 스톱워치로 측정 시 현재 본인 속도가 그 범위에 있다면, 약 1.4배(250단어 이상)까지는 되도록 연습해야 한다. 그래야 찍는 문제없이 풀 수 있고 실수도 줄일 수 있다.

원어민 대학원생 기준으로 분당 400단어 이상 읽는 것도 가능하다는 해외 기사를 읽은 적이 있는데, 어렵지 않은 문장일 경우라고 추정한다. 토익 지문 기준으로 분당 약 250~300단어를 정독하면서 읽고, 해석하고, 정확히 분석할 수 있으면 고득점을 맞을 준비가 된 것이다.

RC 파트 풀이와 관련해 ETS의 〈토익 안내서(Handbook)〉에는 "허용되는 시간 내에 가능한 많은 문제들을 풀 것을 권장한다(You are encouraged to answer as many questions as possible within the time allowed)."라는 문구가 있다. 일반 수험생들이 주어진 시간 내에 모든 문제를 풀 것을 기대하지 않는다는 뉘앙스다. 시험을 그렇게 설계했다고 추정할 수 있다. 실제로도 토익 RC 시간 75분 내에 모든 문제들을 풀기에는 벅차다. 난이도는 그다지 높지 않지만 시간 제약이 가장 큰 장애물이다. 고속 독해 능력을 갖춰야 극복할 수 있다.

토익이 너무 쉬워지면 변별력이 약해진다. 회사나 각종 기관에서 입사 지원자들이나 직원들의 영어 실력 평가 기준으로 토익 점수를 이용하는 것을 회피할 것이다. 그래서 ETS도 두 차례의 시험 구조 변경 (2006, 2016년도) 및 비공식적 미세 조정(시험을 오래전부터 계속 봐 왔던 사람들은 알 것이다.)을 통해 토익의 난이도를 높여 왔다. 특히 세계에서 가장 큰 토익 시장인 한국에서의 학습 및 문제 풀이 기술이 발달해, 수험생들의 평균점수가 상승한 부분을 고려했을 것이다. 한국 사람들이 너무 똑똑하다.

그러나 문법과 어휘에서 난이도를 조정하거나 비즈니스에서 사용 하면 안 되는 관용 표현을 무리해서 넣지는 않았다. 토익 시험의 존재 목적 자체를 흔들 수는 없기 때문이다. ETS가 토익 난이도를 높인 주 요 방식은, 파트별 문제 수 조정, 문제 유형의 일부 변경, 지문 길이 조 정으로 이루어졌다. 결론적으로 풀이 시간이 변경 전보다 더 걸리도록 했다. 독해 속도가 기존보다 훨씬 더 중요해졌다.

2016년 5월부터 실시된 신토익 기준으로 보면, RC의 경우 풀기 쉬운 파트 5의 문제 수를 줄이고, 파트 6, 7의 지문 길이와 문제 수를 늘렸고, 파트 7에 삼중 지문을 넣는 등 문제 구성을 그전보다 복잡하게 만들었 다. 현재 RC 파트는 950점 이상의 고득점자들도 시간이 부족하다고 느 낄 정도가 되었다. 분당 250~300단어 사이를 독해할 수 있어야 풀이 시 간 관리가 가능하다. 최소 분당 200단어 이상은 읽어야 한다. LC도 난 이도가 높아졌지만 RC에 비해서는 대응이 쉽다.

토익 시험의 천재가 되는 비법

• 자신의 독해 속도를 측정한다

달성할 목표 독해 속도를 설정했으면, 그다음은 본인의 현재 속도를 측정해서 객관화해야 한다. 그 후에 목표(분당 250~300단어 읽기)와 비교하며 연습해야 한다. 감에만 의지해 훈련하면 성과가 낮게 나온다. 힘든 훈련을 자신도 모르게 회피하게 될 가능성이 높다.

자신의 현재 평균 독해 속도 측정은, 파트 7의 독해 지문 3~4개를 가지고 아래와 같이 진행한다. 정독을 하면서 읽으면 한 지문을 여러 차례 보며 반복 측정해도 비슷한 수치가 나올 것이다. 몇 초 당기는 것이 생각보다 쉽지 않다. 일정 기간 치열하게 연습해야 조금이라도 개선된다.

(1) '분당 평균 독해 속도' 측정절차

#1. 파트 7의 독해 지문 3~4개를 준비한 후 1개를 먼저 고른다.

지문들 간 난이도는 신경 쓸 필요 없다. 파트 7 독해 지문들의 난이도는 큰 차이가 없다. 서로 너무 다르게 보인다면 어휘력이 부족한 것이다.

#2. 스톱워치를 준비한다.

휴대폰 등을 이용한다.

#3. 스톱워치를 누른 후, 본인의 현재 실력으로 해석할 수 있는 범위 내에서 최대한 빠른 속도로 읽는다. 반드시 정독을 한다.

관사 및 복수 어미 하나 빼놓지 않고 읽고, 아는 단어는 모두 해석하며 읽어야 한다. 정독을 해야 속독속해 실력이 향상되고 토익 시험 경향에도 적합하다.

의미를 모르는 단어나 표현은 읽기만 한다. 1차 속도 측정 후, 필요하다면 해설지를 보고 의미를 확인하고 나서 다시 독해를 한다.

내용의 80~90% 이상은 이해하고 요점을 기억하면서 독해하도록 노력한다. 그냥 빨리 읽기만 하는 것은 의미가 없다.

#4. 다 읽자마자 스톱워치를 멈추고 경과시간을 확인한다.

#5. 독해 지문의 단어 수를 센다.

관사 및 수사까지 포함해 띄어쓰기 단위로 모두 센다.

200단어 가량 세는 데 약 40초 걸린다. 귀찮더라도 대략이라도 단어 수를 세어야 한다. 구체적인 수치로 목표와 성과를 비교해야 실력이 빨리 향상된다. 평균적으로 250단어 이상 직독직해가 가능해지면, 7파트 문제 한 개를 1분 내에 풀이하는 기준으로만 관리해도 된다.

#6. 독해 지문의 단어 수를 1분간 읽은 단어 수로 환산한다.

뒤에 설명되는 계산 사례를 참조하도록 한다.

토익 시험의 천재가 되는 비법

#7. 나머지 독해 지문들에 대해서도 #3~#6의 과정을 반복한다.

#8. 3~4개 지문으로 측정 후, 분당 읽은 단어 수의 평균을 계산한다.
그 평균이 현재 자신의 대략적인 독해 속도를 나타내는 것이다.

> **계산 사례 1) 40초간 120단어로 구성된 지문을 읽은 경우**
> * 120단어/40초 = 초당 3단어
> * 초당 3단어 × 60초(1분) = **분당 180단어**

> **계산 사례 2) 30초간 120단어로 구성된 지문을 읽은 경우**
> * 120단어/30초 = 초당 4단어
> * 초당 4단어 × 60초(1분) = **분당 240단어**

앞부분에서 이미 설명했지만, RC 450~495점 사이를 맞추려면 분당 약 250~300단어 사이를 읽고 해석할 수 있어야 한다. 400~450점 사이는 200단어 정도로도 가능하다. 분당 200단어도 되지 않으면 아직 '속도 실력'이 충분하지 않은 상태이므로 연습량을 늘려야 한다.

측정 후 최소 200단어를 넘지 않으면, 동일 지문을 가지고 될 때까지 반복 연습한다. 지문을 바꾸면서 연습하는 것보다 효과적이다. 동일 지문을 반복해 보는 것을 시간 낭비라고 생각하지 말아야 한다. 토익에는 동일한 내용이 계속 돌아가며 나오므로 좋은 공부 방법 중 하나다.

• 직독직해의 원리 및 어려운 이유

  분당 목표 단어 수가 설정되고 본인의 현 수준을 측정한 후에는, 속독속해 훈련을 시작해야 한다. 속독속해를 위해서는 영어 지문을 '직독직해'하는 것이 필수적이다. 여기서는 직독직해의 진행 원리와 한국 사람들이 영어 지문의 직독직해를 어려워하는 이유 및 직독직해와 듣기와의 관계를 정리해 보겠다. 직독직해의 특성에 대해 이해하면 고속독해 훈련을 원활히 하는 데 도움이 된다.

(1) 직독직해는 뇌의 '단기 기억'을 이용하는 방식이다

  속독속해를 위해 필수적으로 해야 하는 직독직해는 원어민처럼 영어 문장을 앞에서부터 뒤로 순서대로 읽으면서 해석하고 이해하는 것이다. 앞뒤로 왔다 갔다 하면서 읽지 않는 방식이다. 앞에서 읽은 주요 내용을 뇌에 순간적으로 '단기 기억'시킨 상태에서, 이어서 읽는 내용들과 머릿속에서 빠르게 통합시켜 가며 전체적인 이해를 하게 된다(무의식적으로 진행된다). 몇십 초에서 몇 분까지 지속되는 '뇌의 단기 기억'이 중요한 역할을 한다. 영어를 영어로 받아들이는 실력이 되더라도, 읽은 내용의 정리 및 이해에는 '단기 기억'이 가장 큰 영향을 준다.

  고속 직독직해를 한다고 해서 빨리 읽기만 하면 안 된다. 순식간에 벌어지는 일이지만 읽은 내용들이 '머리에 기억된 상태'여야 이해가 되는 것이다. 어휘 하나하나에 집중하려고 노력해야 뇌의 단기 기억이 강해져서 직독직해가 원활하고 빠르게 진행된다. 앞에서 읽었던 주요 내용들을 순간 잊어버리면 의미 파악을 정상적으로 할 수 없다. 그런 상황이 발생하면 지문 앞에서부터 다시 읽어야 한다. 순서대로 읽어 나가기만 한다고 직독직해가 되는 것은 아니다. '집중'을 통한 '단기 기억 강화'가 무엇보다도 중요하다. 집중을 하면 뇌에서 알아서 처리한다.

아래의 짧은 예문을 의식적으로 직독직해해 보도록 한다.

The rapid growth of Life Vaccine Co. was due to its aggressive investment in developing new medicines. ('라이프 백신'사의 빠른 성장은 새로운 약을 개발하는 데 있어서의 공격적인 투자 덕택이었다.)

앞부분에서 읽었던 내용들이 대략이라도 기억된 상태에서, 뒤로 가면서 상호 통합되며 문장의 전체 의미가 순간적으로 파악되는 것을 직감할 수 있을 것이다. 긴 지문을 읽을 때도 마찬가지다.

(2) 한국인에게 영어 직독직해가 어려운 이유

어떤 나라 사람이든 모국어를 읽거나 들을 때는 직독직해를 기본으로 한다. 그렇지만 모국어와 구조가 다른 외국어를 새로 배우게 되면 무의식적으로 모국어의 구조에 맞추려 하게 된다('의역'이라고 한다).

외국어용 뇌신경회로가 아직 형성되지 않았거나 튼튼하게 만들어지지 않은 상태에서는 관성적으로 모국어용 뇌가 간섭을 한다. 단, 아주 어렸을 때 자연스럽게 모국어와 외국어를 함께 배운 경우는 제외한다. 두 언어를 동시에 처리할 수 있는 뇌가 이미 형성되어 있기 때문이다. 뇌 연구가들이 이중 언어 사용자들의 뇌 촬영을 통해 반복 검증했다.

우리나라 사람들이 영어를 천천히 읽을 때 앞에서부터 뒤로 갔다가 다시 뒤에서 앞으로 오며 읽는 경우가 많은 것이 튼튼하게 자리 잡은 모국어 뇌(뇌신경망)에 의해 간섭을 받는 사례로 분석될 수 있다. 영어를 사용하는 원어민들이 한국말을 처음 배울 때도 비슷한 경험을 할 것이다.

한국어와 영어는 말의 의미를 전달할 때 가장 중추적 역할을 하는 부분인 '주어, 동사, 목적어 및 보어'의 순서가 다르다. 또한 세밀한 뜻을 전달하는 역할을 하는 조사가 한국어에서는 단어 뒤에 붙는 반면에, 유사 역할을 하는 영어의 전치사는 단어의 앞에 위치한다. 따라서 영어에 익숙해지기 전에는 직독직해를 '의도적'으로 하지 않으면 무의식적으로 한국식 사고를 하게 된다. 문장 앞뒤를 왔다 갔다 하면서 시간을 낭비하게 된다.

한국어와 영어의 문장 구조 차이 때문에, 의도적으로 직독직해를 하지 않으면 독해 시간이 늘어날 수밖에 없다는 것을 간단한 예문으로 분석해 보겠다.

토익 시험의 천재가 되는 비법

> *** 한국어 순서: 나는 한 권의 소설을 샀다.**
> → 주어(나는) + 목적어(한 권의 소설을) + 동사(샀다)
>
> *** 영어의 순서: I bought a novel.**
> → 주어(I: 나는) + 동사(bought: 샀다) + 목적어(a novel: 한 권의 소설을)

영어가 능숙하지 않거나 독해를 천천히 하는 한국 사람이 위의 영어 표현을 본다고 가정해 보자. 일단 영어 단어 배열 순서대로 읽었다가, 한국식 사고에 맞추기 위해 자신도 모르게 뒤에서 다시 앞으로 올 가능성이 높다. '나는 샀다 한 권의 소설을(영어 순서) → 나는 한 권의 소설을 샀다(한국어 순서)'처럼 중복 해석을 하는 식이다.

문장과 문장 사이를 연결하는 접속사인 관계 대명사(relative pronoun) 등이 사용된 경우에는, '절' 단위로 '앞 → 뒤 → 앞'의 순서로 해석할 수 있다. 먼 길을 불필요하게 왕복하는 것이다. 관련 사례를 살펴보자.

> I watched a movie **which my friends had recommended**. (나는 보았다 영화 한 편을, 그 영화는 내 친구들이 추천해 준 것이다.)

직독직해 능력이 부족한 한국 사람들이 위의 예문을 영어 순서대로 해석하면 머리가 거부한다. 일단 영어 순서대로 눈으로 보며 읽기는 하지만, 목적격 관계대명사 which가 이끄는 형용사절이 앞의 선행사 (a movie)를 수식한다고 배웠고, 그런 순서가 한국식 사고에도 적합하므로 뒤에서 앞으로 다시 읽는다. 학교에서 사용하는 교재나 각종 영어 자료의 해석들도 대부분 그렇게 정리되어 있다. 위 예문의 경우, '나는 보았다 영화 한 편을, 내 친구들이 추천했던 영화 한 편을 보았다'처럼 일부 내용을 중복 해석하는 식으로 진행된다. 한 지문은 여러 문장으로 구성되므로, 지문이 길수록 중복해석으로 낭비되는 시간이 비례적으로 늘어나게 된다.

영어 처리용 뇌신경망이 튼튼하게 만들어지기 전까지는 한국식 해석이 계속 영향을 준다. 계획적인 직독직해 훈련으로 빨리 개선해야 한다. 토익보다 시간 여유가 있고 속도가 느린 영어 시험이라면 상관없지만, 토익은 고속 직독직해(= 속독속해)를 하지 않으면 고득점이 어렵다. 공부를 장기간 하면 직독직해 능력이 점진적으로 향상되지만, 의도적으로 연습하는 것에 비해 너무 비효율적이다. 공부를 빨리 끝내려면 별도의 연습을 해야 한다.

외국어임에도 한국어와 구조가 유사한 언어는 모국어 뇌의 도움으로 비교적 쉽게 배운다. 우리나라 사람들이 일본어를 영어에 비해 빨리 배우는 이유도 거기에 있다. 세부적인 언어 규칙에는 차이가 있지만, 의사 전달의 가장 중요한 부분인 '주어, 동사, 목적어'의 순서가 일본어와 한국어는 일치한다. 주격, 목적격 조사가 단어의 뒤에 붙는 것도 비슷하다. 한자를 일부 공유한다는 공통점 또한 있다.

토익 시험의 천재가 되는 비법

(3) 고속 직독직해 능력과 직청직해 능력의 관련성***

고속 직독직해 능력(= 속독속해 능력)이 향상되면 고속 직청직해 능력(= 속청속해 능력)도 일정 수준 좋아진다. 영어를 들을 때와 읽을 때는 서로 다른 감각 기관이 사용되지만, 한국어로 해석하는 과정 및 내용을 분석하는 것은 동일한 뇌기능에 의해 이루어지므로 상호 관련이 있다.

뇌의 좌측에는 청각피질(귀의 소리 신호를 받는 뇌의 영역) 및 시각피질(눈의 시각 신호를 받는 뇌의 영역)에서 전달된 언어 정보를 처리하는 '베르니케 영역(Wernicke's area)'이라는 곳이 있다. 언어 정보의 해석 및 이해 활동이 그곳에서 이루어진다고 과학적으로 밝혀져 있다.

고속 직독직해를 할 수 있으면 LC 듣기를 할 때 동시 해석을 빠르게 할 수 있다. 그리고 LC 파트 3, 4의 문제 지문을 읽는 속도에도 영향을 준다.

•속독속해 훈련 효과 극대화 요령

(1) 반드시 어휘력을 먼저 갖춘 후에 연습한다

단어 책의 기출 어휘를 거의 다 암기했어야 한다. 이미 이 책에서 여러 차례 강조했지만 토익은 어휘 공부가 먼저다. 어휘를 거의 다 외우기 전에 '문법, 독해, 듣기'를 공부하면 학습 효율이 너무 떨어진다.

(2) 진행 시간을 측정하고 목표 시간과 비교한다

목표 독해 속도를 평균적으로 낼 수 있기 전까지는 귀찮더라도 항상 스톱워치를 사용해 측정한다. '측정'이라는 단순한 조건을 실천만 해도 긴장과 집중도를 높이는 효과가 생겨 독해 속도가 빨라진다. 혼자 연습할 때 느슨해지는 것도 예방한다. '측정 행위'가 자신의 훈련을 외적으로 감시하는 '선생님' 역할을 하는 것이다.

측정 후에는 목표와 비교해서 차이를 명확히 확인해야 한다. 자신의 속도 수준을 객관적인 수치로 확인해야 동기 부여도 강해지고 연습도 더 열심히 하게 된다.

(3) 정독을 하며 고속으로 직독직해한다

대충 읽으면 속독속해 능력이 향상되지 않는다. 빠르게 읽되 정독을 한다. '3장 03단원'에서 문제점을 설명한 스키밍(skimming)이나 스캐닝(scanning) 기법은, 시험장에서 시간 부족에 직면하는 예외적인 상황을 제외하고는 사용하지 않도록 한다. **공부할 때는 항상 정독을 해야 속도 훈련도 되고 자신의 속도 실력을 정확히 확인할 수 있다.**

RC에 필요한 고속 직독직해는 독서할 때의 속독과 다르다. 시중의 속독법은 책을 분당 최대 약 2,000자 이상까지 읽는 것을 목표로 하는 경우가 많은 것 같다. 정확히는 2,000자 이상을 일일이 다 읽는 것이 아니라 일부분만 보는 것이다. 'chunk(덩어리)' 단위로 한 번에 많은 글자들을 순간적으로 인식한다고 하는데, 줄거리 위주로 봐도 되는 소설 등을 읽을 때나 가능한 읽기 방식이다. '스키밍 기법'과 유사한 것이다. 정독으로는 그렇게 많이 읽을 수 없다. 나도 300~400페이지 분량의 한국 소설 한 권은 30분에서 1시간 안에도 본다. 정독을 하는 것이 아니라 줄거리를 파악하면서 휙휙 지나가는 형태다. 읽은 내용에 근거해 시험 문제를 푸는 것이 아니기 때문에, 주요 내용들을 정확히 기억하려고 노력하지도 않는다.

그러나 토익 시험에 나오는 독해 지문들이나 문장들을 소설이나 잡지 혹은 참고 자료를 대충 빨리 보는 것처럼 읽으면 안 된다. 주제를 고르는 문제 유형을 제외하고는 그런 방식으로 정답을 찾기 어렵다. 토익 지문을 볼 때는 빠르게 읽되, 단어 하나하나를 다 읽는 정독을 원칙으로 하면서, 동시에 정확한 해석과 순간적인 요점 기억 및 분석까지 해야 한다.

실전에서는 상황에 따라 유연하게 대처할 수도 있다. 하지만 공부할 때만큼은 정독을 하면서 목표 시간 내에 독해를 해야 '속독속해 및 정확하고 빠른 문제 풀이 능력'을 단기간에 기를 수 있다.

(4) 공부할 때 모르는 단어나 문법 내용 때문에 중간에 멈추지 않는다

단어 책의 어휘를 거의 다 외웠다고 해도 독해를 하다 보면 모르는 단어가 나온다. 그렇다고 해설집을 보거나 사전을 검색하면 속독속해 훈련이 중지된다. 모르는 단어는 읽기만 하거나 의미만 대략 추정하면서 지문을 빨리 다 읽는다. 독해를 일단 완료한 후에 확인한다. 헷갈린 문법 내용도 마찬가지다.

(5) 문장을 의식적으로 끊어서 읽지 않는다***

일반적으로 알려진 독해 기법 중 고속 직독직해에 악영향을 줄 수 있는 방식 중 하나는, 쉼표, 마침표, 접속사 앞에서 의식적으로 끊어 읽는 것이다. 토익 RC 독해 특성상 맞지 않다. LC 파트 3, 4의 문제 지문들을 읽을 때도 마찬가지다.

누구에게 글을 읽어 주거나 발표 또는 연설을 할 때는 의사 전달을 명확히 하기 위해서 적절히 쉬고 끊는 것이 필요하다. 하지만 토익 독해를 그렇게 하면 시간 내에 문제를 다 못 푼다. 쉴 틈 없이 빨리 읽으면서 동시에 의미를 파악해야 한다. 쉬지 않고 읽어도 머릿속에서 의미 단위로 저절로 구분된다. 중간에 끊거나 쉰다는 생각 자체를 하지 말아야 한다. 연습하다 보면 자연스러워진다.

중고교 시절 배우는 것처럼, 천천히 지문을 분석하면서 읽는 형태의 '문장 구조 분석 연습('구문 분석'이라고 한다.)'도 초급자의 영어 실력 향상에 도움이 된다. 하지만 직독직해 연습과는 별도로 진행하는 것이 좋다. 혹여 실력이 많이 부족해서 문장 구조 분석 학습을 먼저 하는 경우도, 마무리는 '고속 직독직해'로 해야 토익 실력을 향상시킬 수 있다. 공부와 실제 시험을 연결시키는 방식으로 진행해야 한다.

'의미 단위 영어 읽기'나 '내용을 이미지로 전환해 이해하기' 등의 독해 방식에 관한 다양한 주장들도 있지만, 고속 직독직해하면서 그런 방식으로 독해하는 것은 어울리지 않는다.

(6) 감당하기 힘든 속도로 독해한다***

직독직해 능력을 단기간에 향상시키기 위한 '가장 효율적인 요령'이라고 나는 주장하고 싶다. 본인의 현재 실력으로는 '감당하기 벅찬 빠르기'로 독해를 해야 한다. 분당 읽을 단어 수를 '고득점 수준(250~300)'으로 정하고 시간을 측정하며 독해하면 그렇게 유도된다.

직독직해하기로 마음먹었어도 천천히 읽으면 무의식적으로 한국식 사고를 하게 된다. 그런데 아무 생각나지 않을 정도의 아주 빠른 속도로 집중하면서 지문을 보면 '자동 직독직해'가 이루어진다. 문장 앞뒤를 오가면서 한국식으로 해석할 틈이 없어진다. '분당 250~300단어 독해'는 그런 점까지 고려한 목표다.

나는 고속 직독직해에 익숙하다. 그러나 직독직해에 대해 깊이 고민하거나 기술을 별도로 연습한 것은 아니다. 대학 시절 영어 자료들을 내가 할 수 있는 최대한의 빠르기로 읽다 보니 영어 순서대로 읽는 것이 어느 순간 습관화되었다.

대학교 3학년 말에서 4학년 초쯤부터 듣기 공부를 본격적으로 시작할 때 CNN 뉴스 등을 수록한 잡지와 관련 듣기 파일을 이용했었다. 그런데 반복해 들어도 제대로 들리지 않고 귀만 아팠다. 심지어 어휘 및 내용을 미리 점검한 후 눈으로 대본을 읽으면서 들어도, 듣기 파일 속 원어민들의 말 속도를 따라갈 수가 없었다.

그때 든 생각이, '눈으로 글을 읽는 속도가 동일한 내용을 입으로 말하거나 귀로 들을 때보다 빨라야 하는 것이 상식인데, 대본을 눈으로 보면서도 원어민의 말 속도를 따라가지 못한다면 듣기 파일을 계속 들어 봐야 무슨 소용인가?'라는 것이었다. 영어를 듣거나 읽을 때 동일하게 작동하는 것은 내용을 인식하고 해석하는 '사고의 속도'인데 그 부분부터 개선할 필요가 있다는 생각을 했다.

'두뇌 회전 속도 개선'을 위해 내가 생각한 훈련 방식은 영어 뉴스 대본을 미국의 뉴스 아나운서들이 말하는 속도보다 더 빠르게 '정독'하며 읽으면서 동시 해석하는 것이었다. 독해 능력 향상이 아니라 듣기 및 회화 능력 향상을 목적으로 그러한 속독속해 연습을 했었다.

그런데 듣기 파일의 원어민 말 속도보다 더 빨리 독해를 하려고 시도하다 보니 한국식 번역을 할 틈이 전혀 없었다. 연습 초기에는 모르는 단어나 문법 사항들이 나올 때면 순간적으로 주저되었지만 참고 그냥 끝까지 읽었다. 문법 점검, 구문 분석, 모르는 어휘 찾기는 독해 지문을 일단 빠르게 읽은 후에 했다. 그랬더니 얼마 지나지 않아 나도 모르게 직독직해가 편해졌다. 영어 문장 앞뒤로 오가며 하던 번역용 독해 습관이 나도 모르게 사라졌다.

(7) 동일한 지문으로 반복 훈련한다

빠르게 특정 지문의 독해를 완료한 후에는 몰랐던 어휘나 문법 내용을 보완 점검한다. 그리고 다시 독해를 실행한다. 그러면 고속 직독직해 연습과 점검한 어휘 및 문법 내용 복습을 동시에 할 수 있다.

어렸을 때부터 모국어처럼 영어를 배운 것이 아니라면 문법도 꾸준히 공부해야 한다. 문법 실력이 늘고 문법 내용들 중 말의 일부로 받아들여지는 것들이 많아질수록 독해 속도가 빨라진다.

원어민들이 태어나면서부터 엄청난 시간을 투자하고 많은 시행착오를 거치며 온몸으로 배운 영어 규칙을, 영어가 모국어가 아닌 사람들이 단기에 습득할 수 있도록 도와주는 것이 문법이다.

●속독속해(고속 직독직해) 연습 절차

#1. 파트 7의 독해 지문을 준비한다.

파트 6 독해 지문은 너무 짧고 쉬워서 연습 효과가 적다. 훈련용으로는 파트 7의 지문을 사용해야 한다. 기본서나 실전 문제집에서 고르거나, 파트 7 독해 지문들만 별도로 모아 놓은 책을 이용한다. 기초서의 독해들은 지문 길이가 짧아서 연습하기에 적합하지 않다. 초급자라도 RC 및 LC용 실전 문제집과 파트 7 지문들만 실려 있는 서적 1권씩은 가지고 있어야 한다.

#2. 스톱워치를 준비한다.
휴대폰이나 PC의 스톱워치를 사용한다.

#3. 지문을 빠르게 정독하면서 동시에 해석한다.
스톱워치를 작동시킨 후 지문을 빠르게 정독하며 동시에 해석하고 내용을 파악한다. 모르는 단어와 혼동되는 표현들이 있어도 멈추지 않고 일단 다 읽는다. 눈으로만 읽어도 되고, 소리 내거나 혹은 소리 내지 않고 입으로 읽어도 된다. 정독을 제대로 하면 눈으로만 읽을 때와 입도 사용해 읽을 때의 속도가 비슷하게 나온다. 문제들은 풀지 않는다. 고속 직독직해 훈련에만 집중하기 위해서다.

고속 독해 실력이 일정 수준 생기면, 지문만 독해하는 것과 문제당 1분 기준으로 풀이하는 훈련을 병행해도 된다.

#4. 독해 완료와 동시에 스톱워치를 멈춘다.
독해를 끝내면 바로 스톱워치를 멈춘다.

#5. 지문의 단어 수를 세어 본다.
'분당 목표 단어 수'에 도달했는지를 평가할 수 있도록 초기 연습할 때는 독해 지문의 단어 수를 대략이라도 세어 본다. 100~200단어는

40~50초 내에 셀 수 있다. 귀찮을 수 있지만 훈련 효과를 높이기 위해 필요한 과정이다. 나중에 속도에 자신감이 생기면 세지 않고 연습해도 된다.

#6. 분당 단어수로 환산 후 목표와 비교한다.

독해 진행 시간을 1분으로 환산한다. 예를 들어 30초 동안 약 150단어를 읽었다면 휴대폰의 계산기 등을 이용해 아래와 같이 환산한다.

(약 150단어 ÷ 30초) × 60초(1분) = 분당 **300단어**

만약 50초 동안 약 180단어를 읽었다면 아래와 같이 환산한다.

(180단어 ÷ 50초) × 60초(1분) = 분당 **216단어**

#7. 해설지를 보고 몰랐거나 애매했던 단어 및 문법 사항을 점검한다.

속도 능력 단기 향상을 위해서, '**선 풀이 → 후 보완**'의 순서를 지킨다.

#8. 분당 목표 단어 수에 가까워질 때까지 동일 지문으로 반복 연습한다.

만약 독해가 '목표 시간(분당 250~300단어 이상, 최소 200단어 이상)'보다 더 늦게 진행되었다면, 동일한 지문으로 목표 시간에 도달할 때까지 반복 연습한다.

바로 직전에 봐서 익숙한 지문일지라도 정독과 동시 해석을 하면서 보면 생각보다 시간 단축이 어렵다. 속도는 갑자기 늘지 않는다. 목표를 정하고 피나는 노력을 기울여야 조금씩 향상된다. 일정 기간 연습을 통해 파트 7 독해 지문들을 보는 속도가 평균 약 5~10% 정도 늘었다면, 어휘력과 문법 실력은 그대로여도 토익 점수는 수십 점 상승할 수 있다. 동일한 시간에 더 많은 문제를 더 정확히 풀 수 있다.

하나의 지문으로 반복 연습하는 것은 효율적 학습법이다. 토익은 기출 내용이 반복 출제되므로 똑같은 지문을 자주 봐서 외울 정도로 되는 것이 도움이 된다. 실제 시험에 유사한 주제가 나오면 쉽고 빠르게 풀 수 있다. 아주 빠르게 보면 자연 집중이 되므로 여러 번 읽더라도 지루함을 느낄 틈이 없다.

읽는 속도를 빠르게 해도 숙련이 되면 해석이나 분석의 정확도가 그다지 줄지 않는다. 개발하지 않고 있었을 뿐이지 고속 직독직해를 할 수 있는 잠재력은 일반적으로 가지고 있다. 분당 250단어까지는 도달할 수 있을 것이다.

02 듣기 실력 단기 향상 비법(속청속해법)

　이번 단원에서는 토익 'LC 고득점에 요구되는 속도'를 먼저 분석한다. 그 후에 듣기 훈련 효과 극대화를 위해 미리 갖춰야 할 '필수 조건들'과 듣기 실력을 빠르게 키울 수 있는 '세 가지 연습 방식'에 대해 자세히 설명할 것이다. 듣기 연습 방식들은 내 직접 체험과, 토익 강의 시 수강생들에게 적용해 보고 체계화한 내용들에 근거한 것이다. 몇 년 전 한 출판사에 근무했을 때 온라인 동영상으로 간략하게 올린 적도 있다.

　유사한 방법으로 듣기 연습을 한 적이 있을 수도 있지만, 이 책에 정리된 내용에 따라 시도해 보길 바란다. 연습 효과를 높이기 위해 내가 고민 후 적용했던 요소들이 포함되어 있다. 이미 듣기 만점 수준의 실력자라고 해도 도움이 되는 아이디어를 얻을 수 있으리라 생각한다.

　듣기 연습법들을 설명하면서 '뇌'에 관한 얘기들도 조금 넣었다. 토익 강의를 진행하던 시기에, 뇌 과학 관련 해외 논문들 및 관련 자료들을 많이 읽었고, 유명 뇌 과학자들의 강의 영상도 자주 보았었다. 내가 가르치는 연습법을 '일단 시도해 보라'고 말하면 적극적으로 받아들이지 않는 수강생들이 일부 보였다. 그래서 연습 효과가 좋은 이유에 대한 과학적 근거를 찾으려 노력했었다. 듣기 및 독해 관련 모든 것은 '뇌'

를 중심으로 벌어지는 현상들이다. 뇌기능을 언급하지 않고는 객관적이고 설득력 있는 설명이 불가능하다.

　듣기 실력 단기 향상을 위한 세 가지 연습 방식인, '가속화 배속 듣기(정상 속도의 2배 이상), 고속 소리 내어 읽기(정상 속도의 1.5배까지), 가속화 쉐도잉(정상 속도의 1.5배까지)'을 자세히 소개할 텐데, 각 방식들은 상호 보완 역할을 해 준다. 혼합해서 연습 하면 효과적이다.

　세 가지 중 실행은 가장 힘들지만 연습 효과는 가장 좋은 것은 '가속화 쉐도잉(속도를 1.5배까지 단계적으로 높여 가며 들리는 말 따라 하기)'이다. 뇌를 가장 넓고 강하게 자극하는 방식이다. 쉽게 실행할 수 있는 방식은, 정상 속도의 2배 이상까지 점진적으로 속도를 높여 가며 귀로 듣기만 하는 '가속화 배속 듣기'다.

　쉐도잉은 소리 인식 및 기억, 발음 교정, 어휘나 표현 기억, 회화 능력 등 전반적인 영어 기능 향상에 영향을 준다. 토익 외에 미국 드라마나 영화 등 어떤 학습 재료를 가지고 연습을 하든지 효과가 있다. 그에 비해 배속 듣기는 '뇌의 소리 신호 처리 속도'에 주로 영향을 준다. 배속 듣기 훈련은, 발음, 억양 및 표현이 일정한 특성을 가지고 있는 시험인 '토익, 토플, 텝스' 등의 듣기 공부에 효과적이다. 속도만 정복하면 깨끗하게 잘 들리기 때문이다.

　2개월 정도 집중 학습하면 갖출 수 있는 어휘력, 문법, 토익 주제에

토익 시험의 천재가 되는 비법

대한 배경지식 등이 LC 고득점 획득의 큰 장애물은 아니다. 발음도 미국, 영국, 호주, 캐나다로 나눠져 있지만 골칫거리가 될 정도는 아니다. 교재만 충실히 공부하면 대처 가능하다. 기초 공부가 된 상태에서 듣기 점수에 가장 큰 영향을 주는 것은 '듣고 동시 해석하면서 풀이하는 속도'다. 단순 반복 듣기로는 장기간 열심히 공부를 해도 '고득점에 필요한 속도 능력'이 길러지지 않는다. 뇌 자극이 강한 '배속 듣기와 쉐도잉' 등 효율적 방법을 적용해 '단기 집중 듣기 훈련'을 해야 한다.

가속화 배속 듣기나 가속화 쉐도잉을 강도 높게 몇 분에서 몇십 분 연습한 직후에는, 잠시 동안 토익 LC 지문이 의아할 정도로 잘 들릴 것이다. 듣기 능력이 아직 개발되지 못했다는 증거이면서, 개발 가능한 잠재 능력이 있다는 증거이기도 하다. 소리를 인식하고 처리하는 속도 관련 뇌기능은 단 몇 분간의 강력한 배속 듣기나 쉐도잉 연습으로도 잠시 활성화할 수 있다. 효율적 연습 방식을 적용했을 때 궁극적으로 얻을 수 있는 성과를 미리 맛볼 수 있다.

• LC 고득점에 필요한 듣기 속도

'초당' 혹은 '분당' 성우가 말하는 단어 수로 토익 LC의 진행속도를 간접 측정할 수 있다. 파트 3, 4의 지문을 사용한다. 파트 1, 2는 지문들이 너무 짧으므로 검토할 필요 없다. 파트 3, 4를 잘 들을 수 있는 실력이면 파트 1, 2에서 속도 문제로 고생할 일은 없다.

스톱워치로 성우들이 파트 3, 4의 본문 내용을 말하는 속도를 실제 반복 측정한 결과에 의하면 느릴 때는 분당 약 150단어까지도 나오지만 평균적으로 '분당 약 170~190단어 사이'다.

수험생의 입장에서는 들으면서 동시 해석하고 문제까지 정확히 풀어야 하므로, 분당 약 '250~300단어'를 처리할 수 있는 사고 속도를 가질 수 있어야 한다. 토익 LC 파일을 '정상 속도의 약 1.5배'로 한 상태에서 듣고 해석할 수 있어야 하는 것이다. 그러면 문제를 풀 때 약간의 여유가 생긴다. LC 450~495점에 요구되는 속도다. LC 400점을 넘기려면 적어도 분당 200단어는 들으면서 해석할 수 있어야 한다. RC 파트의 분당 읽을 목표 단어수와 동일하다. 실제로 측정 및 계산을 여러 차례 해 본 결과, RC와 LC 고득점 획득에 요구되는 속도가 비슷했다.

토익 LC 지문을 1.5배속으로 들을 때 정신없을 만큼 빠르다고 느껴진다면 듣기 연습이 아직 덜 된 것이다. 빠르기는 하지만 듣고 이해하는 데 별 문제가 없다면 LC 고득점이 가능한 상태다. 효율적 듣기 연습을 1~2개월 열심히 했다면, 토익 LC 파일을 1.5배로 들으면서 동시 해석할 수 있을 것이다.

LC 파트 3, 4는 성우들의 말을 듣고 난 후에 따로 분석할 시간여유가 없다. 실시간으로 들으면서 동시 해석하고 즉시 분석해야 한다. 말을

토익 시험의 천재가 되는 비법

하는 원어민 성우들보다 더 빠르게 사고해야만 그렇게 할 수 있다. 성우들의 말을 따라 듣기 바쁘면 고득점이 어렵다. 듣기 연습 방식도 그런 특성을 고려한 것이어야 한다. 정상 속도 위주로만 하는 것은 비효율적이다.

토익 듣기는 듣자마자 해석을 해야 하므로 동시통역(simultaneous interpretation)과 유사한 면이 있다. 그렇지만 동시통역사는 현장에서 원어민의 말을 들으면서 모국어의 어순에 맞춰 번역 및 정리 후, 제3자에게 전달까지 해야 한다. 토익 LC보다 과정이 훨씬 더 복잡하고 난이도도 높다. 토익 LC는 본인만 듣고 이해하면 된다. 게다가 표준적인 어휘, 표현 및 발음만 나온다.

• 듣기 훈련 효과 극대화를 위한 필수 조건

(1) 어휘력 먼저 갖춘 후 연습한다

훈련 효과를 높이기 위해서는 단어 책의 어휘 대부분을 외운 후에 LC 공부를 시작해야 한다. LC보다 RC에 더 다양한 어휘들이 나오지만 주제가 구분되는 것은 아니다. 서로 중복된다. 단어 책을 이용해 주제별로 기출 어휘들을 암기하면 둘 다 대비할 수 있다.

(2) 가능한 입을 사용해 연습한다(= 쉐도잉을 한다)

입으로 성우들의 말을 따라 하면 귀로만 들었을 때에 비해 집중력도 높아지고 더 많은 뇌의 영역들을 사용하게 된다. 그 결과로 성우들의 말소리를 인식, 처리, 기억하는 기능이 빨리 향상된다.

우리가 새로운 노래를 귀로만 들을 때는 잘 안 들리거나 놓치는 소리에 크게 신경 쓰지 않지만, 따라 부르려고 할 때는 노래에 더 집중하게 된다. 그런데 따라 부르는 행위 자체가 가사, 멜로디, 리듬을 더 잘 인식하고 외우도록 유도한다. 단순 듣기와 입으로 따라 하는 쉐도잉 간에도 그런 결과의 차이가 생긴다.

(3) 토익 속도보다 더 빠르게 연습한다***

정상 속도로 자주 반복해 듣는 것은 듣기 능력을 단기에 향상시키지 못한다. 성우들의 원래 말 속도보다 더 빠르게 하면서 듣기 파일을 재생하고 듣거나(가속화 배속 듣기), 더 빠르게 따라 말하는(가속화 쉐도잉) 연습을 정상 속도 듣기와 병행해야 한다. 초급자라도 가혹하게 훈련을 해야 한다. 더 빠른 속도로 연습하면 원래 속도로 들을 때 여유가 생긴다.

'정상 속도로도 제대로 못 듣는데 더 빠르게 듣는 것이 가능할까?'라는 걱정을 미리 할 필요 없다. 뇌는 우리의 생각보다 훨씬 빠른 속도로 영어를 처리할 수 있다. 그렇게 훈련시키지 않았을 뿐이다. 효율적 방법으로 훈련하면 된다.

토익 시험의 천재가 되는 비법

(4) 하루 3~5시간 이상 집중 훈련한다

초급자가 하루 1~2시간 정도 듣기 공부를 하는 것은 비효율적이다. 투자 대비 성과가 초라하게 나온다. LC 400~450점을 초과하기 전까지는 하루 3~5시간 이상 집중 공부해야 총 학습 기간이 단축된다. 만약 평일 시간 확보가 어렵다면 주말에라도 온종일 공부해야 듣기 능력의 변화를 빨리 일으킬 수 있다.

예를 들어 **하루 5시간씩 1개월간(약 150시간) 공부하는 것이 하루 2시간씩 12개월간(약 720시간) 하는 것보다 효과가 더 클 것이라는 얘기다.** 내 경험에 근거한 추정이다. 외국어를 조금씩 장기간 공부하면, 단기 집중 학습할 때에 비해 학습 성과가 누적되지 않고 사라지는 부분이 많아진다. 시간 낭비를 줄이고 싶다면 힘들더라도 단기 집중 학습을 해야 한다.

튼튼하게 만들어진 '듣기용 뇌 근육(뇌신경망)'은 훈련을 지속하지 않아도 몇 년 이상 유지될 수 있다. 운동을 몇 주나 몇 개월만 쉬어도 급격히 줄어드는 팔이나 다리 등의 신체 근육과 비교할 수 없을 정도로 수명이 길다. 외국어를 고급 수준까지 공부한 경험이 있는 사람들은 이해하겠지만, 특정 외국어 듣기 능력을 높은 단계까지 일단 올려놓으면, 몇 년 동안 쉬어도 며칠이나 몇 주의 집중 공부로 그 능력에 가깝게 회복할 수 있다. 관련 '뇌신경회로'가 머릿속 어딘가에 남아 있어서 가능한 것이다. 문제는 외국어 듣기를 조금씩 오랜 기간 공부하면 적정 수준의 듣기용 뇌 근육 형성 자체가 잘 안된다는 점이다.

듣기뿐 아니라 회화, 문법, 독해 공부도 조금씩 오랜 기간 하면 원하는 만큼 실력이 늘지 않는다. 뇌 자극이 약하기 때문이다. 연습할 때는 뇌에서 약간의 변화('활성화'라고 한다.)가 일어나서 일시적으로 실력이 상승한다. 그러나 강한 뇌 자극이 단기간에 반복되지 않기 때문에, 뇌의 근본적인 조직 변화(뇌신경망 형성 및 성장)로 이어지지 않는다. 잠시 좋아진 듯했던 실력이 조금 지나면 원상복귀된다. 오랜 기간 토익 공부를 했음에도 실력이 그다지 늘지 않았다면 그 때문이다. 모든 것은 뇌에서 벌어지는 객관적이고 과학적인 현상이다. 뇌의 특성에 맞게 공부를 해야 한다.

뇌에 강한 자극을 주기 위해서는 효율적 방식으로 집중 및 반복 학습을 해야 한다. 그리고 반복 학습의 효과는 반복 학습 시점 사이의 기간이 짧아야 커진다. 듣기, 문법, 독해 모두 단기에 집중해서 자주 공부할 필요가 있는 것이다. 외웠던 어휘나 문법 내용을 잊어버렸거나 어느 정도 끌어올렸던 듣기 실력을 잃어버린 상태에서 다시 공부하는 것은, 복습이 아니라 새로운 학습이다. 소중한 시간만 낭비한 것이다.

• 가속화 배속 듣기(2배속 이상 듣기)

(1) 특징
듣기 파일의 속도를 1.1~2배까지 점진적으로 올리면서(= 가속화) 듣는 방식이다. 들으면서 동시에 해석도 한다. 점진적으로 속도를 높이는 것과, 최소 2배속까지 한다는 것이 훈련 효과를 크게 해 주는 중요 포인트다. 속도를 올리며 듣다가 본인의 능력으로 해석할 수 없고 성우 말도 잘 들리지 않는 단계가 되면, 소리 듣기에만 집중한다. 그래도 효과가 있다. 훈련이 되면 토익 LC는 2배까지 속도를 높여도 내용이 잘 들린다.

초급자가 집중해서 5~10분 정도 '배속 듣기'를 연습한 직후 원래 속도로 다시 들으면, 성우의 말이 느리고 깨끗하게 들리는 현상을 생생히 체험할 수 있다. 눈으로 볼 수는 없지만 뇌가 속도를 따라잡기 위해 최대한 가동되면서, 듣기 고수의 능력에 가깝게 순간적으로 변환된다(= 잠시 활성화된다). 하지만 몇 분에서 길게는 몇십 분 정도 연습 효과가 유지되다가 사라진다. 약 1~2개월은 꾸준히 연습해야 '뇌에 구조적인 변화'가 일어나서 듣기 실력이 전체적으로 한 단계 상승한다.

토익 수업 개강 후 첫 시간에 수강생들에게 물어보면 토익 LC 듣기 연습을 배속 듣기로 해 왔던 사람들이 간혹 있었다. 그런데 1.2~1.3배속 정도여서 효과를 거두기에는 너무 낮은 속도였다. 토익 속도 대비 최소 1.5~2배속까지는 해 봐야 한다. 단순한 차이지만 그 단계까지는 배속 듣기를 해야 뇌 자극이 강해져서 남다른 효과가 발생한다.

의지가 있다면 가끔이라도 3배속까지 시도한다. 말소리가 거의 들리지 않고 머리도 멍멍해지겠지만 연습 효과는 크다. 원래 속도로 들으면 성우가 일부러 아주 느리게 말하는 것처럼 들릴 것이다. '뇌의 소리 처리 기능'에 대한 깨달음도 강해진다. 깨달음이 고정관념을 무너뜨릴 정도로 커지면, 자신의 비효율적 연습법(원래 속도로 단순 반복 듣기 만 하는 것을 말한다.)을 미련 없이 버리거나 수정할 수 있다.

0.1혹은 0.2배 간격으로 속도를 점진적으로 높이면서 들으면 뇌가 적응을 하기 때문에, 초급자도 LC 파트 3, 4 지문들을 2배속까지는 들을 수 있다.

한국어로 진행되는 온라인 강의 배속 듣기를 해 본 사람들은 LC 파일 배속 듣기를 가볍게 생각할 수 있다. 그렇지만 모국어의 속도 변화에는 태어날 때부터 계속 단련되어 와서 배속 듣기 전후의 차이를 크게 못 느끼는 것이다. 그러나 영어 듣기 실력이 아직 낮은 사람의 '영어 처리용 뇌'는 모국어용 뇌처럼 발달된 상태가 아니다. 따라서 배속 듣기 연습 전과 후에 듣기 파일을 들을 때의 '속도감' 차이가 대단히 크다. 원어민 수준의 영어 듣기 능력을 갖춰야 그 차이가 적어지거나 거의 사라진다.

듣기 고수가 배속 듣기 연습을 한 후에는 '소리가 좀 더 깨끗하게 들리는 것'을 느낀다. 듣기 실력이 아직 부족한 사람에게는 소리가 깨끗하게 들리는 것뿐만 아니라 느리게도 들린다. '느리게 들린다'는 말을 좀 더 구체적으로 표현하면, 원어민이 인지하는 속도에 가깝게 듣는 상태를 말한다.

토익 시험의 천재가 되는 비법

배속 듣기는 쉐도잉과 달리, 회화 등을 포함한 전반적인 영어 능력을 증진시키는 연습 방식은 아니다. 그러나 듣기 능력 향상에 미치는 효과는 확실하고, 쉐도잉에 비해 적은 에너지로 장소와 상관없이 연습할 수 있는 방식이다. 그래서인지 내가 가르쳤던 초급반 수강생들은 실행이 힘든 쉐도잉보다 '배속 듣기'를 선호하는 경향이 있었다. 반면에 듣기 실력이 일정 수준 갖춰진 중급반이나 실전반 학생들은 대체적으로 쉐도잉을 더 선호했다.

(2) 구체적 효과

① 듣기 실력을 단기에 향상시킨다

배속 듣기는 쉐도잉만큼은 아니지만 단순 반복 듣기에 비해 듣기 실력을 단기에 향상시켜 준다. 수강생들을 기준으로 점검한 바에 의하면 1~2개월 내에 일정 수준 효과가 발생하는 것 같다. 배속 듣기를 그 정도 기간 동안 꾸준히 연습한 사람들은 듣기가 편해졌고 자신감이 생겼다는 얘기를 나에게 했었다.

나는 쉐도잉 연습으로 영어 듣기 실력을 높은 수준으로 이미 갖춘 상태에서 그 이후에 배속 듣기를 했다. 그래서 배속 듣기 효력이 나타나는 연습 기간에 대한 직접 경험은 없다.

나는 배속 듣기의 효과를 우연히 체험했다. 언제였는지는 기억나진 않지만, 토익 LC 파일을 원래 속도로 듣는 시간이 지루해서 속도를 높여 가며 듣다가 경험했다. 처음에는 별 생각이 없었는데, 2배속을 초과해도 성우들의 말이 계속 들려서 시험 삼아 3배속 이상까지 들어 봤다. 그리고 나서 정상 속도로 다시 들어 보니 소리가 한결 깨끗해졌고 약간 느리게 들렸다.

나는 배속 듣기 연습을 해도 느리게 들리는 느낌은 약한 편이다. 영어용 뇌가 일정 수준 형성되었기 때문일 것이다. 그러나 1~2개월가량 영어 방송을 시청이나 청취하지 않다가 배속 듣기를 몇 차례 시도 후 정상 속도로 들으면 다소 느리게 들린다(초중급자들이 느끼는 속도감은 아닐 것이다). 그러다가 영어 방송 등에 몇 시간 노출 후 배속 듣기를 다시 해 보면, 연습 전후의 들리는 말 속도의 차이가 거의 느껴지지 않게 된다.

② '효율적인 듣기 속도 연습'의 필요성을 자각하게 해 주고 추상적인 '뇌의 기능'을 몸으로 이해하게 된다

뇌의 소리 처리 속도가 영어 듣기에 미치는 영향이 얼마나 큰지를 5~10분 정도의 연습으로 초급자도 체험할 수 있다. 효율적 연습으로 비교적 단기간에 듣기 실력을 향상시킬 수 있다는 자신감이 생기게 된다. 너무 비효율적인 '단순 반복 듣기 방식'을 더 이상 고집하지 않고, '가속화 배속 듣기나 쉐도잉'을 연습할 동기 부여를 받을 수 있다.

나는 LC 수업 시간에 배속 듣기를 몇 차례는 반드시 훈련시켰다. 들기 능력이 뇌와 관계있고 뇌를 강하게 자극하는 듣기 훈련이 필요하다는 사실을 체험으로 깨닫게 해 주려는 목적이었다. 3배속까지 점진적으로 들려준 후 정상 속도로 다시 틀어 주면, 항상 많은 수강생들 입에서 자연스럽게 탄성이 나온다. 훈련 전에는 빠르게 들렸던 말소리가 갑자기 느리게 들리고, 명확하지 않았던 발음들도 깨끗하게 들리는데 놀란다. 외우지 못했거나 의미를 모르는 단어가 나온다고 해도 소리 자체는 선명하게 들을 수 있다는 것에 무엇보다도 신기해한다. '단어의 뜻만 알고 있으면 충분히 해석할 수 있겠죠?'라고 물어보면 초급반 수강생들도 '그렇다'고 대답하는 사람들이 많았다.

대부분의 수강생들은 어휘, 문법, 독해 실력이 부족하거나, 듣기 연습 시간이 모자랐거나, 연음 및 묵음에 익숙하지 않아서 토익 듣기가 잘 안된다고 생각한다. 그러한 선입견이 순간 깨지면서 '효율적인 듣기 훈련'이 필요하다는 내말을 이해한다.

(3) 가속화 배속 듣기 연습 절차

① 사전 준비물

연습 자료: LC 파트 3, 4의 지문(해설 포함) 및 관련 듣기 파일

파트 3, 4의 지문들을 가지고 연습한다. 한 번 연습할 때마다 최소

3~4개 지문은 해야 한다.

　　보조 도구: 파일 재생 프로그램(player), 스톱워치

　'4배속'까지 속도 조정 가능하고, '구간 반복 기능'이 있는 파일 재생 프로그램을 휴대폰이나 컴퓨터에 다운 받아 준비한다. 무료 프로그램들이 많이 있다. 나는 PC용으로는 '다음 팟플레이어'를, 휴대폰용으로는 '메이플 플레이어(Maple Player)'를 사용한다. 스톱워치는 휴대폰과 PC에 기본 프로그램으로 깔려 있다.

　② 연습 순서

#1. 연습용 지문을 선택한다.
준비한 독해 지문들 중 1개를 고른다.

#2. 녹음 파일을 원래 속도에서 시작해, 0.1배(0.1, 0.2, 0.3…2)나 0.2배(0.2, 0.4, 0.6…2) 단위로 속도를 높이면서 동시 해석하며 듣는다. 최소 2배까지 해 본다. 한 지문을 듣는 도중에 속도를 높이는 것이 아니라, 특정 속도로 다 들은 후 더 빠른 속도로 조정하고 동일 지문을 다시 듣는 방식이다.
　속도 간격은 본인에게 적합하게 조정한다. 0.3배 단위로 증가시켜도

　　　　　　　　토익 시험의 천재가 되는 비법

된다. 한 가지 속도로만 계속 연습하는 것보다는 가속하면서 해야 더 효과적이다.

재생 프로그램의 '구간 반복 지정 기능'을 활용해 속도만 높이며 동일 지문을 반복해 듣는다.

설정된 각 속도에서 '3회~5회' 가량 반복해서 들은 후 다음 속도 구간으로 이동한다.

2배까지만 해도 되지만, 내용이 들리지 않더라도 3배속까지 가끔 시도한다. 2배를 초과해서 계속 들으면 머리가 아프므로 오래 연습할 때는 알아서 조정한다.

머릿속으로 동시 해석까지 하면서 듣되, 해석을 할 수 없는 속도에 다다르면 영어 소리 듣는 것에만 집중한다. 너무 빨라 무슨 소리인지 구분되지 않아도 집중만 하면 효과가 있다. 직접 실행해 보면 무슨 말인지 이해할 수 있다.

#3. 동일한 지문으로 2~3차례 반복 연습한다. 한 차례 할 때마다 2배 속까지는 한다.

하나의 지문으로 각 속도 구간에서도 3~5회 반복해서 듣고, 전체 배속 듣기도 2~3회 반복하는 것이다.

지문 내용을 기억시키는 효과도 있고 연습 성과도 명확히 확인할 수 있다.

연습 도중 필요한 경우는 해설지를 참고하며 지문 내용을 자세히 분석한다. 훈련 효과를 확인하기 위해 맨 처음 시도할 때는 지문을 보지 않고 바로 해야 하지만, 1차 배속듣기 완료 후에는 모르는 어휘 등을 확인 후 연습을 지속하는 것이 효율적이다. 듣기 속도 훈련과 어휘 및 내용 암기를 동시에 할 수 있다.

#4. 녹음 파일을 원래 속도로 들으면서 연습 성과를 확인한다.

연습 효과가 얼마나 오래 지속되는지 점검하고 싶으면, 5분, 10분, 15분, 20분…단위로 시간 차이를 두고 들어 보도록 한다.

훈련 직후에는 잘 들렸다가 시간이 지나면서 자신의 현재 실력으로 원상 복귀한다. 일정 기간 지속적으로 연습을 해야 안정적으로 듣기 능력이 향상된다. 그렇게 되면 배속 듣기를 하지 않아도 계속 잘 들린다.

• 고속 소리 내어 읽기

(1) 특징

LC 지문을 보면서 최대한 빠르게 소리 내어 읽는 연습법이다. 듣기 실력을 향상시켜 주는 효과도 있지만, 쉐도잉을 편하게 잘할 수 있도록 '입 근육과 뇌를 워밍업(준비 운동)'시키는 것이 주목적인 연습 방법이다.

토익 시험의 천재가 되는 비법

파트 3, 4의 듣기 지문을 입으로 소리 내면서 읽되, 토익 LC 성우들의 말하는 속도보다 '1.5배 이상' 빠르게 읽는 것이 필수 조건이다. 속도가 빠르더라도 발음은 뭉그러지지 않도록 하고 정독을 유지한다. 해석까지 하면 입을 빨리 움직이기 어려우므로 해석은 하지 않는다. 동시 해석하면서 연습하는 것보다 최대한 빠르게 읽는 것에만 집중할 때 연습 효과가 더 좋다. 입을 작게 움직이면 더 원활하게 속도를 올릴 수 있다.

쉐도잉 전에 10분만 연습을 해도 쉐도잉 연습을 좀 더 편하게 할 수 있다. 그뿐 아니라 단순히 입만 빨리 움직임에도 불구하고 듣기 능력이 향상된다. 뇌의 언어 처리 관련된 부분이 활성화된다.

만약 입을 사용할 수 없는 도서관이나 학교 등의 장소라면 소리를 내지 않고 입 근육만 움직인다. 그래도 소리를 낼 때와 유사한 연습 효과가 있다.

소리 내며 빨리 읽기를 내가 시작한 것은 쉐도잉 때문이었다. 쉐도잉을 한참 연습할 때 미국 뉴스나 시사 프로그램 위주로 했는데, 아나운서나 등장인물들 중 말 속도가 정신없을 정도로 빠른 사람들이 있었다. 바로 따라 말하기 힘들었다. 해결을 위해 영자 신문 등을 보면서 가능한 빠른 속도로 소리 내어 읽는 연습을 쉐도잉과 병행했었다. 입 근육 동작 속도를 향상시켜 쉐도잉 연습의 효과를 높이려 한 것이다. 실제로도 도움이 되었다.

초기에는 동시 해석을 하면서 읽었는데 속도를 높이는 데 한계가 있었다. 그래서 해석을 아예 하지 않고 최대한의 빠른 속도로 소리 내어 읽어 봤다. 속도를 높이면 효과가 높아질 것이라는 생각이 문득 들어서 어느 순간 그렇게 시도해 본 것 같다. 어쨌든 그렇게 한 후에 쉐도잉을 했는데 특이한 현상이 발생했다. 입을 움직이는 게 편해졌을 뿐 아니라 원어민의 말소리도 더 명확하게 들렸다. 입 근육 워밍업 효과 외에 듣기 능력 향상 효과도 순간적이지만 생긴 것이다. 해석도 하지 않고 지문을 보면서 소리 내어 최대한 빨리 읽기만 했는데도 듣기가 더 편해졌다.

오랜 세월이 지나 뇌 과학을 공부하고 나서 이해했지만, 입의 움직임을 관할하는 뇌 영역이 듣기를 담당하는 뇌 영역과 상호 관련이 있어서 그런 결과가 나온 것이었다.

토익 강의를 하면서 처음에는 쉐도잉만 가르쳤는데 수강생들이 따라 하기 힘들어했다. 보완을 위해 고속 소리 내어 읽기를 쉐도잉 연습 전에 몇 차례 적용해 봤는데 효과가 있었다. 그 이후로는 쉐도잉을 연습시킬 때 '고속 소리 내어 읽기 → 쉐도잉'의 절차를 규격화했다.

토익 초급자들보다는 공부 과정에서 다양한 시행착오를 거친 700~800점대의 중급반 혹은 실전반 수강생들이 효과적인 학습 방식을 더 잘 수용하는 경향이 있다. '고속 소리 내어 읽기'와 관련해서 재미있는 일화를 실전반 수강생 두 명에게서 들었다. 공통적인 내용이었다. 집에서 '고속 소리 내어 읽기' 연습을 하는데 가족들이 방 밖에서 들

토익 시험의 천재가 되는 비법

고, '미친 것 아니야?'라고 말하는 것 같은 눈빛으로 바라보거나, 실제로 그렇게 얘기했다는 것이다. 아주 빠르게 영어 문장을 읽으면 주변 사람이 들을 때 국적을 모르는 말처럼 들리기 때문이다. 그들의 공부 의지를 읽을 수 있었다. 그런 수강생들은 예외 없이 두 달 수업이 끝나기 전에 목표 점수를 획득하거나 높은 점수 상승을 보여 준다.

(2) 구체적 효과

① 쉐도잉(shadowing)의 원활한 실행을 가능하게 한다

입 근육과 뇌를 워밍업해서 쉐도잉을 원활하게 진행할 수 있도록 도와준다. 동일한 신체 기관들을 사용하기 때문이다. 말을 만들고[뇌의 '브로카(Broca)'라 불리는 영역에서 담당한다], 입을 움직이는 기능을 담당하는 뇌의 영역 및 입 근육이 활성화된다. 소리를 인식하고 처리하는 기능도 좋아진다.

영어 회화에 능숙하지 않은 사람이 파트 3, 4의 지문을 보지 않고 쉐도잉을 바로 하기는 힘들다. 쉐도잉을 며칠만 꾸준히 연습하면 성과가 나오므로 계속 연습할 동기 부여를 받을 수 있는데, 그 전에 포기할 우려가 있다. 지문을 보면서 '고속 소리 내어 읽기'를 먼저 하면 그런 단점을 보완할 수 있다.

② 듣기 능력을 향상시킨다

성우의 말 속도보다 빨리 읽을수록 듣기 능력이 향상된다. 연습 후 정상 속도로 들으면 연습하기 전보다 잘 들린다. 잘 안 들리거나 연음처럼 들렸던 단어들도 더 명확하게 구분되어 들리고, 동시 해석할 수 있는 시간 여유도 증가한다. 뇌기능이 순간적으로 업그레이드되었다는 증거다. 눈으로만 빨리 읽으면 뇌 자극이 약해서 그런 현상이 두드러지게 나타나지는 않는다(눈으로만 고속으로 읽어도 어느 정도 효과는 있다). 입으로 빨리 읽어야 한다.

눈으로 본 시각 정보(영어 지문)를 '뇌에서 인식하고 → 뇌의 운동영역으로 신호를 전달하고 → 뇌의 운동영역에서 입을 움직이는 명령을 내리고 → 입 근육이 동작'하기까지의 과정은 뇌에서 조정한다. 따라서 입을 빨리 움직이며 읽을수록 뇌의 소리 인지 및 처리 속도가 향상된다. 몸(하드웨어)을 움직여서 머리(소프트웨어)를 변화시키는 것이다.

토익 LC 성우들의 말하는 속도 대비 1.5배까지는 읽어야 연습 효과가 있다. 몇 차례 연습을 했다고 고속 읽기 실력이 안정적으로 한 단계 상승하지는 않는다. 일정 기간 반복 훈련이 필요하다. 언제 연습하든 상관없이 고속 읽기가 편해졌으면 능력이 향상된 것이다. 쉐도잉하기도 더 쉬워지고 듣기 실력도 더 좋아졌음을 체감할 수 있다.

토익 시험의 천재가 되는 비법

(3) 고속 소리 내어 읽기 연습 절차

① 사전 준비물

가속화 배속 듣기 연습할 때의 '사전 준비물'과 동일하다.

② 연습 순서

#1. 연습용 지문을 선택한다.

준비한 3, 4파트 본문 지문 중 1개를 고른다.

#2. 녹음 파일을 1.5배 혹은 그 이상으로 재생하고 들으면서 성우들의 말 속도에 맞추거나 더 빠르게 지문을 동시에 읽는다.

점진적으로 속도를 올리지 말고 1.5배로 바로 재생한 후, 그 속도에 맞춰서 읽거나 그 이상의 속도로 읽는다. 힘들면 점진적으로 속도를 높여도 된다. 지문을 보면서 입으로 따라 읽어도 최대 2배속 이상은 어렵다.

도서관처럼 소리를 낼 수 없는 곳이라면 입만 열심히 움직인다. 그래도 비슷한 효과가 있다.

파일을 재생하고 읽는 것이 귀찮으면 20초를 기준으로 하면 편하다. 토익에 출제되는 파트 3, 4의 담화별 지문은 '보통 약 30~40초 내'의 길이다. 20초를 기준으로 읽으면 대략 1.5~2배속이 된다. 스톱워치로 측정하면서 읽다가 20초가 되면 멈춘다(20초 안에 읽기를 완료해야 한다).

성우들이 특정 지문을 말하는 시간 길이를 정확히 알고 싶으면 '구간 반복 기능'을 이용한다. '시작할 때와 종료할 때'를 마우스로 누르거나 터치하면 시간이 표시된다. 예를 들어, '00:01:01~00:01:30'로 나오면 30 초가 걸린 것이다.

#3. 정독하면서 입으로 최대한 빨리 읽되 해석은 하지 않는다.

지문을 읽을 때는 단어를 하나도 빼먹지 않는 것을 원칙으로 한다. 즉, 정독한다. 그러나 해석은 하지 않고 최대한 빨리 읽는 것에만 신경 쓴다.

쉐도잉이 아니므로 발음을 원어민처럼 할 필요는 없다. 다만 입을 작게 움직이더라도 정확하게는 발음하려 노력한다. 발음을 엉망으로 하면 연습 효과가 낮게 나온다.

#4. 1.5배 이상으로 읽을 수 있을 때까지 한 지문을 가지고 반복 연습한다.

초급자여서 힘들더라도, 최소 1.5배로 읽을 수 있을 때까지는 반복 연습 후에 다른 지문으로 이동해야 한다. 한 번을 하더라도 철저히 연습한다.

토익 시험의 천재가 되는 비법

#5. 녹음 파일을 원래 속도로 재생 후 들으면서 연습하기 전과 차이를 비교한다. 한 차례 들은 후에는 '쉐도잉 연습'으로 전환한다.

훈련 강도, 횟수, 듣기 실력에 따라 다르지만, 연습이 잘된 경우 성우들의 말소리가 연습 전에 들었을 때보다 느리고 명확하게 들린다.

#6. 쉐도잉을 연습한다(뒤에 나오는 쉐도잉 절차를 참조한다).

고속 소리 내어 읽기를 했던 지문으로 쉐도잉을 한다. 내가 토익 수업을 할 때도 쉐도잉 연습으로 바로 연결했다. 고속 읽기만 별도로 연습해도 듣기 실력 향상 효과는 있지만, 쉐도잉이 더 우수한 방식이다.

파트 3, 4의 한 지문으로, 고속 소리 내어 읽기에서 시작해 쉐도잉할 때까지 걸리는 시간은 약 10~15분이면 된다. 연습 초기에는 방법을 잘 몰라서 더 걸릴 수도 있으나, 몇 차례 하면 익숙해진다.

• 가속화 쉐도잉(1.5배까지 따라 말하기)

(1) 특징

쉐도잉(shadowing)은 '그림자처럼 따라 말하기'라는 의미다. 원어민의 말을 듣고 발음, 억양, 리듬, 감정, 속도를 들리는 그대로 똑같이 흉내 내는 듣기 훈련 방식이다(회화 연습 방식이기도 하다). 효과를 높이려면 자신을 잊고 배우나 모창 가수라고 생각하고 연습해야 한다. 어차피 혼자 연습하는 것이므로 부끄러워할 필요 없다.

쉐도잉은 여러 나라의 동시통역사들이 듣기 연습할 때 사용하는 기법이기도 하다. 내가 토익 공부를 시작할 때만 해도 쉐도잉으로 연습한다는 사람들을 주변에서 거의 볼 수 없었는데, 요즘은 예전에 비해 일반화된 것 같다.

쉐도잉은 단순 반복 듣기에 비해 뇌가 영어 소리 및 표현을 더 잘 인식하고, 처리하고, 기억시키도록 해 준다. 수동적으로 듣는 것보다 '능동적'으로 말을 따라 할 때 뇌 자극이 훨씬 더 강력하기 때문이다. 영어용 '뇌신경망'의 형성이 촉진된다.

귀로 듣기만 할 때에 비해 쉐도잉을 하면 소리에 더 집중해야 하고 입도 사용해야 한다. 뇌를 더 많이 활용하게 된다. 쉐도잉 할 때 FMRI(기능적 자기 공명 영상) 기기를 이용해 뇌 사진을 찍는다고 가정하면, 듣기만 할 때에 비해 활성화되는 뇌 영역이 더 넓어지는 것을 볼 수 있을 것이다.

나는 직접 경험을 통해 쉐도잉이 매우 효과적인 외국어 듣기 학습 방식임을 반복적으로 확인했다. 영어 외의 다른 외국어들 학습에도 적용해 본 후 실제 성과에 근거한 판단이다. **외국어 배우는 과정에서 쉐도잉 연습을 올바른 방식으로 열심히 한 사람이, 그 효과를 저평가하는 일은 없을 것이라고 확신한다.**

나는 대학교 3학년 말경 회화 공부와 함께 영어 듣기 공부를 본격적으로 시작했을 때 '쉐도잉' 중심으로 했다. 처음 듣기 공부 시작했을 때는 '단순 반복 듣기'로 했는데 실력 향상이 더뎠다. 그러다가 '쉐도잉'에 대해 우연히 알게 되어 일단 시도해 봤는데 단순 듣기보다 효과가 있었다. 몇 차례 연습으로도 방법의 효율성을 직감할 수 있었다. 원어민들의 말을 그대로 따라 하면서 미식 발음에 익숙해지는 것도 좋았다.

영어 공부할 시간이 충분히 있었으면 남들처럼 '반복 듣기'만 했을 수도 있다. 그러나 대학 입학 후 수업 자체를 잘 들어가지 않은 탓에 몇 년에 걸쳐 쌓인 F학점 채우기에 바빴고, 졸업 직전 마지막 학기까지 20학점 가까이 수강하느라 실용 영어 공부할 시간이 너무 부족했다. 그 때문에 단기에 성과를 내주는 영어 학습 방식에 대한 관심이 컸다.

나중에는 회화 연습할 때도 쉐도잉을 응용했다. 영어 뉴스(CNN, NBC, ABC 등)나 그 당시 유명했던 미국 시사 프로그램들(〈60 Minutes〉, 〈20/20〉, 〈Larry King Live〉 등)을 시청하면서 쉐도잉을 습관적으로 했는데, 좋은 표현들이 나오면 그것들을 이용해 자유롭게 회화를 만들곤 했다. 쉐도잉하다가 우연히 그런 방식으로 응용을 하게 되었던 것 같다. 사정상 혼자 회화 연습을 하다 보니, 콩글리시화되는 것에 대한 우려가 있었다. 그런데 쉐도잉과 회화를 연결시킨 연습을 하며 자신감을 얻을 수 있었다. 또한 딱딱하고 내용이 한정적인 회화 교재에서 벗어나 혼자서도 재미있게 회화 연습을 할 수 있었다. 대학 졸업 전에 회화 학원을 1~2달 정도 다닌 것이 전부임에도 영어 면접도 보고 수출입 팀에서 일할 수 있었던 것은 그 덕분이었다.

취업 후 회사를 다니면서 업무 목적상 일본어, 중국어 등 다른 외국어를 공부했을 때도 쉐도잉을 이용해 듣기와 회화 공부를 진행했다. 외국어 하나를 효율적으로 학습하면 다른 외국어 학습에도 그 경험이 적용된다. 외국어별로 학습법의 차이가 큰 것이 아니다. 큰 틀에서는 비슷하다.

4학년 초쯤에 토익 공부를 시작했을 때는 쉐도잉이 이미 익숙한 상태였으므로 LC 학습을 쉐도잉 위주로 했고, 그 덕분에 단기에 목표 점수를 획득할 수 있었다.

토익 강의를 시작하기 전까지는 외국어를 공부할 때 원어민의 말 속도에 맞추는 일반적 쉐도잉만을 했었다. 그러다가 토익 강의를 하면서부터는 수강생들의 실력을 단기에 높이기 위해 약간 강화해서 가르쳤다. 실제 속도보다 더 빠르게 쉐도잉을 하면 연습 효과가 높아진다는 것을 쉐도잉을 하면서 깨달았었는데, 실제 커리큘럼에 넣었다. 편의상 '가속화 쉐도잉(= 점점 속도를 높여 가며 하는 쉐도잉)'이라고 이름을 붙였다. 파일 재생용 앱의 속도 조정 기능을 이용해 연습시켰다.

수업에서는 원래속도 대비 보통 1.5배속까지 했다(나 혼자 할 때는 1.8배속까지도 가끔 한다). 뇌와 입을 속도에 조금씩 적응시키면서 하면 더 높은 단계로의 진행이 원활해지기 때문에, 점진적으로 속도를 올리며(= 가속화) 연습시켰다.

(2) 구체적 효과

① 소리를 정확히 듣고 처리하는 능력을 향상시켜 준다

쉐도잉을 하면 귀로만 들을 때보다 뇌 자극이 강화되어 듣기 능력이 빨리 향상된다. 말소리를 인식하고 분석하는 뇌기능이 발달된다.

귀로만 들으면서 연습하면 소리를 인식하는 강도가 쉐도잉을 할 때보다 상대적으로 낮다. 집중을 한다고 해도 한계가 있다. 잘 안 들리는 부분들이 나오더라도 무의식적으로 지나치기 쉽다. 반면에 쉐도잉을 할 때는 듣고 입으로 똑같이 따라 해야 하므로, 소리를 놓치지 않고 정확히 들으려고 더 집중할 수밖에 없다. 그 과정에서 뇌가 더 강한 자극을 받아 듣기 능력이 빨리 향상된다. 연습 방식의 차이가 영어 듣기 능력의 차이를 가져온다.

또한, 단순 듣기에 비해 더 많은 신체 기관을 사용하는 것도 듣기 능력 강화에 영향을 준다. 영어를 들은 후 따라 말하는 것은 청각 기관 및 귀에서 뇌까지의 신경 전달 체계와 뇌신경망이 상호 연결되어 실행되는 전기·화학·생물학적 과정이다. 귀를 통해 들어온 소리 신호를 뇌가 인식 후 분석하고 뇌의 운동 영역으로 신호를 전달하고, 뇌의 신호에 의해 실제 입이 동작하는 것은 순간적으로 벌어진다. 그러나 과정은 복잡하다. 그만큼 뇌 자극은 강해진다. 뇌 자극이 강할수록 듣기 능력이 더 빨리 발달된다.

듣기 훈련은 보이지 않는 신체 내부에 있는 듣기용 근육(뇌신경망)

을 키우는 것이다. 자극하는 방식이 다를 뿐이지 팔이나 다리의 근육을 만드는 것과 유사하다. 100m 달리기 선수는 운동 기구를 이용한 자극으로 신체 근육을 길러 속도를 높인다. 마찬가지로, 외국어를 배우는 사람은 듣기 연습을 통한 뇌 자극으로 신경회로망(뉴런)을 튼튼하게 만든다. 그 결과로 소리 인식 및 처리 속도가 향상된다.

단순 듣기와 쉐도잉이 뇌에 미치는 영향을 아래에 대략적으로 비교했다. 뇌 자극 면에서 쉐도잉이 더 좋은 연습 방식임을 과정의 차이만으로도 추정할 수 있을 것이다.

◎ **단순 듣기(약 3단계 과정)**
귀로 소리 듣기 → 뇌에서 소리 분석하기 → 기억하고 있는 해석과 연결하기

◎ **쉐도잉(약 6단계 과정)**
귀로 소리 듣기 → 뇌에서 소리 분석하기 → 기억하고 있는 해석과 연결하기 → 입 동작 관리하는 뇌 영역(운동 영역)으로 신호 전달 → 입으로 출력 신호 입력 → 입 동작

② 소리 기억을 강화한다***
토익 시험을 볼 때 성우의 말을 들으면 해석이 떠오르는 것은 뇌에

토익 시험의 천재가 되는 비법

'소리와 해석'을 미리 기억시켰기 때문이다. 영어 말소리에 대한 기억은 '뇌 자극이 셀수록, 더 많은 기억 요소가 결합되어 있을수록' 강하게 형성된다.

귀로 듣기만 할 때에 비해 쉐도잉을 하면 더 집중을 해야 하고 사용하는 신체 기관이 늘어나므로 소리 기억이 강해진다. 또한 입 근육을 사용하므로 '절차 기억(운동 기억)'도 형성된다. '절차 기억'은 특정 동작에 대해 뇌가 기억하고 있는 것으로서 반복적인 훈련을 통해 형성되는 것이다. 단어마다 고유한 입 동작이 있는데, 충분한 횟수의 반복을 하면 그 동작이 뇌에 '장기 기억'된다. 우리가 의식하지 못할 뿐이다.

절차 기억은, 일단 기억시켜 놓으면 의식을 하지 않더라도 자동적으로 나오는 동작(움직임)과 관련된 '장기 기억(몇 개월, 몇 년 혹은 몇십 년 이상 지속되는 기억)'이다. '몸이 기억한다'고 흔히 말하지만, 실제는 뇌에 그 동작을 저장하는 뇌신경회로가 튼튼하게 만들어져 있는 것이다. 우리는 어렸을 때 휘파람 부는 것을 어렵게 배운다. 그러나 몸에 익힌 후에는 무의식적으로 한다. 젓가락질도 마찬가지다. 반복 학습을 통해 이미 뇌에 저장되어 있는 절차 기억 덕분이다.

입의 움직임에 의해 형성된 절차 기억은, 영어 단어에 대한 소리 기억, 철자에 대한 시각 기억, 단어에 대한 의미(해석) 기억 등과 결합해 전체 기억을 이룬다. '기억이 강해졌다'라는 것은 지속적인 뇌 자극에 의해 관련 뇌신경회로망이 형성되고, 조밀해지고, 튼튼해진 상태를 의미한다.

③ 듣기 공부 기간을 현저히 단축시킨다***

내 주관적 경험에 근거한 것이긴 하지만 매일 동일한 시간에 듣기 공부한다고 가정할 때 '쉐도잉'을 적용해서 3~6개월이면 달성할 수준을 '단순 반복 듣기'로는 1~2년 걸려도 도달하지 못할 수 있다고 판단한다. 쉐도잉이 듣기 실력 향상에 몇 배 더 효율적이라고 확신한다.

④ 회화 능력을 향상시킨다

말은 모방을 통해 배우는 것이므로 쉐도잉을 이용하면 회화 능력을 개선할 수 있다. 따라 말한 표현의 전부나 일부를 그대로 혹은 변형해 사용하면 훌륭한 원어민식 회화 능력을 기를 수 있다. 혼자서 회화 연습할 때 한국식 영어(콩글리시)가 되는 것을 예방하는 효과도 있다. 회화를 독학해야 하는 상황에 있는 사람들에게 아주 유용하다.

생활영어 위주인 회화 책, 영어 잡지(〈Time〉, 〈Economist〉, 〈Financial Times〉 등), 국내외 영어 신문 등을 보면서 회화를 만드는 것은 사실 지루하다. 영어권의 각종 TV 프로그램, 드라마, 영화, 유트브 영상 등을 보면서 틈틈이 쉐도잉을 하다가 좋은 표현이 나올 때 응용하면 재미있게 회화 연습을 할 수 있다.

나는 일반 회사의 수출입 팀에서 근무할 때 해외 거래처 담당자들과 업무 협의하는 도중에도 쉐도잉을 가끔 활용했다. 원어민 담당자가 말한 표현이 좋으면 일부분을 즉시 모방해서 내가 말하는 내용에 섞는 식이었다. 상호 논의하는 주제와 관련이 있고, 상대방도 내가 자기 말을 공감한다고 여기는 효과도 있기 때문에 대화를 원활하게 진행하는데 도움이 되었다. 실제로 헤 보면 아주 재미있다. 미국인이 앞에 있으면 그 원어민의 유창한 발음까지 나도 모르게 따라 하게 된다. 쉐도잉에 익숙한 사람들은 비슷한 경험이 있을 것이다.

(3) 쉐도잉할 때 주의할 점

① 쉐도잉 전이나 후에 지문과 해설을 참고하면서 진행한다**

토익 초급 수준의 사람이 지문을 보지 않고 듣기만 하면서 바로 쉐도잉하면 진행 자체가 안 될 수 있으므로, 쉐도잉 전에 LC 지문을 보면서 모르는 어휘나 표현을 미리 공부한 후 쉐도잉을 시작하는 것이 효율적이다.

쉐도잉을 하는 도중에 따라 하지 못 했거나 듣지 못한 부분들이 있어도, 쉐도잉 후에 지문을 다시 보며 점검해야 한다. 그리고 다시 쉐도잉한다. 한 지문을 완벽히 혹은 대부분 따라 말할 수 있을 때까지 '지문 사전 학습 → 쉐도잉 → 지문 점검 → 쉐도잉…'을 반복한다.

서투르더라도 쉐도잉을 어느 정도 할 수 있게 되면, 그 이후에는 지문을 보지 않고 쉐도잉을 먼저 한다. 지문 내용을 모르기 때문에 집중도 강하게 하게 되고 자신의 실력도 정확히 평가할 수 있다. 헷갈린 부분 점검은 쉐도잉을 1차 진행한 후에 한다.

애매하거나 들리지 않아 따라 하지 못한 어휘나 표현을 반복해 듣는다고 갑자기 잘 들리지는 않는다. 쉐도잉 전이나 후에 대본을 보고 확인하도록 한다. 그냥 넘어가면 나중에 동일한 상황에 직면한다. 토익은 같은 어휘와 표현들이 반복 출제되므로 한번 연습할 때 완성도를 높여 놓아야 한다. 어휘나 표현들을 많이 외우고 있을수록 더 잘 들린다. 주요 내용 암기는 기본 중의 기본이다.

② 영식, 호주식 발음이 나오면 미식 발음으로 하지 말고 그대로 따라 한다**

미식 발음 위주로 공부한 사람이라면 토익 LC에 대응하기 위해 영식 발음 등을 따로 익히려 노력할 필요 없다. 다만, 쉐도잉 연습할 때는 영식, 호주식 성우의 발음을 들리는 대로 따라 한다. 그렇게만 하면 LC 시험에 충분히 대응할 수 있다.

③ 관사 하나도 놓치지 않겠다는 의지로 집중한다***

쉐도잉을 할 때는 '관사 및 복수 어미(s) 하나'도 놓치지 않겠다는 생각으로 집중해야 듣기 실력이 빨리 는다. 열심히 듣는 정도로는 부족하다. 정독을 하면서 독해 지문을 읽어야 속독속해 능력이 빨리 향상되는 것처럼, 속청속해 능력도 모든 단어들을 듣는다는 생각으로 연습해야 단기에 향상된다. 요점만 골라 듣는다는 것은 말이 안 된다. 가능한 모든 내용을 듣되 그중에서 답과 관련된 더 중요한 단어나 표현을 찾아내는 것뿐이다.

토익 시험의 천재가 되는 비법

④ 자신의 목소리는 신경 쓰지 않는다

쉐도잉을 할 때 자신이 내는 목소리가 녹음 파일 듣는 것을 방해하기도 한다. 자신의 소리는 무시하고 성우의 말을 따라 하는 것에만 집중한다. 자신의 말소리에 의한 간섭을 완전히 제거하기는 사실상 힘들지만, 연습할수록 들리는 소리에만 집중하는 능력이 좋아진다. 신경이 많이 쓰이면 소리 내지 않고 입만 움직이며 하거나, 헤드폰이나 이어폰으로 들으면서 따라 한다.

(4) 쉐도잉 연습 진행 단계 구분

'워밍업 단계 → 일반 쉐도잉 연습 단계 → 가속화 쉐도잉 연습 단계'로 구분할 수 있다. 내 경험에 근거해 체계화 후, 토익 수업 시 가르쳤던 순서다. 아래의 '연습 진행 단계 구분'에 관한 내용은 참조용이므로 가볍게 보도록 한다. 구체적인 쉐도잉 연습 절차에 대해서는 "(5)"에서 자세히 설명할 것이다.

(4-1) 워밍업 단계

쉐도잉에 익숙하지 않은 사람이라면, 정상 속도로 듣기 파일을 들으면서 따라 하는 쉐도잉을 하기 전에, 이미 앞에서 설명한 '고속 소리 내어 읽기'나 '저속 쉐도잉'을 먼저 하는 것이 좋다. 일종의 준비 운동이다. 쉐도잉 연습이 원활히 진행되도록 도와주는 역할을 한다. 쉐도잉에 익숙해지면 할 필요 없다.

① 고속 소리 내어 읽기: 지문을 보고 '최대한의 빠른 속도(정상 속도의 1.5배 이상)'로 소리 내어 읽고 동시 해석은 하지 않는다

쉐도잉에 익숙하지 않은 초보자만 '고속 소리 내어 읽기'를 한다. 입 근육 동작 및 두뇌 회전 속도가 느리면 쉐도잉을 정상적으로 할 수 없다. 대본을 보면서 고속 소리 내어 읽기를 먼저 하면 워밍업이 되어서 좀 더 원활하게 쉐도잉을 할 수 있다. 입 근육 및 뇌기능 활성화가 목적이므로, 동시 해석은 하지 않고 최대한 빨리 읽는다.

② 저속 쉐도잉: 정상 토익 속도보다 더 느리게 듣기 파일을 재생하면서 따라 말하며 동시 해석도 한다

쉐도잉에 익숙하지 않은 초보자만 한다. 정상 속도보다 더 느린 '0.9 혹은 0.8배속'으로 듣기 파일을 재생하고 따라 해 본다. 동시 해석도 시도한다.

(4-2) 일반 쉐도잉 연습 단계

정상 속도(실제 토익 LC 속도)로 듣기 파일을 들으면서 쉐도잉하는 것이다. 가장 일반적인 방식이다.

쉐도잉을 처음하거나 익숙하지 않은 초급자가, 하나의 듣기 지문을 몇 분 혹은 몇십 분 동안 정상 속도로 반복해 들으면서 연습하면, 그 시간 동안 자연스럽게 아래와 같은 '1 → 2 → 3단계'의 변화를 겪게 된다. 그러다가 쉐도잉에 익숙해지면 바로 3단계 수준으로 연습하게 된다.

토익 시험의 천재가 되는 비법

① 1단계: 중얼거리며 따라 한다, 동시 해석은 하지 못한다

잘 들리지 않거나, 들린다고 해도 원어민의 말 속도를 따라잡기 힘들어서 발음이 뭉개지기도 하는 단계다. 아가가 옹알거리는 것처럼 따라 하는 것이다. 이 상태일 때는 동시 해석이 어렵다. 말 따라 하는 것에 일단 집중해야 한다.

② 2단계: 부분적으로 따라 한다, 동시 해석은 제대로 하지 못한다

단어나 표현들을 부분적으로 따라 한다. 초급자들이 처음 쉐도잉을 할 때는, 1단계와 2단계가 혼합된 소리가 입에서 나올 것이다. 정상적인 동시 해석이 어려운 상태이므로, 말을 따라 하는 것에만 집중한다.

③ 3단계: 1~5개 단어나 문장 하나 차이를 두고 대부분의 내용을 따라 말한다, 동시 해석도 시도한다

원어민의 말을 들으면서 1~5개 단어 간격을 두고 뒤늦게 따라 하거나 한 문장 정도 차이를 두고 따라 한다. 쉐도잉에 능숙해지면 단어 하나를 '음절 단위'로 쪼개서 따라 할 때도 있다. 훈련을 통해 뇌가 소리를 인지하는 속도 기능이 향상되면 그런 상황이 자주 발생한다.

한 지문으로 몇 차례 혹은 수십 차례 연습 후 내용들을 대부분 따라 말할 수 있게 되면, 동시 해석에도 신경 써야 한다. 동시 해석이 어려우면 지문과 해설지를 보고 내용 파악 후 다시 쉐도잉한다.

쉐도잉에 능숙해지면 '워밍업'이 필요 없다. 1, 2단계를 거치지도 않는다. 바로 3단계 수준에서 연습을 하게 된다. 초보자는 동일 지문으로 쉐도잉을 수십 번 해야 1, 2단계를 거쳐 3단계 수준까지 도달할 수 있을 것이다. 일단 시작했으면 3단계를 할 수 있을 때까지 반복해서 연습한다. 한 지문을 연습 하더라도 입이 얼얼해지고 힘이 다 빠질 정도로 해야 듣기 실력이 빠르게 성장한다.

회화 실력이 낮은 사람이 LC 파일을 들으며 쉐도잉을 처음 할 때는 몇 단어 따라 하기도 힘들 것이다. 그나마 따라 하는 내용들도 발음이 이상할 것이다. 정상적인 현상이므로 좌절할 필요 없다. 일단 시작하는 것이 중요하다.

어색하고 부담스럽다고 그 단계에서 포기하면 너무 큰 손해다. 학습기간을 단축시켜 주고 비용도 대폭 줄여 주는 듣기 훈련 방법을 버리는 것이다. **쉐도잉을 능숙하게 해야 한다는 강박관념을 가지지 말아야 한다. 쉐도잉을 잘하는 것은 쉐도잉을 열심히 연습한 결과물이다.**

(4-3) 가속화 쉐도잉 연습 단계(중고급 학습자용)

LC 점수가 중고급 수준인 사람들을 위한 연습법이다. **정상 속도보다 '점진적으로 더 빠르게' 듣기 파일을 재생하면서(= 가속화하면서) 따라 말하는 '가혹 훈련 방식'이다. '1.5배'까지는 한다.** 동시 해석도 시도하되, 동시 해석이 불가능한 속도가 되면 쉐도잉만 한다.

성우의 말을 따라 하는 도중에 속도를 높이는 것이 아니다. 한 가지

토익 시험의 천재가 되는 비법

속도로 쉐도잉을 반복해서 익숙해지면, 더 빠른 속도로 듣기 파일을 설정 후 재생하면서 쉐도잉하는 방식이다. 힘들더라도 가혹 훈련을 하면 듣기 공부 기간이 많이 단축된다. 영어 듣기용 뇌를 빨리 만들 수 있다.

1.5배속까지 들으면서 지문 내용의 80~90% 이상 따라 말할 수 있고 해석도 할 수 있으면, 토익 LC 만점에 요구되는 '속도 기능'은 갖춘 것이다. 뇌의 소리 처리 기능(= 듣기 능력)이 충분히 향상된 상태이므로 LC가 편안하게 들린다. 모르는 어휘가 나와도 소리는 잘 들린다. 그 수준에서는 텝스나 토플 듣기 파일을 들어도 성우들의 말 속도 자체는 부담이 없을 것이다. 내용과 출제 형식에 차이가 있을 뿐이지 속도는 별 차이가 없다. 온라인상에서 텝스나 토플 듣기 파일을 찾아서 들어 보길 바란다.

1.5배까지 쉐도잉할 수 있다는 자신감이 생기면, 그 이상의 속도로도 시도해 보길 바란다. 능력이 되는 한의 최대치를 뽑아내려고 노력할수록 듣기 실력이 빠르게 향상된다.

(5) 쉐도잉 연습 절차(고속 소리 내어 읽기 + 쉐도잉)***

앞에서 설명했던 '고속 소리 내어 읽기'와 '쉐도잉'을 결합한 방식으로 정리했다.

① 사전 준비물

연습 자료: LC 파트 3, 4의 지문(해설 포함) 및 관련 듣기 파일

파트 1, 2는 지문들이 짧아서 연습용으로 적합하지 않다. 파트 3, 4의 본문 지문들을 가지고 연습한다. 한 번 할 때마다 최소 3~4개 지문으로 반복 연습한다. 파트 1, 2를 학습할 때도 쉐도잉으로 하면 당연히 좋다.

교재에 있는 파트 3, 4의 모든 지문들을 쉐도잉으로 공부하는 것이 아니다. 너무 힘들어진다. 쉐도잉에 능숙해질 때까지는 하루에 몇 개씩만 골라서 한다. 그러나 한 지문을 하더라도 '끝을 본다'는 생각으로 잘할 수 있을 때까지 반복 연습해야 한다.

보조 도구: 파일 재생 프로그램(player), 스톱워치

가속화 배속 듣기 연습에 사용되는 보조 도구와 동일하다. 스톱워치는 '고속 소리 내어 읽기'를 할 때 사용한다. 쉐도잉할 때는 필요 없다.

② 연습 순서

편의상 초급과 중고급으로 나눠서 정리했다. 명확히 구분할 필요는 없으므로 본인의 특성에 맞게 응용해도 된다.

ⓐ 초급자용 연습절차: LC 300점 이하인 경우

#1. 연습용 지문을 선택한다.

파트 3, 4의 듣기 지문 중 하나를 고른다.

#2. 지문과 해설지를 보고 어휘나 문장 분석을 한다.

#3. '고속 소리 내어 읽기 연습'을 먼저 한다. 동시 해석은 하지 않는다.

지문을 보면서 성우의 말 속도 대비 '1.5배 이상'의 빠르기로 읽을 수 있을 때까지 반복 연습한다. 동시 해석은 하지 않고 최대한 빠르게 읽는 것에만 집중한다.

#4. 필요한 경우 저속 쉐도잉을 한다(선택 사항이다). 동시 해석도 한다.

0.9나 0.8배속으로 느리게 재생한 후 쉐도잉을 한다. 잘 따라 할 수 있을 때까지 반복 연습한다.

이 단계를 건너뛰고 #3에서 #5단계로 바로 넘어가도 된다.

#5. 정상 속도로 듣기 파일을 재생하며 잘될 때까지 반복해서 쉐도잉을 한다. 동시 해석도 한다.

몇 단어 차이나 한 문장 정도의 간격으로 따라 말할 수 있을 때까지 반복 연습한다. 동시 해석이 힘들면 쉐도잉만 먼저 연습한 후, 익숙해지면 동시 해석도 한다.

발음을 못 들었거나 따라 하지 못한 부분을 그대로 넘어가면 절대 안 된다. 나중에도 계속 듣지 못한다. 해당 부분만 반복 재생하면서 부드럽게 따라 할 수 있을 때까지 끈질기게 연습한다. 필요한 경우 '지문의 해당 부분'을 눈으로 보면서 따라 한 후, 최종적으로 지문을 보지 않고 쉐도잉하며 연습 성과를 확인하도록 한다. 연습 도중에도 지문과 해설을 수시로 참조하며 진행하는 것이 효과적이다.

#6. 정상 속도로 파일을 재생 후, 귀로 듣기만 하면서 훈련 성과를 점검한다.

연습 전에 비해 더 명료하게 들리는 것을 느낄 수 있을 것이다. 그렇지 않다면 연습 방식에 문제가 없었는지 점검한다. 집중하지 않았거나 대충하면 효과가 낮다.

성우들의 말소리도 잘 들려야 하고 동시 해석도 80~90% 이상은 할 수 있어야 한다.

ⓑ 중고급자용 연습절차: LC 300점 초과인 경우

#1. 연습용 지문을 선택한다.
파트 3, 4의 듣기 지문 중 하나를 고른다.

#2. 정상 속도로 듣기 파일을 재생하면서 잘될 때까지 반복해서 쉐도

잉을 한다. 동시 해석도 한다.

중고급 수준이면 '고속 소리 내어 읽기'와 '저속 쉐도잉'이 필요 없다.

알아듣지 못하는 부분이 있으면 지문과 해설을 확인한 후 다시 쉐도잉한다. 그렇게 해도 따라 하기 힘든 부분은 지문의 해당 부분을 보며 따라 한 후, 부드럽게 따라 할 수 있게 되면 지문을 보지 않고 쉐도잉을 하며 마무리한다.

#3. 1.5배까지 '가속화 쉐도잉'을 한다. 동시 해석도 한다.***

정상 속도에서 1.5배속까지 점진적으로 올려 가며 따라 말한다. 배속 간의 간격은 알아서 정해도 된다. 예를 들어 '1.0, 1.1, 1.2, 1.3, 1.4, 1.5 혹은 1.0, 1.2, 1.5'처럼 자신에게 적합한 방식으로 단계를 구분한다. 각 속도에서 잘될 때까지 반복 연습한 후에 더 높은 단계의 속도로 이동한다. 1.5배속 이상도 시도해 보도록 한다.

동시 해석을 하는 것이 힘들어지는 속도가 되면 쉐도잉만 한다.

#4. 파일을 정상 속도로 틀어 놓고 귀로 듣기만 하면서 훈련 성과를 점검한다.

성우들의 말소리도 잘 들려야 하고 동시 해석도 할 수 있어야 한다.

※ 쉐도잉 진행 전이나 후에 필요한 경우 지문과 해설을 보고 내용을 확인하면서 진행해야 효율적이다.

(6) 소리 못 내는 장소에서의 쉐도잉(silent shadowing)

도서관이나 지하철처럼 소리 내며 쉐도잉할 수 없는 장소에 있을 때는 입 근육만 움직인다. 그래도 소리 낼 때와 유사한 연습 효과가 발생한다. 수업 편의상 'silent shadowing(소리 내지 않고 쉐도잉하기)'이라고 이름을 붙여서 가르쳤다.

쉐도잉이 습관화되면 장소와 상관없이 무의식적으로 입이 움직인다. 그 정도는 되어야 쉐도잉을 연습한 것이라고 말할 수 있다. 그 수준이 되면 영어를 들을 때 입을 다물고 있으면 어색해지고 실력이 늘지 않는 것 같은 느낌이 든다. 쉐도잉에 익숙한 사람들은 동감할 것이다.

그런데 공공장소에서 소리 없이 입만 움직이고 있으면 이상한 눈초리로 쳐다보는 사람들도 있다. 나는 휴대폰으로 외국어 방송(〈Tune in Radio〉를 즐겨 듣는다.)을 들으며 쉐도잉하다가 자주 경험했다. 나는 아예 신경 쓰지 않거나, **자꾸 주변 사람들이 보면 한 손으로 입 앞을 살짝 가리고 한다.**

쉐도잉을 할 때나 혼자 회화 연습을 할 때는 옆에서 누가 보고 있더라도 창피해하지 말아야 한다. 집과 학원에서만 외국어를 배우기에는 부족하다. 가능한 생활화해야 하므로 주변 사람들에게 피해를 끼치지 않는 범위 내에서 얼굴이 두꺼워야 한다. 본인이 내성적이라고 해도 외국어를 학습할 때는 자신을 버려야 단기에 배운다. 입으로 영어를 가능한 많이 자유롭게 뱉을수록 듣기 및 회화 능력이 더 빨리 발전한다.

(7) 대본이 없는 경우의 쉐도잉

인터넷 및 TV의 동영상이나 라디오를 이용해 쉐도잉을 하거나, 공공 장소에서 쉐도잉을 할 때는 지문이 있는 대본을 볼 수 없다(유튜브 영상의 경우는 실제 내용과 차이가 있더라도 대략적인 자막이 나오기도 한다). 하지만 소리를 따라 말하려 노력하는 과정에서 듣기 능력은 향상된다. 지문을 확인하면서 하는 것과 비교해 효율성은 떨어지더라도 확실히 효과가 있다.

일정 기간 연습을 통해 쉐도잉에 익숙해지면 지문이 있는 대본의 필요성을 그다지 느끼지 않게 된다. 모르는 단어가 나오더라도 소리는 잘 잡아낼 수 있는 능력이 생긴다. 들은 소리에 근거해 전자 사전에 철자를 대략 쳐서 그 단어를 확인할 수 있다. 나는 내용 이해를 위해 꼭 확인하고 싶은 단어들이 있을 때는 종종 그렇게 한다.

5장

만점자의
파트별 풀이 및
학습법

01 시험 전 단계 및 파본 검사

• 시험 시작 전 진행 과정

고사장 입실에서 LC 시작할 때까지 진행되는 과정들을 초급자들을 위해 정리해 보겠다.

(1) 고사실 입실

공식적으로는 9시 20분까지다. 그러나 9시 50분까지는 고사실의 입실을 시험 감독관들이 허용해 준다. 그렇다고 9시 50분에 도착하면 답안지에 필수 기재 사항들을 급하게 기입하느라 정신없게 된다. 파본 검사 시간을 문제 풀이에 활용 못할 수 있다. 시험을 장난삼아 보는 것이 아니라면 9시 20분까지는 입실해서 차분하게 시험 준비를 해야 한다.

(2) 답안지 배부 및 안내 방송에 따른 답안지 기재 사항 작성

9:30am~9:45am까지 답안지 작성을 한다. 방송 안내에 따라 시험 감독관(proctor)이 각 줄 맨 앞자리의 수험생들에게 답안지를 나눠 줘서 뒤로 넘기며 배부하게 한다. 답안지를 받고 잠시 기다리면 작성 방식

에 대한 안내 방송이 나온다. 안내에 따라 답안지에 고사장, 고사실 번호, 필저 감정 기재란, 수험번호, 생년월일, 이름(한글, 한자, 영문) 등을 기입한다. 한자 이름이 생각나지 않으면 주민 등록증을 참조하도록 한다. 수험 번호 기입 및 2회의 신분증 검사가 있으므로 '한자나 영문 이름'을 혹시 쓰지 못해도 문제는 되지 않을 것으로 생각한다.

공식 시험 경험이 있거나 모의고사를 본 적이 있으면 안내 방송을 들을 필요 없다. 답안지 기재 사항을 빨리 작성한 후 휴식을 취한다. **답안지에는 ETS 통계 자료(관련 자료들을 분석해 미국 ETS 사이트에 정기적으로 공개한다.) 작성 목적으로 설문 조사하는 부분도 있는데, 기입하지 않아도 시험 결과에 영향을 미치지 않는다.** 나는 설문 조사를 항상 건너뛴다.

신분증은 반드시 있어야 하지만, '수험표는 가져갈 필요 없다.' 고사실 앞문에 좌석 번호, 수험자 이름, 수험번호가 적힌 용지가 붙어 있다. 접수를 완료하면 ETS에서 카톡으로 고사장과 수험번호를 알려 주고, 시험 당일 아침에도 카톡으로 '모바일 수험표'를 보내 준다. 모바일 수험표로는 시험일자, 고사장, 고사실, 좌석, 수험번호 등을 안내한다.

(3) 휴식 시간

답안지 기재 사항 작성 완료 후, 화장실을 가거나 잠시 쉴 수 있도록 5분간의 시간을 준다. 공식적으로는 9:45am~9:50am 사이다. 아침에 식사를 하면서 국을 먹었거나 커피 등 음료를 마셨다면 화장실에 갔다

오는 것이 좋다. 나는 무조건 갔다 온다. 소변이 마려우면 시험을 제대로 못 본다. 시험 도중에 화장실을 갈 수는 있지만 '금속 탐지기'를 거치는 등 복잡한 과정이 있고, 갔다 오는 동안 시험을 볼 수 없다.

(4) 책가방 등 소지물품 교실 앞뒤에 옮기기 및 휴대폰 수거

감독관의 안내에 따라 연필, 지우개, 칼 등 수험용 도구 외의 책이나 기타 자료 등은 가방에 넣어서 옮기거나 가방이 없으면 물품 자체를 교실 앞이나 뒤로 옮겨야 한다. 자신이 미리 갖다 두어도 된다.

휴대폰도 시험 감독관이 교실 앞 책상이나 교탁 위에 두는 수거함(주머니 형태)에 넣어야 한다. 반드시 전원을 꺼야 한다. 전원이 켜져 있는 것이 발견되거나 휴대폰이 울리면 부정행위로 간주한다. 회수할 때 편의를 위해 휴대폰에 붙일 수 있는 '백지 라벨'을 감독관이 미리 나눠 준다. 라벨에다 자신의 이름을 적어 놓는다.

(5) 신분증 검사, 수험번호 라벨 교부

휴식 시간이 끝나면 감독관이 돌아다니면서, 수험자 신분증(주민 등록증, 운전 면허증, 기간 만료 전 여권 등), 수험자가 온라인으로 시험 신청할 때 등록한 사진이 실린 명단, 수험자의 실제 얼굴을 상호 비교한 후, 답안지의 확인란에 감독자 서명을 한다. 그 후에 수험번호가 인쇄된 바코드(수험번호 라벨)를 줘서 답안지 해당 부분에 붙이게 하거나 직접 붙여 준다.

토익 시험의 천재가 되는 비법

(6) 문제지 배부 및 파본 검사***

문제지 배부 및 파본 검사에 주어진 시간은 공식적으로 5분(10:05 am~10:10am)이다.

파본 검사는 시험 시간에 포함되지 않는다. 시험 전 준비 단계에 속한다. **시험 감독관이 문제지를 약간 늦게 나눠 주면 시간이 줄어들고, 적시에 나눠 주면 1~3분 정도의 시간을 문제 풀이에 활용할 수 있다.** 맨 앞자리에 앉은 사람은 시간을 좀 더 사용할 수 있고, 맨 뒷자리에 앉은 사람들은 문제지가 건너오는 시간이 있으므로 그만큼 시간을 손해 본다. 적어도 1분 정도는 확보할 수 있을 것이다.

감독관이 파본 검사 시작 전에 각 줄의 맨 앞자리에 앉은 사람들 책상에 문제지를 미리 놓아둔다. 잠시 기다렸다가 방송 안내가 나오면, 뒤에 있는 문제지부터 한 부씩 갖고 나머지는 뒷사람에게 넘긴다. 빈 자리가 있으면 건너뛰고 전달한다.

문제지를 받으면 수험번호와 수험자의 이름을 적는 부분을 찾아 기입하고(시험 끝나면 답안지와 함께 감독관이 일일이 확인한다. 전체 확인이 완료되어야 고사실을 떠날 수 있다), 답안지에는 문제지 첫 장에 인쇄되어 있는 문제지의 고유번호를 적는다. 그리고 바로 이어서 5 파트 문제 풀이를 한다. 문제지 고유번호를 깜박 잊고 안 써도 시험 결과에 영향을 주지 않는다고 한다. 그러나 시험규정이므로 지키도록 한다. 나는 항상 적었다.

파본 검사 시간이 끝나면 안내 방송이 나오면서 LC 시험이 바로 시

작된다.

• 파본 검사 시간 활용법
----

(1) 문제를 풀어도 된다(답안지는 절대로 작성할 수 없다)

정식 시험 시간이 아닌 파본 검사 시간에 답안지에 답을 표시하는 것은 부정행위다. 절대 금지사항이다. 문제지에 표시를 하는 것도 원칙적으로 허용되지 않는다. 다만, 문제지에 파트 5의 정답을 체크해 놓는 수험생들이 많고, 관행을 아는 감독관들은 제지하지 않는다. 나도 표기를 했었다. 문제지에 표시하다가 감독관이 전체 수험생들에게 경고를 줄때만 눈으로 풀었다. 내가 직접 경고를 받은 적은 없다.

감독관이 미리 경고를 했거나, 감독관 때문에 문제지에 표시하는 것이 너무 마음에 걸리면 눈으로만 푼다. 파본 검사는 공식적으로 문제지를 점검할 수 있는 시간이다. 따라서 수험생이 그 시간 동안 눈으로 특정 문제를 푸는 것은 자유다. 정신적인 활동이므로 누구도 건드릴 수 없다. 눈으로 보는 것마저도 통제하는 민감한 감독관도 있을 것이다. 하지만 눈으로 풀었다는 것을 입증할 수 있는 증거를 제시하는 것은 불가능하므로 걱정할 필요 없다.

파본 검사 때는 파트 5를 푼다. 파트 5는 지문이 짧기 때문에 눈으로만 보고 10문제 이상 풀어도 몇 분 정도 '단기 기억'이 유지된다. 파본 검사 시간에 바로 이어서 LC 파트 1 시험이 시작되면 '파트 1 풀이 방법에 대한 안내 방송(direction)'이 나오는데, 그 시간을 이용해 눈으로 확인했던 답을 문제지에 재빨리 마킹한다. 시간 차가 적어서 문제들을 보자마자 풀었던 답들이 다 기억난다. 안내 방송은 항상 동일하므로 들을 필요가 없다. 그 시간에도 파트 5의 문제들을 계속 푼다.

파본 검사 시간에 사정상 문제지에 표시하지 못 하고 눈으로만 골라 놓은 답을 '파트 1 안내 방송 시간'을 이용해 문제지에 표시하는 경우는 시간이 소요된다. 그 시간만큼 파트 5의 문제들을 추가로 풀 수 없다. 그렇지만 눈으로라도 풀어야 전체적인 시간 관리에 무조건 유리하다.

영어를 영어로 받아들일 수 있거나, 토익 만점을 자주 맞을 수준이라고 해도 파본 검사 시간을 활용해야 한다. 1초라도 아끼려고 필사적으로 집중하고 노력하는 과정에서 고득점과 만점이 가능하다. 950~990 점대의 고득점자들이 풀이 완료 후 몇 분이라도 시간을 남길 수 있는 이유도 순간순간 극도로 집중했기 때문이다. 실력이 뛰어나서 시간을 남긴 것이 아니라, 최대한 집중하며 빠르게 풀었기 때문에 시간을 남기는 경우가 대부분일 것이다.

(2) 5파트를 풀어야 하는 이유는?

파본 검사 시간에는 파트 5 문제들(101번~130번)만을 풀어야 한다. LC 파트 3, 4의 문제들을 스키밍(skimming: 대략 읽는 것)으로 미리 읽어 놓으라고 하거나, 파트 6, 7의 독해를 풀라고 하는 조언들을 온라인 상에서 볼 수 있는데, 소수의견일 뿐 상식적으로 적절한 방식이 아니다. 그런 내용의 글을 온라인상에서 처음 봤을 때는 이해할 수가 없었다. RC나 LC 중 한 부분만을 유독 잘하는 사람이나, 토익 점수가 고득점이 아닌 사람만이 할 수 있는 얘기인 것 같다. 토익 시험 전체를 고려한다면 나올 수 없는 말이다.

파트 3, 4의 문제 지문을 미리 읽을 시간은 어차피 파트 3, 4를 풀 때 충분히 주어진다. 혹여 파트 3, 4 문제를 미리 몇 개 읽어 놓았다고 해도, 집중해서 파트 1, 2를 풀고 나면 거의 기억나지 않게 된다. 검증하고 싶으면 직접 테스트해 보도록 한다.

약 1~3분 정도의 짧은 시간 동안 지문이 긴 RC 파트 6, 7을 푸는 것도 어리석은 행동이다. 지문의 여러 내용들을 종합해 풀어야 하는 문제들도 섞여 있어서, 한두 문제도 제대로 못 풀 가능성이 높다.

파본 검사 시간 동안은 짧은 시간 많은 문제 풀이가 가능한 파트 5에 집중해야 한다. 평소 열심히 연습하면 10~15문제 정도는 풀 수 있다. 파트 5의 1문제당 목표 풀이 시간은 약 10초다. 늦으면 15초다. 품사 위치 문제나 기타 쉬운 문제들은 5초 내에도 풀 수 있다. 단, 15초 이내에 답이 나오지 않는 문제들은 건너뛰어야 목표 시간 관리가 가능하다.

(3) 파본 검사 시 RC 문제를 풀어야 하는 이유

RC에 주어진 풀이 시간이 너무 빠듯하기 때문이다. 약 950점 이하라면 파본 검사 시 풀어 놓은 문제들이 점수 상승으로 직결될 것이다. 반대로 파본 검사 때 파트 5를 미리 풀지 않으면 그 만큼 점수가 더 낮게 나올 가능성이 높다. LC는 성우들의 말을 따라가며 풀어야만 하므로 시간 관리 측면에서 RC보다 위험성이 적다.

2006년 1차 개정 전의 토익 RC 파트는 75분 동안 풀기에 지루할 정도였다. RC 파트 6, 7의 지문들이 지금과 비교하는 것 자체가 비합리적일 정도로 훨씬 짧았다. 5파트 문제 지문들도 더 짧았다. 2016년도 5월 2차 개정 전만 해도 지금보다 풀기 쉬웠다. 나는 강의 수강생들에게, 신토익 800점이면 초기 토익 900~950점과 유사하다고 얘기하곤 했다. 신토익이 한참 더 어렵기 때문에 구토익 만점과 신토익 만점은 비교 대상이 아니다.

RC 시간 75분과 LC 시간 45분은 우리나라에서 처음 토익 시험이 실시된 1982년이래로 지금까지 바뀐 적이 없다. 그러나 시험 내용에는 2차례 개정을 통한 큰 변화가 있었다. RC의 경우 초기 시험과 비교해 풀기 편한 파트(파트 5)의 문제 수가 줄었고, 풀이 시간이 더 요구되는 파트(파트 6, 7)의 문제 수는 늘어났다. 또한 파트 6, 7의 전체적인 지문 길이가 길어졌고 풀이 시간이 더 걸리도록 지문 구성과 문제 유형이 조정되었다.

출제 범위가 일정해야만 하는 토익 시험 특성상, 문제 자체의 난이도를 많이 높인 것은 아니다. 풀 수는 있지만 시간이 더 걸리게 해서 시간 내에 다 못 풀게 하는 형태로 변화되었다. 단 몇 초라도 아껴서 풀어야 하는 이유다. 신토익 만점을 자주 맞는 실력자들도 시험 끝날 때까지 한순간도 긴장을 늦추지 않고 집중을 해야 할 정도다. '만점자라서 풀이 시간에 여유가 있다'라고 누군가가 말한다면 나는 신뢰하지 못한다. 원어민 영어 전공 교수도 그렇게 말할 수 없을 것이다.

만점을 맞으려면 모든 문제를 시간 내에 정확히 다 풀어야 하므로, 빠른 속도로 정독을 해야 하고 고도의 집중력을 시험 내내 유지해야 한다. RC는 깜박 실수로 단 한 문제만 틀려도 만점이 나오지 않을 수 있다.

만점자들이 모든 답안 작성 완료 후에도 시간을 꽤 많이 남기는 것은, 초집중하면서 최대한 빨리 풀었기 때문이다. 물론 시간을 몇 분 남기지 못하는 만점자도 있고(내가 초기에 그랬다), 시간을 10~20분 이상 남기는 만점자도 있을 것이다. 즉, 만점자들 간에도 실력 차이가 존재한다. 하지만 시험 시작부터 끝날 때까지 최선을 다한다는 것은 일치할 것이다.

나는 문제 풀이 완료 후 남는 시간 동안 풀이 과정에서 미심쩍었던 문제 1~2개를 집중 점검한다. 그래도 시간이 남으면 다소 어려운 느낌이 있었던 문제들도 재검토한다. 쉬지 않는다. 그러다 보면 시험이 종료된다. 내 경험이지만 다른 만점자들도 비슷할 것이다.

(4) 파본 검사 시 문제 풀이 절차

① 파트 5가 있는 페이지를 열고 귀를 접는다

파트 1과 파트 2의 안내 방송(direction) 시간에 다시 와서 풀어야 하므로, 페이지 귀를 미리 접어 놓아 바로 찾을 수 있게 한다. 단 몇 초라도 절약하기 위해서다.

② 파트 5의 101번부터 풀면서 문제지에 답을 표시하고 만약 표시할 상황이 아니라면 눈으로만 풀이한다

한 문제당 가능한 10초 내(늦어도 15초 내)에 푼다. 파트 5의 총 30문제를 5분 내에 풀이하는 속도다. 숙달되면 2~3분 내에 10~15문제를 풀수 있다. 공부할 때 스톱워치로 문제 풀이 시간을 측정하면서 강도 높은 연습을 꾸준히 하면 가능하다.

정답이 즉시 보이지 않는 문제는 정답에 가장 가까운 보기를 일단 고른다('소거법'이라 한다). 답을 모르겠으면 그냥 찍는다. 시간이 충분하면 풀 수 있다고 생각되는 것은 나름대로 표시를 해 놓고 다음 문제로 이동한다. 재검토를 위해 표시해 놓은 문제들은 LC, RC 문제 풀이와 답안지 작성을 완료하고도 시간이 남으면 돌아와서 재점검한다. 그럴 시간이 없으면 그대로 두고 시험을 마무리한다. 자세한 절차에 대해서는 LC 및 RC 파트별 문제 풀이 요령에서 다시 설명할 것이다.

토익 문제를 풀 때는 쉬운 문제들이 뒤에 많이 남아 있다는 것을 항상 염두에 두고, 한 문제에 '목표 시간' 이상을 사용하지 말아야 한다. 냉정함을 철저히 유지해야 전체 점수가 더 잘 나온다.

※ 파본 검사 시간 및 LC 1, 2파트 안내 방송할 때 문제지에 골라놓은 파트 5의 답들은 LC 시간 종료될 때까지 답안지에 옮기지 않는다. LC 가 끝나자마자 문제지에 풀어 놓은 파트 3, 4의 답들을 답안지에 먼저 옮긴 후에, 이어서 답지에 표기한다(내가 추천하는 풀이 요령이다). 파본 검사 시간에는 답을 답안지에 옮기면 절대 안 된다. 용납되지 않는 부정행위이므로 적발되면 제제를 받는다.

③ 감독관이 파본 검사를 완료시키는 경우는 문제 풀이를 중지한다

감독관이 파본 검사를 일찍 시작하게 한 후, 일정 시간이 경과되면 문제지를 덮으라고 말할 때가 있다. 그런 경우는 풀이를 일단 중지한다. 잠시 기다렸다가 '시험 시작 안내 방송'이 나오면 파트 5를 계속 푼다.

일반적으로는 정해진 시간에 파본 검사가 시작되고, 검사를 하는 도중에 LC 파트 시험이 시작된다. 중간에 감독관이 관여하지 않는다.

토익 시험의 천재가 되는 비법

· 문제 구성

파트	내용	문제 번호	문제 수	보기 유형	direction (파트 안내 시간)	비고
1	사진 묘사	1~6	6	보기 4개 중 선택	**약 1분 30초**	문제지에 그림 만 있음
2	질문 & 응답	7~31	25	보기 3개 중 선택	약 30초	**질문 및 보기가 문제지에 없음**
3	2, 3인 대화	32~70	39	보기 4개 중 선택	약 30초	질문 및 보기가 문제지에 있음
4	1인 담화	71~100	30	보기 4개 중 선택	약 30초	질문 및 보기가 문제지에 있음
총 계			**100**			

· 파트 1 풀이법

(1) 파트 1 특징

총 6문제가 출제되고 문제지에는 그림만 있다. 성우가 들려주는 보기 4개를 듣고 문제지의 그림을 가장 정확히 묘사하는 답을 골라야 한다.

그림은 객관적인 것이므로 주관적 판단이나 추정을 하면 안 된다. 철저히 그림 내용에만 근거해 풀어야 한다.

(2) 안내 방송 시간에 RC 파트 5 풀기(약 1분 30초)

① 파트 1 풀이 방식에 대한 안내 방송이 나오면 파트 5(RC 101~130번)를 펴고, 문제지에 문제를 푼다

파본 검사할 때 미리 풀어 놓은 부분 뒤에서부터 이어서 '문제지에만' 풀이한다. 한 문제당 10초 내에 푼다(어려운 문제라도 15초 내에는 풀어야 한다). 단, 답안지에 표기하면 안 된다. 시간 낭비가 많아진다. **LC 파트 모두 끝나고 문제지에 표시한 파트 3, 4의 답을 답안지에 먼저 옮긴 후에, 바로 이어서 파트 5의 답을 문제지에서 답지로 옮긴다. 그 후에 RC 파트 풀이를 시작한다.**

파트 안내 방송의 내용은 항상 동일하다. 문제를 푸는 대신 성우의 말을 들으면서 시간을 소비하는 어리석은 행동은 하지 말아야 한다. 파트 안내 내용은 토익 교재나 문제집에 실려 있으므로 처음 시험을 본다면 시험 전에 미리 파악해야 한다.

토익 시험의 천재가 되는 비법

※ 파본 검사 시에 눈으로 파트 5 문제들의 답을 골라 놓은 경우에는 LC 안내 방송 시작하자마자 문제지에 그 답들을 재빨리 표시한다. 그 후에 남아 있는 5파트 문제들을 계속해서 푼다.

② 목표 시간 내(문제당 10~15초)에 풀기 어려운 문제가 나왔을 때는 가장 가까운 답 하나를 고른 후 다음 문제로 바로 넘어간다

한두 문제에 집착하면 안 된다. 목표 시간을 초과할 것 같은 문제들은 임의로 답을 고르고 냉정하게 포기한다. 그리고 미련 없이 즉시 잊는다. 집착하면 이어지는 문제들을 풀 때 집중력이 약화된다.

시간을 더 투자하면 풀 수 있을 것 같은 애매한 문제는 '별도 표시'를 하고 넘어간다. 모든 RC 문제들을 풀이 완료한 후에도 시간이 남으면 돌아와 재점검한다.

③ 파트 1 안내 방송이 끝나면 파트 5에서 다시 파트 1로 돌아온다

파트 1 관련 안내 방송이 끝나고 "Now part one will begin"이 스피커에서 나올 때, 파트 5에서 파트 1로 다시 돌아온다. 초급자는 공식 시험에 들어가기 전에 실전 문제집으로 몇 번 연습하면 쉽게 익숙해진다. 한국 토익 위원회 사이트(https://www.toeic.co.kr)에 있는 '샘플 문제'를 이용해서 연습하면 편하다.

(3) 파트 1 풀이 요령

① 문제지의 그림 관련된 단어들을 미리 떠올려 본다

성우가 답안 보기 4개를 말하기 전에, 사진을 빨리 관찰하면서 기출되었던 관련 단어 및 표현을 떠올린다. 시간은 충분히 주어진다. 성우가 말해 주는 문제 보기들을 듣기 전에 그림 관련 단어나 표현들을 미리 연상해 두지 않으면, 헷갈린 단어 및 표현에 신경 쓰다가 정답을 놓칠 수 있다. 정답과 관련 없는 어휘나 표현을 의도적으로 넣어서 혼동을 유도할 때가 있다.

사진에는 분명히 있지만 눈에는 바로 띄지 않는 사물 관련 내용을 답으로 출제하는 경우도 드물지만 있다. 파트 1은 쉬워서 단 한 문제도 놓치지 않아야 하므로 큰 대상물들만 보지 말고 전체적으로 꼼꼼히 봐야 한다.

② 동작(능동 및 수동 진행형)과 정지 상태를 구분한다

파트 1은 사진을 묘사하기 때문에 문법적 해석이 필요한 표현들이 거의 없다. 현재 완료, 수동태, 수일치가 적용된 문장들이 자주 나오지만 단순하다. 사진과 관련된 표현들만 들을 수 있으면, 기초용 LC 교재를 충실히 공부한 초급자도 총 6개 문제 중 5개는 정답을 고를 수 있다.

다만 '동작 진행 중인 것과 정지 상태'를 묘사하는 문장들은 성우의

토익 시험의 천재가 되는 비법

말을 들으면서 구분할 수 있어야 한다. 단어 의미에만 의지해서 풀면 틀릴 수 있다. 동작 진행 중이라는 사실이 사진에서 명확히 보이는 것은 '현재 진행형'으로 표시하지만, 움직임이 보이지 않을 때는 진행형을 사용하지 못한다. 사진만 보고도 구분이 가능하다.

주어(사진 속의 사물이나 사람)가 직접 동작을 하는 중이면 '능동 현재 진행형(be + 동사원형ing)'이 나오고, 주어가 누군가에 의해 동작을 당하고 있는 중이면 '수동 현재 진행형(be + being + p.p)'이 나온다. 즉, 'ing' 발음이 들리면 진행형이다. 사진의 내용물이 정지 상태인 경우는 동사를 '단순 현재, 수동태, 현재 완료'의 세 가지 구조 중 하나로 표현한다.

동작은 전혀 보이지 않는데도 불구하고, 이미 어떤 동작이 완료된 후의 정지 상태가 지속되는 것을 '진행형'으로 나타내는 표현('상태 진행형'이라 한다.)도 간혹 나온다. 출제 빈도가 높은 것이 'wear(착용하다, 입다)'인데, 실제 진행 중인 동작 표현에 사용하는 'put on(착용하다, 입다)'과 비교하는 형식으로 아래의 예문들처럼 출제된다.

A man is wearing glasses.
(한 남자가 안경을 이미 착용한 상태로 있다.)
→ 안경, 옷, 모자, 장갑 등을 이미 착용한 사람이 서 있거나 앉아 있는 사진을 묘사할 때 'be 동사 + wearing'을 사용한다. 특정 정지 상태가 일정 기간 지속되고 있다는 것을 표현한다.

A man is putting on glasses.
(한 남자가 안경을 끼는 동작을 현재 하고 있는 중이다.)
→ 한 남자가 안경을 손으로 들고 착용하려고 하는 사진을 묘사하는 것이다. 'wear'와 같은 의미지만 'be 동사 + putting on'은 동작이 실제 진행 중일 때만 사용한다.

그 외에도 'hang(걸다), stand(서다), sit(앉다)' 등, 동작은 보이지 않는데도 'ing'를 붙여서 '상태 진행형'으로 사용하는 단어들이 가끔 나온다. 하지만 'wear'와 'put on'을 비교하는 것처럼 혼란스럽게 출제되지는 않는다. 동사의 뜻만 알고 있으면 정답을 고를 수 있다.

A painting is hanging on the wall.
(그림 하나가 벽에 걸려 있다.)
→ 그림이 누군가에 의해 벽에 걸려 지고 있는 것이 아니라, 이미 걸려 있는데도 불구하고 '진행형 구조(be + 동사ing)'를 사용한 것이다. 정지 상태(상황)가 지속되고 있음을 나타낸다. 이때의 hang은 '걸려 있다'라는 의미의 자동사(intransitive verb)로 사용된 것이다.

토익 시험의 천재가 되는 비법

③ 사진에 있는 내용에만 근거해 답을 고른다

초급자들은 사진에 없는 내용을 추정하는 실수를 저지를 수 있다. 주관적 판단은 배제하고 명확히 눈에 보이는 사진 내용에만 근거해 답을 골라야 한다.

예를 들어 '한 남성이 칠판 앞에서 강의를 하고 있는 것으로 보이는 사진'이 출제되었다고 해서, 'A man is giving a lecture to the audience(한 남자가 청중들에게 강의를 하고 있다.)'라는 보기를 고르면 안 된다. 청중은 사진에 없기 때문에 틀린 답이다. 혼자 강의 연습을 하거나 녹화를 하는 중일 수도 있다. 'A man is standing in front of a blackboard(한 남자가 칠판 앞에 서 있다.)'라고 해야 정답이다.

④ 모르는 단어에 현혹되지 않는다

특정 단어를 제대로 듣지 못했다고 순간 고민하면 뒤에서 실제 정답이 나와도 놓치게 된다. 만점 목표가 아니라면 정확히 듣지 못한 어휘나 표현에 집착하지 말고 들리는 내용에만 집중한다. 0.1초도 고민하면 안 된다. 성우의 말을 듣기 전에 그림을 보고 관련 단어들을 미리 연상하지 않을 경우 모르는 단어에 현혹되기 쉽다.

⑤ 답을 잘 모를 때는 '소거법'을 사용한다***

토익 만점을 자주 맞는 사람들도 소거법을 사용해야 하는 상황이 발생하기도 한다. '소거법'이란, 정답을 정확히 알 수 없을 때, 확실히 틀린 보기들을 먼저 제거한 후 남은 것들 중에 하나를 임의로 고르는 것이다. 파트 1에서는 아래와 같이 소거법을 사용하면 정답 확률을 높일 수 있다.

> **# 사례 1. 만약 보기 4개 중 확실히 들은 3개에 정답이 없으면, 정확히 듣지 못한 나머지 보기 1개를 답으로 고른다.**

> **# 사례 2. 보기 2개는 확실히 정답이 아닌데 나머지 2개가 헷갈리면, 나머지 둘 중 아무거나 하나를 고른다.**

웬만큼 공부를 하면 보기 4개 중 3개는 정확히 이해한다. 적어도 2개는 알아듣는다. 그런데 이해하지 못한 1~2개 때문에 고민하다가 시간에 쫓겨 틀린 답을 고를 수 있다. 소거법은 그럴 때 유용하다. 초급자들보다 공부량이 많은 중고급자들에게 더 필요한 풀이 요령이다.

⑥ 문제지에 답을 먼저 표시 후, 4개의 보기를 다 듣고 나서 답안지에 바로 마킹한다

보기 'A~C' 중에 정답으로 들리는 것이 있어서 답안지에 미리 마킹했는데, 'D'를 들어 보니 더 명확한 답일 경우가 있다. 시각적인 착각이나 1~2초 집중력을 잃을 때 그런 실수를 할 수 있다. 나는 토익 공부 초기에 몇 차례 경험했었다.

토익 시험의 천재가 되는 비법

그럴 때 지우개로 마킹을 지우고 정정을 하면 그 시간만큼 다음 문제 풀이에 악영향을 준다. 문제지에 먼저 표시 후, 'A~D'를 다 듣고 나서 **가장 객관적인 답을 답안지에 마킹하는 것이 효율적이다.**

나는 '○(정답), △(애매함), ✕(틀림)'를 사용해 문제지에 먼저 표시한다. 예를 들어, A가 아닌 것 같으면 ✕, B는 애매하면 △, C가 맞는 것 같으면 ○, D도 아닌 것 같으면 ✕로 문제지에 네 개를 순서대로 나란히 표시 후 답안지에 옮긴다. 문제지에 '✕ △ ○ ✕'로 표시한다는 의미다. 표시 순서에 의해 C가 답이라는 것을 파악할 수 있다. 알파벳 'A, B, C, D'를 이용해도 되겠지만 나는 도형 기호가 더 편했다.

정답이라고 생각되는 보기만 문제지에 표시해도 된다. B가 정답이라는 확신이 있으면 'B'를 문제지에 적어 놓았다가, 보기들을 다 듣고 나서 답안지에 마킹하는 방식을 말한다.

파트 1, 2는 한 문제씩 풀 때마다 답지에 바로 표기하도록 한다. 문제 지문을 미리 읽어야 해서 문제지에 답들을 모두 표시한 후, 나중에 일괄적으로 답안지에 옮기는 파트 3, 4와 다르다.

• 파트 2 풀이법

(1) 파트 2 특징

① 총 25문제가 출제되고 문제지에 지문이 없다

문제지에 본문도 문제 지문도 없다. 문제지를 보지 않아도 되는 파트다. 성우의 말에만 의존해 풀어야 한다. 의문문이나 평서문으로 짧게 제시되는 질문에 어울리는 답을 보기 3개 중에 하나 골라야 한다.

파트 1은 문제지에 그림이 있고 파트 3, 4는 문제 지문이 있다. 그 때문에 성우 말을 듣다가 놓치는 부분이 있더라도 보완이 가능할 때도 있다. 그러나 파트 2는 못 들으면 끝이다. 초집중해야 한다.

② 구어체(= 회화체) 중심이다

파트 2는 토익의 모든 파트 중에서 가장 회화적이다. 단어 그대로 해석하면 안 되는 숙어들도 다른 LC 파트에 비해 많이 나온다. 그 때문에 회화에 능숙하지 못한 사람들은 파트 3, 4보다도 더 부담감을 느낄 수 있다.

(2) 파트 2 안내 시간에 RC 파트 5 풀기(약 30초)

① 파트 1을 다 풀었으면 파트 5가 있는 페이지로 즉시 이동하여 파트 2 문제 풀이 방식에 대한 '안내 방송(direction)'이 나오는 동안 파트 5(RC 101~130번)를 푼다

파본 검사 시간과 파트 1 안내 방송 시간에 풀어 놓은 파트 5의 문제들에 이어서 차례대로 '문제지에만' 푼다. 시간 관리의 효율성을 위해

토익 시험의 천재가 되는 비법

답안지에는 표기하지 않는다. 답안지 마킹은 LC 파트 시간이 종료된 후 RC 시작할 때 한다. 문제지에 풀어 놓은 파트 3, 4의 답들을 답안지에 먼저 옮긴 후에 바로 이어서 마킹한다.

파본 검사 시간(약 2분), 파트 1 안내 시간(약 1분 30초), 파트 2 안내 시간(약 30초) 동안 파트 5의 문제를 '15~20개 이상' 풀어야 한다. 강도 높은 훈련을 통해 그런 능력을 길러야 한다.

② 파트 2 안내 방송이 끝나 갈 때 다시 파트 2로 돌아온다

"Let us begin with question number seven"이 들릴 때 파트 5에서 파트 2가 있는 페이지로 신속히 다시 돌아간다. 안내 방송이 익숙해지도록 평소에 실전 문제용 파일로 연습을 몇 번 해 놓도록 한다.

(3) 파트 2 풀이 요령

① 질문에 '의문사'가 나오는 경우 의문사에 주의를 기울인다

파트 2는 의문사가 들어가 있는 질문(직접 혹은 간접 의문문)들이 많아서 의문사 자체가 정답의 힌트가 될 수 있다. 의문사 'who, what, which, where, when, why, how'가 나올 때 그에 맞는 표현들이 거의 정답이다. when으로 질문이 시작되면 '시간'이 있는 보기가 정답이 되고, where로 시작되면 '장소'가 있는 보기가 정답이 되는 형태가 일반적이다.

그러나 기본적으로 모든 보기들을 가능한 정확히 들으며 이해하려 노력해야 한다. when이 질문에 있었다고 해서 '시간 관련 표현이 언제 나오지?' 하며 기다리면 안 된다. 시간 관련 표현이 나오는 보기가 정답이 될 것이라는 생각 정도만 한다. 답을 직접 말하지 않고 간접적으로 표현하는 우회적인 답변들도 꽤 많이 나오기 때문이다. 질문에 어울리는 보기를 전체적인 의미에 근거해 고르는 것에 집중해야 한다.

② 우회적인 답변에 유의한다

파트 2에는 질문에 대한 정확한 답변이 아님에도 정답이 되는 표현들이 나온다. '우회적 답변'이라고 하는 것들이다. 예를 들어, 'Why didn't you participate in the marketing meeting?(왜 마케팅 회의에 참석하지 않았나요?)'이라고 물었는데, '급한 업무나 기타 사유' 때문이라고 대답하지 않고, 'Did you attend it?(그 회의에 참석했었나요?)'이라고 하는 것이 우회적 답변의 한 사례. 질문에 대한 응답은 아니지만 주고받는 대화로는 문제가 없으므로 맞는 답이다.

어떤 우회적 답변이 나오든 간에 회화에 익숙하면 쉽게 알아듣지만 회화가 약한 사람들은 순간적으로 고민하게 된다. 회화에 자신이 없으면 자주 출제되는 우회적 답변 유형들을 미리 공부해 두어야 대응이 쉬워진다.

정답으로 자주 출제되어 온 우회적 답변들을 아래에 정리했다. 토익 교재들에 공통적으로 실려 있는 내용들이다.

◎ 모르겠다/기억하지 못한다

Where is your manager?

(당신의 관리자는 어디에 있나요?)

→ I don't know. (몰라요.)

→ I'm not sure. (확실하지 않아요.)

→ I don't have any idea. (모르겠어요.)

→ I have no idea. (모르겠어요.)

When did you meet the customer?

(언제 그 고객을 만났나요?)

→ I don't remember it. (기억하지 못해요.)

◎ 결정되지 않았다

Who will be the sales team leader?

(누가 판매팀의 리더가 될까요?)

→ It hasn't been decided yet. (아직 결정되지 않았어요.)

→ I haven't decided it. (나는 그것을 결정하지 않았어요.)

→ We haven't decided it. (우리는 그것을 결정하지 않았어요.)

◎ 다른 사람이 알 것이다/다른 사람에게 물어보자

Do you know how long the weekly meeting will last?

(주간 회의가 얼마나 오래 지속될지 아세요?)

→ James will know. (제임스가 알 거예요.)

→ Mary would know. (메리가 알 거예요.)

→ Henry should know it. (헨리가 알고 있을 거예요.)

→ Please ask it to Larry. (래리에게 물어보세요.)

→ I'll ask it to Paul. (제가 폴에게 물어볼게요.)

◎ 검토해 보겠다

Mary will be promoted at the end of this month, won't she?

(메리는 이달 말에 승진할 것입니다, 그렇지 않나요?)

→ Let me check it. (제가 검토해 볼게요.)

→ Let's check it. (같이 검토해 보죠.)

토익 시험의 천재가 되는 비법

→ I'll check it. (제가 검토할게요.)

◎ 질문에 대해 역질문하는 것

I heard you are going to take the education course.

(나는 당신이 그 교육 과정을 수강할 것이라고 들었습니다.)

→ Aren't you supposed to sign up for it as well?

(당신 또한 그 교육 과정에 등록하기로 되어 있지 않나요?)

When do we have to hold the budget meeting?

(언제 우리가 예산 회의를 열어야 하나요?)

→ How about 2pm?

(오후 2시 어때요?)

Could you have time tomorrow?

(내일 시간 있나요?)

→ Do you need any help?

(도움이 필요하세요?)

③ 소거법을 적극적으로 활용한다***

파트 2의 지문들은 짧은 구어체로 표현된다. 또한 문제지에 지문이 없고 성우의 말만 들으며 풀어야 한다. 그 때문에 **회화 실력이 낮은 수험생들은 '관용적 표현(숙어 등을 말한다.)'이나 '우회적 답변'을 놓치는 상황이 발생할 수 있다. 소거법을 사용하면 그런 문제점을 상당 부분 해결 가능하다. 토익에서 '소거법'이 가장 유용하게 사용되는 곳이 파트 2다.**

소거법을 사용하면, 정답 보기 3개 중 2개는 분명히 들었는데 1개를 놓치는 등의 상황에 대처할 수 있다. 3개의 보기 중 2개는 정확히 들을 수 있는 700~900점대의 수험자들에게 특히 유용하다. 문제 보기가 4개인 다른 파트와 달리, 파트 2의 문제 보기가 3개인 것도 소거법 적용을 유리하게 해 준다.

제대로 들은 보기 2개에 답이 없으면 알아듣지 못한 보기를 답으로 고르고, 보기 1개만 알아들었는데 답이 아니고 나머지 2개는 이해를 못했으면 2개 중 하나를 임의로 고른 후, 과감히 넘어가는 방식으로 소거법을 적용하면 효과적이다.

회화에는 능숙하지 않지만 토익 공부는 많이 한 고득점자들이, 파트 3, 4에 비해 파트 2가 오히려 더 어렵게 느껴진다고 얘기하는 것을 가끔 들었었다. 그들에게 소거법을 가르쳐 주면 대부분 효율성을 인정했다. 실제 시험에서 효과를 봤다고 얘기하곤 했다. 소거법을 의도적으로 적용하면 알아듣지 못한 보기가 정답과 관련 있을까봐 주저하다 시간을 허비하거나, 이어지는 문제 풀이에 정신적인 악영향을 주는 것을 방지해 준다.

파트 3의 본문 내용도 구어체이긴 하지만, 회화 실력은 낮더라도 토익 공부를 많이 한 사람들은 **파트 2보다 쉽게 풀 수 있다.** 문제지에 문제 지문이 있고 성우가 하는 말도 길어서 여기저기에 힌트가 있다. 한 군데서 놓치더라도 다른 부분에서 정답과 관련된 근거를 발견할 가능성이 높다.

④ 보기 3개를 다 들은 후에 정답을 답안지에 표시한다

A가 정답으로 들려서 답안지에 바로 표기 했는데, B나 C 중에 더 확실한 답이 나올 수 있다. 딱 맞아떨어지는 답이 아니라, '더 적절한 답'이나 '우회적 답변'을 찾아야 하는 문제들을 풀 때 그럴 수 있다.

파트 1과 마찬가지로 답지 수정에 낭비되는 시간을 절약하기 위해, 'A~C'까지 보기의 내용들을 다 들은 후에 가장 확실한 것을 답지에 표기해야 한다. 예를 들어, 보기 A가 정답인 것 같으면 일단 문제지에 'O'로 표시하고, B는 틀린 답이면 'X'로 한 후 C까지 다 듣는다. C까지 들었는데도 더 정확한 답이 안 나오면 비로소 답안지에 표기한다. 미리 답지에 표시해 놓았는데 수정해야 하는 상황이 발생하면, 그 시간만큼 다음 문제를 제대로 못 듣거나 불안정하게 풀게 된다.

파트 1 풀이 요령에서 설명한 바와 같이, 나는 'O (정답), △(애매함), ×(틀림)'를 사용해 문제지에 먼저 표시한다. 예를 들어, A가 정답 같으면 O, B는 애매하면 △, C가 틀린 답이면 ×로 표시 후 답안지에 옮긴다. 파트 1과 마찬가지로 파트 2도 정답 보기가 문제지에 없으므로 순서대로 표시해 놓는다. 만약 문제지에 'O △ ×'로 표시했다면 A가 답인 것이다.

정답으로 고른 보기 번호 중의 하나를 문제지에 적어 놓았다가 보기들을 다 듣고 답지에 마킹해도 된다.

실력이 늘면 문제지에 답을 표시하지 않고 듣다가 답이 나오면 바로 답안지에 표기해도 되지만, 950점 이상의 고득점자가 아니라면 미리 표시해 놓는 것이 안전하다.

(4) 파트 2 공부할 때 주의할 점

① 기출 오답 유형에 집착하지 말 것

토익 교재들에는 파트 2에 오답으로 자주 나오는 아래의 유형들을 요약해 놓고 있다. 기출 되었던 것들이므로 참고 삼아 공부는 해야 하지만, 시험 볼 때 의식하거나 집착할 필요는 없다.

ⓐ 질문에 있는 단어와 '동일한 단어, 유사 발음의 단어, 연상어(관련어)'가 보기에 나오면 오답일 가능성이 높다

혼란을 주기 위해, 질문에 나온 단어와 '동일 단어, 유사 발음의 단어, 연관 단어'를 포함해서 오답인 보기를 만드는 것이 파트 2의 기본적인 문제 유형이다. 거의 모든 문제 보기들에 그런 오답들이 들어가 있다.

ⓑ W-H 의문문(what, which, who, when, where, why, how)에 Yes/No 답변이 나오면 오답이다

의문사로 시작하는 직접 의문문의 답변은 내용상 Yes/No 형태가 될 수 없다. 동문서답이 되므로 어색해서 사용할 수 없다. 아래 예문의 '(A)' 답변이 그런 사례이다. '(C)'가 정답이다.

When are you going to submit the monthly sales report to your manager?
(월간 판매 보고서를 언제 당신 상관에게 제출할 건가요?)

(A) Yes, I looked over the report.
　　(예, 저는 그 보고서를 검토했습니다.)
　　→ A의 물음에 어울리지 않는다.
(B) I'll meet your manager today.
　　(나는 당신의 상관을 오늘 만날 것입니다.)
(C) I'll turn it in tomorrow.
　　(내일 제출할 예정입니다.)

오답 유형이 보기에 나오면 실제로도 틀린 답인 경우가 대부분이다. 그렇다고 오답 유형이 나오기를 기다리면서 신경 쓰면 절대 안 된다. 출제를 그런 식으로 한다는 것만 이해한다. 정답을 고르는 것이 중요하므로 실제 모의고사나 시험 볼 때는 관사 하나도 놓치지 않고 들으려 하면서 전체 내용 이해에 집중해야 한다. 그래야 원하는 점수에 더 빨리 도달할 수 있다. 요령으로 몇 개 더 맞히기보다는 전반적인 듣기 실력 향상을 목표로 해야 한다.

중급반 수업을 듣는 수강생들에게 '파트 2의 오답 유형을 의식하면서 풀어요?'라고 물어본 적이 있었는데, 대다수가 피식 웃었다. 초급 수준일 때는 중요한 내용이라고 생각하고 시험을 보면서도 의식했는데, 듣는 것 자체에 집중해야 한다는 것을 어느 순간 깨달았기 때문이다. 잘 듣고 의미상 질문에 어울리는 답변을 찾으면 된다.

② 핵심어라는 말에 집착하지 말 것

파트 2의 질문과 보기에 있는 '핵심어(keyword)를 들어야 한다'라는 말을 LC 교재에서 본 적이 있을 것이다. 그렇다고 '핵심어를 어떻게 찾지?' 하며 고민하면 안 된다. 내용을 다 듣기 전에는 어떤 어휘가 중요한지 알 수 없다.

파트 2의 질문과 정답을 이미 알고 있는 상태라면 '핵심 단어'가 어떤 것인지 명확히 분석할 수 있다. 그러나 시험장에서 처음으로 문제 지문을 들으면서 핵심어를 골라야 한다는 생각을 할 겨를은 없다. 전체 내용을 잘 듣고 의미를 정확히 파악하는 것이 중요하다.

③ 긴 질문은 다 듣고 기억 후 말해 보는 연습을 해 볼 것

파트 2의 질문들 대부분은 길이가 짧지만 긴 것들이 몇 개씩 나온다. 뒤의 번호로 갈수록 질문들이 길어지는 편이다. 긴 질문이 갑자기 나오면 순간적으로 일부 내용을 놓칠 수 있다. 내가 그런 실수를 저지른 적이 있어서 토익 수업 수강생들에게 물어보니, 유사한 경험을 했었다는 사람들이 많았다. 질문에 의문사가 있으면 그나마 대처할 수 있지만, 평서문일 때는 단어 일부를 못 들으면 곤경에 빠지게 된다.

아래와 같은 요령으로 훈련하면 긴 질문이 나올 때 대응 능력이 좋아진다. 가끔씩만 연습해도 효과적이다. 단순한 방식이지만 뇌의 적응력을 높여 준다,

#1. 파일을 재생하고 파트 2의 질문을 들으면서 동시에 외운다.
긴 질문들만 골라서 한다.

#2. 기억한 내용을 입으로 말해 본다.
들으면서 따라 하는 것이 아니라 질문을 다 듣고 나서 기억에 의존해 말해야 한다.

#3. 한 단어도 빼먹지 않고 질문 전체를 떠올리며 말할 수 있을 때까지 동일 질문을 반복해 들으면서 연습한다.

・ 파트 3, 4 풀이법
----

(1) 파트 3 특징

① 총 39문제(32~70)가 출제된다

'문제 지문(질문과 보기)'이 문제지에 있다. 특정 주제에 대한 2인 혹은 3인의 대화에 대해 3문제씩 출제되는데, 주제별 대화가 13개로 구분되므로 총 39문제(13×3)가 나온다.

② 주제별로 2인 혹은 3인의 대화가 나온 뒤, 성우 한 명이 문제지에 있는 관련 질문 3개를 '10초 정도의 간격'을 두고 읽어 준다

2인(주로 남과 여) 혹은 3인의 성우들이 특정 주제에 관한 대화를 주고받은 후, 이어서 성우 한 명이 문제의 질문 3개를 읽어 준다(보기는 읽지 않는다). 질문 한 개를 읽을 때부터 시작해서 다음 질문을 읽기 직전까지의 시간 간격은 약 10초 전후다. 총 3개를 읽는 데 '약 35~40초' 정도 걸린다. 그 시간은 다음 주제에 관한 '문제 지문 3개'를 미리 읽는 데 이용한다.

3인 대화는 신토익부터 추가되었는데, 보통 1~2개의 주제에 대해 출제된다. 즉, 총 39문제 중 3문제 혹은 6문제가 관련 있다. 성우가 문제 유형을 소개할 때 '3인 대화'라는 것을 아래와 같이 미리 얘기한다. 그러면 마음의 준비를 한 후 본문 대화 내용을 들어야 한다. 3인이 각각 한 말들을 구분할 수 있어야 문제를 정확히 풀 수 있다.

Questions 65 through 67, refer to the following conversation with **three speakers**.
(질문 65~67, 3인의 화자가 진행하는 다음 대화를 참조하세요.)

③ 도표 문제가 2~3개 출제된다

간략한 도표(각종 그래프, 배치도, 지도, 일정표 등)를 포함한 문제가 2~3개 출제된다. 2016년 5월부로 실시된 신토익부터 시험 난이도를 높이기 위해 추가되었다.

④ 화자 의도 추정 문제가 2개 정도 출제된다

화자(성우들)가 하는 말의 일부를 질문에 '인용'한 후, 그 표현의 의미를 앞뒤 문맥을 고려해서 추정하는 문제가 나온다. 문맥을 통해 의미를 명확히 파악할 수 있다. 아래의 예문과 같이 본문 내용을 인용해 질문을 구성한다.

Why does the woman say **"I should leave now?"**
(왜 그 여성은 "나는 지금 떠나야 해요"라고 말하는가?)

'화자 의도 추정 문제'는 2016년 5월 토익이 개정되면서 파트 3, 4에 각각 2~3개씩 추가되었다. 시험 난이도를 높이기 위한 목적이다.

(2) 파트 4 특징

① 총 30문제(71~100)가 출제된다

파트 3과 마찬가지로 문제 지문(질문과 보기)이 문제지에 있다. 파트 4는 전화 메시지(병원, 호텔, 비행기 예약…), 안내 및 공지(회사, 공항, 도서관, 박물관, 관광지…), 방송(교통, 날씨…) 등의 내용을 한 명의 성우가 말하고 주제별로 3문제씩 출제된다. 10개의 주제가 나오므로 총 30문제(10×3)가 출제된다. 각 문제별로 정답 보기는 4개다. 그중 1개를 고른다. 파트 3과 문제 구조는 동일하다.

② 주제별로 성우 한 명의 담화(talk)가 나온 뒤, 바로 이어서 성우가 문제지에 있는 질문 3개를 '10초 정도의 간격'을 두고 읽어 준다

파트 3은 담화별로 2인 대화 위주로 진행되고 3인 대화도 있다. 그러나 파트 4는 담화별로 한 명의 성우만 나온다.

③ 도표(graphic) 문제가 2~3개 출제된다

파트 3과 동일하다.

④ 화자 의도 추정 문제가 2개 정도 출제된다

파트 3과 동일하다.

(3) 파트 3, 4 풀이 요령***

파트 3과 4는 문제 구성이 같으므로 풀이 요령도 동일하다. 담화 (talk)에 등장하는 성우들의 숫자만 다르다. 따라서 파트 3 풀이 요령만 자세히 정리할 것이다. 파트 4도 동일한 방식으로 푼다.

(3-1) 파트 3 풀이 요령

① 파트 2가 끝나면, 약 30초 동안 파트 3의 문제 풀이 안내 방송 (direction)을 하는데 그때 파트 3의 첫 번째 주제에 관한 문제들(32~34번 의 질문 3개와, 질문별 보기 4개씩)을 2회 미리 읽는다, 최소한 1회 읽는다

필요한 부분에는 연필로 줄을 긋는 등의 표시를 하면서 질문들과 보 기들의 주요 내용을 이해하고 순간 기억하려 노력한다. 내용을 반드시 기억해야 한다는 생각은 가질 필요 없지만, 마치 기억할 것처럼 강하게 인식을 해야 한다.

문제를 집중해서 읽으면 주요 내용들이 뇌 속에서 '단기 기억'으로 잠 시 유지된다. 그 때문에 정답을 쉽게 고를 수 있다. 문제 지문을 미리 읽은 후, 바로 이어 성우가 말하는 본문 내용을 듣게 되는데, 미리 읽었 던 문제 지문과 관련된 내용들이 나오면 저절로 인식이 된다. 뇌에서

상호 연결되는 것이다. 뇌가 알아서 처리해 준다. 그 결과로 정답이 있는 보기가 눈에 순간적으로 들어온다. 연습을 할수록 숙련도가 높아져서 대부분의 답을 정확히 고를 수 있게 된다. 문제들을 1회 읽을 때보다 2회 미리 읽으면 정답이 더 잘 보인다.

항상 3개의 문제 지문들만 1~2회 미리 읽는다. 그다음 주제 관련 문제 3개까지 읽으면 안 된다. 풀이에 악영향을 준다.

질문만 읽고는 LC 고득점 획득이 어렵다. 시간 관리에 실패하는 등의 부득이한 경우를 제외하고는 반드시 질문과 보기를 다 읽도록 한다.

② 질문의 대상이 남성(man)인지 아니면 여성(woman)인지 구분하면서 읽는다

파트 3의 질문을 미리 읽을 때 성별 구분에 주의하면 본문 내용을 들을 때 해당 부분에 의식적 혹은 무의식적으로 더 집중하게 된다. 그 결과로 풀이가 더 쉬워진다.

파트 3은 남녀 대화 형태로 본문이 구성되고, 질문의 대부분이 '그 여성(the woman)이 뭐라 했는가?' 혹은 '그 남성(the man)은 무엇을 하는가?'와 같은 것들이다.

토익 시험의 천재가 되는 비법

- What does the **woman** say she will do?
  (그 여자는 무엇을 할 것이라고 말하는가?)
- What problem does the **woman** mention?
  (그 여자는 무슨 문제를 언급하는가?)
- Why is the **man** calling?
  (그 남자는 왜 전화를 하는가?)

파트 3과 달리 파트 4는 성우 한 명이 말하므로, 문제를 들을 미리 읽을 때 남성과 여성을 구분하여 인식할 필요가 없다.

③ 두 사람 또는 세 사람의 대화를 귀로 들으면서, 동시에 미리 읽어 두었던 문제지의 질문과 보기들을 다시 훑어보며 답을 골라 문제지에 표시한다

2인 대화(보통 남녀 간)가 대부분이고 3인 대화가 1~2세트 출제된다. 대화의 흐름과 문제 순서가 거의 일치하므로 성우들의 대화를 들으면서 앞의 문제부터 차례대로 푼다.

대화 진행 순서와 문제 순서가 일치하지 않는 문제 세트가 파트 3 전체에서 1~2개 정도 나온다. 순서가 일치하지 않는다는 것은, 대화의 앞부분에 있는 내용이 첫 번째 문제의 정답과 관련 없고, 두 번째나 세 번째 문제의 정답과 관련이 있는 경우 등을 말한다. 첫 번째 문제관련 정답 힌트가 대화의 마지막 부분에 나오기도 한다.

'문제 지문 미리 읽기'를 충실히 했으면 어떻게 순서가 뒤바뀌든 상관없이 쉽게 맞출 수 있다. 두 번째와 세 번째 문제를 먼저 풀다가 첫 번째 문제 관련 대화 내용이 들리면 그때 재빨리 답을 고를 수 있다. 문제 미리 읽기를 하지 않는 경우는 답을 고르기 어렵다. 만약 성우 담화가 끝날 때까지 답을 고르지 못했다면 미련 없이 포기한다.

④ 문제지에만 답을 표시한다**

한 문제 풀 때마다 답안지에 답을 바로 마킹하는 파트 1, 2와 달리, 파트 3, 4를 풀 때는 답안지에 답을 마킹하면 절대 안 된다. 반드시 문제지에만 표시한다.

파트 3의 39문제에 이어서 파트 4의 30문제 풀 때까지 쉴 틈 없이 강하게 집중하며, 3문제씩 2회(최소 1회) 미리 읽으면서 풀어야 한다. 문제를 풀 때마다 답안지에 표시한다면 시간 부족으로 문제 지문 미리 읽기를 제대로 할 수 없다.

답안지에 옮기는 것은, LC 파트 풀이 시간이 완료 된 직후, 바로 이어서 RC가 시작되었을 때 '2분 정도'를 사용해 한꺼번에 한다. RC 75분 중 일부를 LC 파트 3, 4의 답안 표기에 이용하는 것이다.

⑤ 성우들의 대화가 끝나기 전에 이미 답을 다 골랐으면, 다음 담화 (talk) 관련 '문제 지문 3개'를 미리 읽기 위해 재빨리 이동한다

파트 3은 성우들의 대화가 끝나기 전에 문제들에 대한 정답 힌트들

토익 시험의 천재가 되는 비법

이 대부분 나온다(파트 4도 동일하다). 그래서 마지막 문제 관련 답을 골랐으면 더 이상 대화를 듣지 말고, 다음 주제 관련 3문제로 신속히 이동해 미리 1~2회 읽어야 한다. 그러면 시간 여유가 생겨서 문제 지문의 내용을 더 자세히 파악할 수 있다.

LC 만점에 가까운 실력이라면 만약을 위해 대화를 다 듣고 난 후에 다음 문제들을 읽기 시작해도 괜찮다. 나는 만에 하나를 위해 그런 방식으로 한다. 그렇지만 성우들의 말을 끝까지 다 들었다고 해서 이미 골랐던 답을 바꿔야 했던 기억은 없다. 노파심에 습관적으로 다 들을 뿐이다.

토익 시험을 처음으로 보는 사람들은 시험장에서 파트 3, 4의 문제들을 풀 때 재미있는 경험을 한다. 성우들의 말이 아직 끝나지 않아 계속 듣고 있는데, 옆에서는 문제지를 휙 넘기는 소리가 몇 차례 크게 들리는 것이다. 답을 이미 다 골라서, 다음 문제들을 미리 읽기 위해 문제지의 페이지를 빠르게 넘기는 수험생들이 만드는 소리다. 그런 소리가 많이 들리는 고사실이 실력자들이 모여 있는 곳이다. 페이지 넘기는 소리가 들릴 타이밍인데도 주위가 조용하면 초급자들이 많은 것이다.

⑥ 성우들의 대화가 끝날 때까지 풀지 못한 문제는 찍는다

성우들의 대화가 끝나는 시점까지 풀지 못한 문제가 있으면 소거법을 사용해 가장 가까운 답을 고르거나 전혀 모르겠으면 아무거나 선택한다. 그리고 다음 대화 관련 3문제로 신속히 이동한다. 풀 수 있는 쉬운 문제들이 많이 남아 있기 때문에 집착을 버리고 시간 관리를 해야 한다. 950점 이상 될 때까지는 그런 태도를 유지한다.

고득점자가 되면 약간의 시간 관리가 가능해진다. 나의 경우, 성우들의 담화가 끝난 후에 한 성우가 첫 번째 문제의 질문을 읽어 줄 때까지 문제를 풀기도 한다. 만점을 목표로 하기 때문에 뭔가 불확실하면 재확인하려는 목적에서다. 약 15~20초 동안에도 다음 문제 3개를 2회 미리 읽을 수 있도록 훈련이 되어서 그렇게 할 수 있다. 하지만 성우가 두 번째 문제의 질문을 읽기 전에는 시간 관리를 위해 다음 문제들로 반드시 이동한다. 그때까지 머물러 있으면 다음 주제에 관한 문제 지문들을 원하는 수준으로 읽는 데 부담이 된다.

⑦ 답을 다 골랐으면, 다음 주제 관련 3문제(질문 3개와 질문별 보기 4개)를 2회(최소 1회) 미리 읽는다

성우들의 대화가 끝나면 그중 한 명이 '약 35~40초' 동안 문제지에 인쇄되어 있는 관련 질문 3개를 순서대로 읽어 준다. 질문 길이에 따라 시간 차이가 조금 있다.

질문과 보기들을 미리 1~2회 봤고, 그것에 근거해 성우들의 대화를 들으면서 동시에 답도 골랐으므로, 성우가 읽어 주는 질문을 듣고 있으면 안 된다. 그 시간에 다음 주제에 관한 3문제를 미리 읽어 두어야 한다. 성우들의 담화(talk)가 끝나기 전에 답을 다 골랐으면 당연히 더 빨리 이동해야 한다.

위와 같은 풀이 방식을 파트 3, 4가 끝날 때까지 계속 되풀이한다.

⑧ 파트 3 풀이가 완료되면, 문제지에 표시된 답들을 그대로 두고 파트 4의 첫째 담화(talk) 관련 '문제 지문 3개'를 미리 읽으러 이동한다

파트 4 풀이 방식에 대한 '안내 방송(direction)'이 나오는 시간에도 3문제를 계속 읽는다. 3에서 4파트로 전환할 때는 '파트 안내 방송' 때문에 시간 여유가 생긴다. 그렇지만 두 번째 담화 관련 문제 지문들은 미리 읽지 않는다. 3파트를 쉬지 않고 풀었으므로 약간 여유 있게 4파트를 시작하는 것이 집중력 유지에 좋다.

문제지에 풀어놓은 3파트 답들의 답안지 표기는 파트 4의 문제들(71~100번)까지 풀이 완료 후에 한다.

(3-2) 파트 4 풀이 요령

① 파트 3과 동일한 방식으로 풀이한다

'담화별 문제 지문 3개 미리 1~2회 읽기 → 성우의 담화(talk)를 들으면서 문제지에 답 골라 놓기 → 성우의 담화가 끝나기 전에 답을 다 골랐으면 다음 3문제로 이동해 1~2회 미리 읽기'를 반복한다.

파트 4는 성우가 한 명이므로 질문을 읽으면서 남성(man)과 여성(woman)을 구분할 필요가 없다. 4파트가 3파트보다 풀기 쉬운 이유

중 한 가지다.

② 파트 4까지 풀이 완료했으면 파트 3, 4의 답들을 답안지에 한꺼번에 옮긴다

RC가 시작되자마자 '2분 정도'의 시간을 이용해 답안지에 한꺼번에 마킹한다. 실수 하지 않도록 주의하면서 최대한 빨리 마킹한다.

파트 3, 4의 답들을 답안지에 표기한 후에는, 파본 검사 시간과 파트 1, 2 안내 방송 시간에 문제지에 표시해 놓은 'RC 파트 5'의 답들도 답지에 옮긴다. 그러나 파트 5의 나머지 문제들을 풀지는 않는다. '파트 7 → 6' 순서로 먼저 풀이 완료 후, 마지막에 파트 5로 돌아와서 남은 문제들을 푼다. 내가 추천하는 풀이 방식(파트 7 → 6 → 5)이다. '03 단원'에서 자세히 설명할 것이다.

(4) 파트 3, 4 공부할 때 유의할 점

파트 3, 4는 질문 구조(의문문 구조)를 미리 파악하고 있어야 한다. 파트 3, 4 질문에 사용되는 의문문들의 형태는 항상 동일하거나 유사하다. 시험을 보는 도중 해석하고 있으면 시간 낭비다. 보자마자 바로 이해해야 한다.

초급자여서 의문문에 익숙하지 않다면 교재나 문제집에 정리된 자료들을 보고 미리 공부해야 한다. 의문문 패턴 수는 몇 개 되지 않는다.

토익 시험의 천재가 되는 비법

모의고사 2~3회 분을 가지고 파트 3, 4의 질문들만 쭉 보면서 익숙해질 때까지 집중 학습한다.

아래의 의문문들은 항상 나오는 것들 중 일부다. 만약 보는 즉시 이해되지 않고 분석이 필요한 것이 있다면 시험 준비가 덜된 것이다.

파트 3의 출제 의문문 사례

Where most likely are the speakers?

(대화자들은 어떤 장소에 있는 것 같은가?)

What does the man ask about?

(그 남자는 무엇을 요청했는가?)

What does the woman offer to do?

(그 여자는 무엇을 해 준다고 했는가?)

Where most likely is the conversation taking place?

(어디서 대화를 하고 있는 것 같은가?)

파트 4의 출제 의문문 사례

What is the announcement mainly about?

(무엇에 관한 공지인가?)

What are the listeners asked to do?

(듣는 사람들은 무엇을 요청받았는가?)

What will most likely happen next?

(다음에 무슨 일이 발생할 것 같은가?)

What is the company known for?

(그 회사는 무엇으로 유명한가?)

　초급자들은 의문문 맨 뒤에 전치사가 나오는 유형을 헷갈려 할 수 있다(위 예문에서 파란색으로 강조한 것들이다). 그런 유형을 보면, 전치사 바로 뒤에 의문사가 있다고 간주하고 해석하도록 한다. 전치사의 목적어로 '의문 대명사'가 사용된 것이다. 서로 떨어뜨려 놓는 것이 일반적이지만, 서로 붙여 사용해도 문법적으로 타당하다.

토익 시험의 천재가 되는 비법

• RC 종료 시간에 맞춰 풀면 안 된다

토익 LC는 성우들의 말을 귀로 들으면서 풀어야 하므로 원하지 않아도 주어진 45분 내에 풀이를 끝낼 수밖에 없다. 파트별, 문제별로 목표 풀이 시간을 배분할 수 없다. 그에 반해 RC는 모든 지문이 문제지에 있어서, 수험생들이 풀이 시간을 의식적이든 무의식적이든 조절할 수 있다.

그런데 RC 풀이를 시험 종료시점에 맞춰 끝내는 것으로 연습하고 실제 시험도 보는 사람들이 있다. 여유시간을 고려하지 않고 75분을 모두 배분해서 파트 5, 6, 7을 푸는 형태를 말한다. 잘못된 방식이다. 그렇게 푸는 것이 습관화되면 시험 도중에 발생할 수 있는 변수들에 대처가 힘들다.

변수들이란, 실수로 특정 문제를 푸는 데 시간을 과하게 소비하거나, 순간적으로 집중력을 잃어서 시간을 허비하는 경우 등을 말한다. 그런 상황이 발생할 때를 대비해 주어진 RC 시간보다 더 빨리 풀어서 여유시간을 남기도록 연습하고 실제 시험에도 임해야 한다. 토익 시간을 일정 수준 지배할 수 있어야 한다. 그렇지 않으면 시간 부족으로 많은 문제들을 찍어야 하는 상황이 초래된다. 또한 시간에 지나치게 쫓기면서 풀면 쉬운 문제들도 어려워 보이게 되고 틀릴 가능성도 높아진다. 마음이 급해지고 긴장이 과도해지면 실수를 저지르기 마련이다. RC를 75분에 딱 맞춰 끝내지 않고 60~65분 내에 마칠 수 있는 '속도 능력'을 갖춰야 여유가 생긴다. 설령 그 수준에 도달하지 못하더라도 그런 목표를 가지고 연습해야 원하는 점수에 빨리 도달할 수 있다.

RC는 시험 종료 시간의 '10~15분 전'까지 풀이를 완료하는 것으로 목표를 정하고 풀어야 한다. 예를 들어, 실제 시험은 2시간 이지만 '1시간 45분~1시간 50분 내'에 끝내도록 노력한다. 뒤이어 설명될 '파트별 목표 풀이 시간'도 거기에 맞춰 배분한 것이다.

나는 시험을 치르면 평균 10~15분 정도를 남긴다. 만점을 맞으려고 애매한 문제는 꼼꼼히 반복해서 보고, 단어 하나도 빼놓지 않고 지문들을 읽으려고 하기 때문이다. 하지만 실전 문제 풀이할 때는 약 20분 이상 남기는 것을 목표로 푼다. 연습이 실전보다 가혹해야 속도 능력이 빨리 향상된다.

• RC 파트 문제 구성 및 파트별 목표 풀이 시간

(1) 파트별 1차 목표 풀이 시간

토익 시험의 천재가 되는 비법

파트	내용	문제 번호	문제 수	파트별 목표 풀이 시간 (1차 목표 시간)
5	단문 공란 채우기	101~130	30	5분(10초/문제)
6	장문 공란 채우기	131~146	16	8분(30초/문제)
7	단일 지문	147~175	29	29분(1분/문제)
	이중 지문	176~185	10	10분(1분/문제)
	삼중 지문	186~200	15	15분(1분/문제)
총계			100개	67분

※ '목표 풀이 시간'은 문제를 푼 후 답안지에 마킹까지 완료하는 기준이다.

※ 공부할 때 스톱워치로 측정하면서 목표 시간과 비교하며 연습하면, 실제 시험에서는 문제당 풀이 시간을 감각적으로 관리할 수 있다. 일부 문제들은 목표 시간보다 더 빨리 풀거나 늦게 풀 수 있지만, 시험 전체적으로는 시간 균형이 일정 수준 유지된다.

(2) 파트별 2차 목표 풀이 시간

쉬운 문제들은 1차 목표 시간보다 더 빨리 풀도록 연습해야 한다.

파트	파트별 목표 풀이 시간 (2차 목표 시간)
5	5~10초/문제
6	15~30초/문제
7	30초~1분/문제

(3) RC 파트 총 풀이 시간 및 목표 잔여시간

(1차 목표 풀이 시간 기준)

구분	시간(분)	비고
① 파본 검사 및 파트 1, 2 안내 방송 시간	4	RC 파트 시작 전에 파트 5 풀이한 시간 총계
② RC 시간	75	RC 정규 시험 시간
③ RC 파트 사용 가능 시간(①+②)	79	RC 파트 풀이에 쓸 수 있는 총 시간
④ RC 파트별 시간 배분 **a. 문제지에 표시한 파트 3, 4의 답들 답안지에 마킹: 2분** b. 파트 5 풀이: 5분 c. 파트 6 풀이: 8분 d. 파트 7 풀이: 54분	(69)	**파트 5, 6, 7의 총 목표 풀이 시간 (a+b+c+d)**
⑤ 목표 잔여 시간(③-④)	10분	LC, RC 문제 풀이 및 답안지 마킹 완료 후 남는 시간

※ "①"의 4분은, 파본 검사 2분, 파트 1 안내 방송 1분 30초, 파트 2 안내 방송 30초로 대략 계산한 것이다. 파트 5 문제를 최대 '20~25개'까지도 풀 수 있다(최소 15개 정도는 풀도록 노력해야 한다).

※ "④의 a"는, 문제지에 먼저 표시해 놓은 파트 3, 4의 답들을 답안지에 한꺼번에 마킹하는 시간이다.

※ "⑤"의 잔여시간 10분은, 나중에 점검하려고 문제지에 표시해 놓고 지나간 문제들을 검토하는 데 사용한다. 답안지에 일단 표기는 했지만 답에 대한 확신이 부족한 것들로서, 자세히 검토하면 풀 수 있다고 생각되는 문제들을 재점검한다.

토익 시험의 천재가 되는 비법

• RC는 '파트 7 → 6 → 5' 순서로 푸는 것이 효율적이다

현 토익 시험 구조상 RC를 '파트 5 → 6 → 7' 순서로 풀면 점수 및 시간 관리에 불리하다(뒤에서 자세히 설명할 것이다). 고득점자나 초급자나 상관없이 영향을 받는다.

효율적 RC 파트 풀이 순서는 어느 정도 규격화 되어 있다. 토익 전문가들이 점수 향상에 적합한 방법들을 찾는 과정에서 몇 가지로 집약된 듯하다. 특히, 파트 7부터 풀이하는 것은 일반화되어 있다. 나는 '파트 7 → 6 → 5' 순서를 제안한다. '파트 6 → 7 → 5' 순서도 괜찮지만 초급자나 중급자에게는 힘들다.

(1) '파트 7 → 6 → 5' 순서로 풀어야 하는 이유

① 파트 7을 마지막에 풀 때의 문제점

파트 7 대신 파트 5를 마지막에 풀어야 하는 이유는 파트 7을 마지막에 풀다가 시간 부족으로 많은 문제들을 찍게 되는 상황을 방지하기 위함이다.

700~800점대의 수험생들이 시간에 쫓겨 '10~20문제' 정도를 찍고 왔다는 얘기를 흔하게 들을 수 있다. 그만큼 토익 RC 파트는 시간 여유를 갖기 힘든 구조다. ETS에서 토익 시험을 2차례 개정하면서 의도적으로 그렇게 설계한 것으로 분석된다. 만점자들은 조금 더 수월하게 풀겠지

만 시간에 쫓기기는 마찬가지다. 영어 실력만으로 시간 관리를 하기는 어렵다. RC 파트별 문제 풀이 순서도 효율화해야 더 높은 점수를 맞을 수 있다.

'파트 5 → 6 → 7' 순서로 풀 경우, 많은 문제들을 찍게 되는 상황을 초래할 수 있는 주요 원인을 분석해 보겠다.

첫째, 파트 7을 마지막에 풀면 '체력 저하'로 인한 집중력 상실로, 길고 복잡한 이중 및 삼중 지문들을 원활히 풀기가 어려워진다.

파트 7의 독해나 문제들의 난이도가 일반적으로 높지는 않지만 주어진 시간 대비 검토할 내용이 너무 많다. 파트 7을 시작해서 문제들을 50% 정도 풀 때까지는 그럭저럭 힘이 남아 있지만, 시험 종료까지 10~20분가량 남으면 체력이 바닥을 보이기 시작하면서 뇌에 공급되는 에너지가 급격히 소진된다. 극도로 집중한 상태로 LC와 RC 파트를 풀어 오면서 힘을 많이 뺀 것이 원인이다. 시험 속도가 빠르고 회복할 틈이 없다는 것도 영향을 준다.

뇌 에너지가 많이 떨어진 상태에서 계속 초집중하면 멍한 상태가 되어 사고력이 급격히 저하된다. 그 결과로 문장 하나를 몇 번씩 반복해 읽어도 머리에 들어오지 않게 된다. 분석력이 약해지는 것이다. 뇌가 지치면 그런 현상이 발생한다. 한 문장을 반복해서 읽고 있다는 사실도 순간적으로 의식 못할 수 있다.

토익 시험의 천재가 되는 비법

그런 신체적 상태에 있을 때 바로 풀리지 않는 약간 복잡한 문제라도 만나면 초조와 불안으로 긴장이 지나치게 높아진다. 그로 인해 뇌에서 스트레스 호르몬(아드레날린 등)이 과다 분비되어 자신도 모르게 사고가 거의 마비된다. 실제 뇌에서 일어나는 과학적인 현상이다.

스트레스 호르몬의 적절한 분비는 집중력을 강화하지만, 과다 분비는 사고력을 약화시킨다. 토익 풀이 요령에 익숙하지 않은 수험생들이 의례적으로 겪는 과정이다. 나도 경험한 적이 있다. 토익 수강생들에게 물어보면 대부분 체험한 적이 있다고 말한다.

둘째, 파트 7은 뒤로 갈수록 지문이 길어지고 문제가 복잡해진다. '단일 지문(29) → 이중 지문(10문제) → 삼중 지문(15문제)'이 순차적으로 나온다. 이중 지문까지는 버티더라도, 삼중 지문이 있는 문제지를 힐끗 보고 나면 독해를 시작하기도 전에 심리적으로 무너지기 쉽다. '뇌가 지친 것'이 가장 큰 원인이다. 길고 복잡해 보이는 지문과 문제들을 무의식적으로 뇌가 거부한다. 실제로도 삼중 지문 문제 수에 가까운 10~15문제를 찍고 왔다는 사람들이 많다. 시험 시간에만 맞춰서 대충 푼 사람들보다 한 문제 한 문제 집중해서 열심히 푼 사람들이 오히려 그런 경험을 한다.

파트 7의 이중 지문과 삼중 지문에는 '지문 간 연계 문제'가 나온다. 어렵지는 않더라도 에너지가 부족하고 긴장이 심해지면 대응이 힘들다. 모의고사를 자주 봐서 훈련이 잘되어 있거나 냉정한 사람은 관리가 가능하겠지만, 힘들다는 것 자체는 변하지 않는다. 그런데 파트 7을 먼저 풀고 파트 6, 5를 나중에 풀면, 그런 문제점들을 상당 부분 극복할 수 있다. 7파트를 마지막에 푸는 것과 비교해 '몇 분에서 10여 분' 일찍 푸는 것이지만, 체력 및 정신에 미치는 영향이 꽤 크다.

② 풀이 순서를 바꾸면 점수가 올라간다

'파트 5 → 6 → 7' 대신에 7 → 6 → 5'로 문제 풀이 순서만 변경하면 더 많은 문제들을 안정적으로 풀 수 있다. 점수 상승이 가능하다.

'파트 5 → 6 → 7' 순서로 풀어도 실력이 향상됨에 따라 시간 부족이 점진적으로 극복된다. 하지만 목표 점수 획득할 때까지의 공부 기간이 몇 개월 이상 길어질 수 있다. 압도적인 '독해 및 문제 풀이 속도'를 기르면 순서가 전혀 문제되지 않지만, 영어 전문가가 될 계획이 아니라면 목표 점수를 빨리 획득하는 방식을 취하는 것이 현명하다.

'풀이 순서를 바꾼다고 정말 점수 향상이 가능할까?' 그렇다! 뇌의 특성에 적합하기 때문이다. 지금부터 그 이유를 내 실제 체험과 강의 경험에 근거해 분석해 보겠다.

첫째, 파트 7과 달리, 파트 5는 시험 시간이 단 1분만 남아 있고, 긴장된 상태이고, 힘이 빠졌어도 쉽고 빠르게 많은 문제들을 풀 수 있다.

파트 5의 문제들은 두세 줄의 짧은 한 문장으로 출제된다. 각 문장들을 구성하는 단어의 수는 관사까지 포함해 약 15~20개 사이이다. 많아야 25개 정도다. 또한 문제들의 난이도가 대부분 낮다. 시간이 없거나, 지쳐 있거나, 긴장한 상태에서도 문제당 10~15초 내에 풀이할 수 있다. 평소 연습만 잘되어 있으면 급할 때는 5초 내에 풀 수 있는 문제들도 있다.

내가 예전에 파트 7의 문제 한 개에 고집스럽게 집착하다가 시간 관리 실수로 인해, 파본 검사와 LC 파트 시간에 미리 푼 것을 제외한 파트 5 문제 '10개 정도'를 시험 종료 1분 전쯤에 푼 적이 있었다. 답안지에 마킹까지 하면서 풀었다. 공란 앞뒤만 보고 푼 문제들도 있었다. 운이 좋아서였겠지만 그렇게 하고도 다 맞았다. 그때 토익이 만점이어서 아직도 기억에 남아 있다. 원래 그렇게 풀지는 않는다. 만점을 목표로 하기 때문에 만약을 대비해 문제 지문을 다 읽는 것을 원칙으로 한다. 어쨌든 파트 5였기 때문에 시험 종료 직전에 그렇게 풀 수 있었다.

파트 7은 파트 5와 다르다. 파트 7의 문제는 한 개당 1분 내에 푸는 것을 목표로 해야 하지만, 시험 막판에 체력이 급격히 떨어지면 2~3분 이상 걸릴 수도 있다. 지문 간 연계해서 풀어야 하거나 추정을 요하는 문제들이 있고, 문제를 꼬아서 답을 바로 찾을 수 없도록 출제하기도 한다. 그런 문제들은 지문의 여러 내용들을 종합 분석하며 풀어야 하는데, 지치면 뇌기능이 저하되어 시간이 오래 소요된다. 헤매다가 시간만 헛되이 낭비하기도 한다.

파트 6은 지문별로 4문제가 출제된다. 파트 5의 문제 유형과 파트 7

의 단일 지문을 섞어 놓은 구조다. 파트 5보다 어렵지만 파트 7보다는 쉽다. 따라서 '파트 7 → 6 → 5' 순서로 푸는 것이 '파트 5 → 6 → 7'로 풀이 하는 것보다 에너지 및 시간 관리에 더 합리적이다. 내 경험 및 분석에 근거한 주장이다.

파트 6에는 '문맥에 맞는 문장 고르기 문제'가 각 독해 지문마다 1개씩 출제되는데, 지문 전체 내용을 종합해서 풀어야 할 때도 있어서 시간이 걸린다. 하지만 나머지 문제들은 파트 5처럼 풀 수 있다.

둘째, '파트 7 → 6 → 5' 순서로 풀면 파트 7을 풀 때 집중도가 향상된다. 순서가 정신적인 면에 긍정적 영향을 준다.

시험이 곧 끝난다는 생각을 하면서 파트 7을 풀면 마음이 급해진다. 그에 비해 목표 시간까지 파트 7을 먼저 풀고, 남은 시간에 파트 6, 5를 푼다고 생각하면 집중이 유지된다. 실제로는 목표 시간 내에 파트 7을 다 못 풀 수 있다. 하지만 뒤에 시간이 남을 거라는 생각자체가 심리적인 안정을 줘서, '파트 5 → 6 → 7'로 진행 할 때보다 더 많은 문제들을 풀도록 해 준다. 시험 종료 시간이 몇 분 남지 않았다고 해도, 파트 6과 5의 남은 문제들 정도는 금방 풀 수 있을 거라는 생각도 집중에 도움이 된다.

(2) 각 파트 맨 앞 문제부터 풀어야 한다

파트 7부터 푼다는 말을 오해해서, 200번 → 199번 → 198번… 형태로 맨 뒤 문제부터 거꾸로 풀었다고 말하는 수강생들이 드물게 있었다. 혼동되므로 절대 그렇게 하면 안 된다. 각 파트의 첫 번째 문제부터 순서대로 풀어야 한다. 파트별 순서만 7 → 6 → 5'라는 의미이지, 파트 내 문제 풀이 순서가 뒤에서부터라는 것은 아니다.

에너지가 남아 있을 때 더 어려운 문제들을 풀어야 한다는 것을 확대 해석해서 파트 7을 '삼중 지문 → 이중 지문 → 단일 지문' 순서로(거꾸로) 풀어야 되는지 묻는 수강생들도 있었다. 효율적인 방식처럼 보이지만 머리가 혼란스러워져 집중력을 분산시킨다. 악영향이 더 클 것이다. 답안 작성할 때 실수할 가능성도 있다. 무리하지 말고 앞 문제부터 풀도록 한다.

(3) '파트 7 → 6 → 5' 순서로 푸는 절차

여기서는 전체적인 흐름만 살펴본다. 파트별 자세한 풀이 방식은 '04, 05, 06단원'에 정리되어 있다.

① RC가 시작되면 문제지에 표시된 LC 파트 3, 4의 답과, 파본 검사와 파트 1, 2 안내 방송 시간에 문제지에 풀어 놓은 파트 5의 답을, 약 2~3분 내에 답안지에 신속히 옮긴다

파트 5의 풀지 않은 나머지 문제들은 그대로 둔다. '파트 7 → 6 순서로 풀이 진행 후 마지막에 돌아와서 푼다.

② 파트 7의 목표 풀이 시간인 약 54분 내에 '54문제'를 다 풀고 이어서 약 8분 내에 파트 6의 '16문제'를 푼다, 두 파트를 총 62분 내에 풀이 완료한다

62분이 경과되는 시점을 미리 계산하여 책상 위에다 연필로 적어 놓으면 편하다(시험 끝났을 때 지우개로 지워야 한다). LC 시간이 종료된 후 파트 3, 4 및 파트 5 풀이한 답을 문제지에서 답안지에 옮긴 다음, 벽시계를 보고 계산한다. 가령, 시계를 봤을 때의 시간이 10시 55분이면, 62분을 더해 11시 57분으로 책상에 적어 놓고, 시간을 몇 차례 점검하면서 진행한다.

시간을 계산하는 것이 귀찮으면, 시험 종료 15분이 남았다는 것을 알려 주는 '1차 안내 방송'이 나올 때까지 순서대로 '파트 7 → 6'을 풀이 한다(12시 10분이 끝나는 시간이면 11시 55분에 1차 안내 방송이 나온다). 그때까지 미처 풀지 못한 문제들은 답을 아무거나 골라서 답안지에 마킹하고, 나중에 재검토할 수 있도록 문제지에도 표시 후, 파트 5로 이동해서 남아 있는 문제들을 푼다. 파트 5 풀이 완료 후에도 시간이 남으면 돌아와서 찍은 문제들을 점검한다.

나는 늦어도 종료 15분 전 안내 방송을 할 때까지 끝내는 기준으로 파트 7, 6을 풀이한다. 보통 그 전에 RC 전체 풀이 및 마킹까지 완료한다. 만약 그때까지 풀지 못한 문제들이 몇 개 있는 경우는 서둘러서 다 풀고 파트 5로 이동한다. 그러나 950~990점 사이가 아니라면 더 이상 풀지 말고 답들을 일단 찍은 후에 파트 5로 바로 넘어가는 것이 안전하다. 파트 5를 먼저 풀어야 점수에 유리하다.

'시험 종료 5분 전'을 알려 주는 안내 방송이 나올 때까지 '파트 7 → 6' 순서로 풀다가, 그 시점에 파트 5로 이동하는 초급자들도 있겠지만 부득이한 경우에만 그렇게 한다. 힘이 들더라도 모든 문제를 다 풀고 10~15분 정도 남기는 것을 목표로 해야 집중도가 올라가면서 풀이 속도가 빨라지고, 시간 관리에도 여유가 생긴다.

파트 6, 7은 주제별로 출제 되는 문제들 단위로 풀이 후, 답을 답안지에 바로 마킹한다. 예를 들어, 'Questions 131-134 refer to the following email'이라면 131~134까지의 3문제가 한 단위다. 문제지의 답에 표시하며 3문제를 다 푼 후 한꺼번에 답지로 옮긴다. 그 후에 다음 문제 세트로 이동한다.

파트 6, 7 전체를 문제지에 먼저 다 풀이한 후에 답지에 옮기는 것이 아니다. LC 파트 3, 4는 문제 미리 읽기를 해야 하므로 나중에 한꺼번에 옮기지만, RC 파트 6, 7은 주제별 문제 단위로 구분해서 답안지 마킹하는 것이 효율적이다(내가 추천하는 방식이다).

③ 파트 5로 돌아와서 '나머지 문제들'을 풀이한다, 이때는 한 문제씩 풀 때마다 답안지에 정답을 바로 마킹한다

파본 검사 시간 및 LC 1, 2파트 안내 시간에 풀지 못한 나머지 문제들을 푼다. 이때는 한 문제씩 풀자마자 답안지에 표기한다. 문제들의 정답을 문제지에 먼저 표기한 후 나중에 한꺼번에 답지에 옮기면 위험하다. 문제 풀이 도중에 시험이 종료될 수 있기 때문이다. 따라서 고득점자가 아니라면 하나씩 풀 때마다 답안지에 바로 마킹하는 방식이 안전하다.

④ 파트 5 답안 표기까지 완료 후 시간이 남으면, 시간 관리상 답을 임의로 고르고 지나갔거나, 추가 검토가 필요해 문제지에 표시해 놓았던 것들을 시험 종료할 때까지 재점검한다

04 파트 5 풀이법

• 파트 5 특징

(1) 문제 수

30문제가 나온다. 각 문제는 짧은 한 문장으로 출제된다. 문장에 공란 하나를 주고, '4개의 보기들' 중 공란에 가장 적합한 것을 답으로 고르는 형태다.

(2) 출제 경향

'3장 04'단원에서 설명했던 바와 같이, 문법 파트라고는 하지만 공란에 가장 어울리는 **단어 고르기 문제가 약 40~45%로 가장 많다.** 문장 해석이 가능하고 단어의 뜻만 정확히 알고 있으면 맞출 수 있다. 기출 어휘들이 돌아가면서 나온다.

그다음으로 출제 비율이 높은 것은 품사 위치를 맞추는 문제들이다. **약 25~30%다.** 단어 선택과 품사 위치 문제들을 제외한 **기타 문법 문제 들은 약 25~30% 정도다.**

· 파트 5의 효율적 문제 풀이 방식

(1) 파본 검사 시간 및 LC 파트 1, 2 안내 방송 시간 활용

책의 다른 부분에서 자세히 설명했다.

(2) RC 시간에 파트 5 풀이 순서

① LC 시간이 끝나면, 문제지에 표시한 파트 3, 4, 5의 답들을 답안지에 재빨리 옮긴다

답안지 마킹이 완료되면, 파트 5의 남은 문제들은 풀지 않고 파트 7로 즉시 이동한다.

② '파트 7 → 6' 순서로 문제들을 신속히 풀고 미리 정해 둔 목표 시간이 되면 파트 5로 이동한다

혹여나 파트 7, 6 목표 풀이 시간을 초과했다면, 시계를 보면서 신중하게 시간을 관리해야 한다. 아무리 늦어도 시험 종료에 관한 2차 안내 방송(시험 종료 5분 전)이 나올 때는 파트 5로 이동해야 한다. 그때까지 풀지 못한 문제들은 아무 답이나 골라서 신속히 답안지에 마킹한다.

③ 파트 5에 남아 있는 문제들을 문제당 10초 기준(늦어도 15초)으로 풀

이한다(답안지 마킹까지 감안한 시간이다), 한 문제씩 풀자마자 답지에 바로 표기한다

문장을 읽다가 공란이 나오면, 아래의 보기 4개를 슬쩍 보고 공란 바로 뒷부분도 일부 읽은 후 답을 고른다(거의 동시에 보는 것이다). 그 후에 문장을 끝까지 본다. 공란 바로 뒤의 단어 몇 개를 봐도 답이 명확치 않으면 문장을 다 본 후 답을 고른다. 보기를 한 번만 보고 풀 수 없으면 문장과 보기 사이를 왔다 갔다 하면서 풀이한다.

공부할 때는 스톱워치로 측정하면서 시간 관리 연습을 할 수 있지만, 시험장에서는 감각에 의지해야 한다. 연습을 꾸준히 하면 시계를 보지 않아도 시간의 흐름을 대략 계산할 수 있다.

문제가 어렵거나 애매해 15초가 넘어갈 것 같으면, 소거법을 사용해 가장 가까운 답 중 하나를 고르거나, 모르겠으면 아무거나 하나 찍는다. 그리고 미련을 버린다. 재검토할 필요가 있다고 생각되는 문제에는 별도 표시를 해 두었다가, RC 완료 후 시간이 남으면 점검한다.

파트 5는 전체 30문제를 약 5분 내(300초 = 30문제 × 문제당 평균 10초)에 풀이 완료하도록 한다. 파트 7에 시간을 최대한 배부하기 위해, 기계적 풀이가 가능한 파트 5 목표 풀이 시간을 짧게 가져가는 것이다.

05 파트 6 풀이법

• 파트 6 특징

(1) 문제 수

한 지문(passage)당 4문제씩, 4개 지문에 총 16문제가 출제된다.

(2) 출제 경향

파트 5의 문제 형식에 파트 7의 단일 지문을 결합한 유형이다. 지문
이 파트 7의 단일 지문(single passage) 수준으로 길다는 것을 제외하
면, **파트 5와 출제 유형과 난이도는 유사하다. 단어 고르기 문제가 많
고 기출 문제들이 나온다.** 독해 지문에 공란(blank)이 4개 있고 그곳에
적합한 답을 보기들 중에서 골라야 한다.

'공란에 어울리는 문장'을 보기에서 고르는 문제가 독해 지문별로 1
개씩 총 4개가 나온다. 지문 내용을 전체적으로 이해해야 정확히 맞출
수 있으므로, 어휘를 고르는 다른 문제들보다 난이도가 높다.

• 파트 6의 효율적 문제 풀이 방식

----

(1) 독해 지문을 읽으면서 순서대로 푼다

독해를 진행하다가 공란이 나오면 지문 아래에 있는 보기들을 재빨리 보고 적정한 답을 고른다. 그리고 다시 올라와서 다음 공란이 나올 때까지 독해를 계속한다. 공란 앞뒤 내용 일부만 보면 정답을 찾을 수 있는 문제들이 대부분이다.

전체지문을 먼저 다 읽은 후에 문제 4개를 차례대로 푸는 것은 비효율적이다. 중간 중간 있는 공란(blank)들 때문에 해석이 제대로 안 된다. 독해를 진행하면서 순서대로 하나씩 풀어야 한다.

지문별로 한 개씩 나오는 '공란에 어울리는 문장 고르기' 문제는, 보기의 문장 4개를 공란에 일일이 대입해 보며 풀어야 한다. 내용의 흐름을 이해하기 위해 공란의 바로 뒤의 문장까지는 봐야 한다. 지문을 전체적으로 읽어야 하는 경우도 있다.

(2) 문제지에 지문별 4문제의 답을 다 표시한 후, 한꺼번에 답안지로 옮긴다

독해와 문제 풀이에 집중할 수 있도록, 4문제를 풀면서 일단 문제지에만 답을 표시한다. 네 번째 문제까지 풀이가 완료되면 한꺼번에 답안지에 마킹한다. 파트 6의 16문제 전체를 다 풀고 한꺼번에 답안지로 옮기는 것이 아니다.

(3) 지문당 4문제를 늦어도 2분 내에 풀이를 완료한다

지문별 4문제를 늦어도 2분 내(문제당 30초)에 풀어야 한다. 총 16문제가 출제되므로, 파트 6을 8분 내에 풀이 완료하는 속도다. 쉬운 문제들이 있으므로 숙달되면 16문제를 5~6분 내에도 모두 풀 수 있다.

'8분 내'에 파트 6 풀이를 완료하지 못하는 속도로는 파트 5, 7 및 LC 파트 3, 4에서도 시간 부족을 겪게 된다. 아직 고득점을 맞을 수 있는 수준이 아니므로 스톱워치로 측정하면서 열심히 훈련해야 한다.

토익 시험의 천재가 되는 비법

06 파트 7 풀이법

· 파트 7 특징

(1) 지문 유형 및 문제 수
총 54문제가 출제된다.

① 단일 지문 29문제(147~175)
단일 지문(single passage)이 나오고 지문당 2~4개 문제가 출제된다.

② 이중 지문 10문제(176~185)
특정 주제에 관련된 지문이 2개(double passage) 나오고, 주제별 5문제씩 출제된다. 지문 2개씩 짝을 이뤄 2세트가 나오므로 총 10문제다.

③ 삼중 지문 15문제(186~200)
특정 주제에 관련된 지문이 3개(triple passage) 나오고, 주제별 5문제씩 출제된다. 지문 3개씩 짝을 이뤄 3세트가 나오므로 총 15문제다.

(2) 파트 7 출제 문제 유형

① 주제/목적 묻는 질문

'purpose(목적)'나 'mainly(주로)'가 질문에 포함되어 있거나, 의문사 'why'로 시작한다. 지문 앞부분에 답이 주로 나온다. 그러나 문장 중간 에도 나올 수 있고 전체 내용을 파악해야 할 때도 있다. 가장 풀기 쉬운 문제 유형이다.

What is the purpose of that event?
(그 행사의 목적은 무엇인가?)
Why was the email sent to Ms. Jennifer?
(제니퍼에게 이메일이 보내진 이유는 무엇인가?)

② 세부 내용 관련 질문

구체적인 내용을 물어보기 때문에 지문을 꼼꼼히 봐야 하지만, 풀 기는 쉬운 유형들이다. 지문에서 답을 쉽게 찾을 수 있다. 'indicate/ suggest/state/mention' 등이 들어간 질문들이다. 단어들은 다르지만 해석은 공통적으로 '말하다'로 하면 편하다.

What is suggested about Ben's Restaurant?
(Ben's Restaurant에 관해 무엇이 말해지고 있는가?)
What is mentioned about Mr. Kevin?
(케빈에 대해서 무엇이 말해지고 있는가?)

토익 시험의 천재가 되는 비법

③ NOT/true질문

'NOT' 혹은 'true'가 질문에 포함되어 있다. 독해 지문의 특정 부분이 아니라, 전체 내용을 종합적으로 분석해야 답이 나오도록 보통 출제한다. 지문을 2~3회 반복해 읽어야 정확한 답을 고를 수 있는 문제들도 있다. '정독'하면서 '속독속해'하는 능력이 부족하면 목표 시간 내에 풀기 어렵다.

풀이 시간이 오래 걸릴 수 있어서 "다른 문제들을 먼저 풀고 난 후에 NOT/true 문제들을 검토하는 것이 좋다"라고 말하는 사람들도 있다. 하지만 그런 식으로 하면 복잡한 문제들을 신속히 푸는 기능을 기르는 데 방해가 된다. '속독속해 능력 및 문제 분석 속도'를 향상시켜서 대처해야 한다. '속도 능력'이 충분하면 NOT/true 문제들도 목표 시간 내에 풀 수 있다. 지문과 문제를 반복해 읽으면 정답이 보인다.

파트 7에서 어렵거나 애매한 문제는 몇 개 안된다. 대부분의 문제들은 어휘력과 속독속해 능력이 있으면 풀 수 있다. 시간에 쫓겨서 풀다 보니 내용 파악이 정확히 되지 않아서 쉬운 문제들도 어려워 보이는 경우가 많다.

NOT/true 문제 유형은 아래와 같다.

What is NOT mentioned about the marketing meeting?)
(그 마케팅 회의에 대해서 말해지지 않은 것은 무엇인가?)
What is true about AC Electronics Co.?
(AC Electronics 회사에 관해 맞는 얘기는 무엇인가?)

④ 추론 문제(most likely/probably/imply)

독해 지문 전체나 일부 내용을 단서로 해서 정답을 추리하는 문제들이다. 지문 내용을 단순 패러 프레이징(말 바꾸기)해서 정답 보기들을 만들기도 하지만, 한 번만 보고 풀기에는 어렵게 문제를 출제하기도 한다. 속독속해 능력이 없으면 풀이 시간이 오래 걸린다.

딱 맞아떨어지는 명확한 답이 보이지 않는 문제도 드물지만 나온다. 그럴 때는 답에 가장 가까운 보기를 골라야 한다.

What is implied about Ms. Sandra?
(산드라에 관해 암시된 것은 무엇인가?)
Which applicants will most likely be chosen?
(어떤 지원자들이 선택될 것 같은가?)
When did Lauren probably stop by the branch?
(Lauren은 언제 그 지점을 방문했던 것 같은가?)

⑤ 동의어나 유사표현 찾기

독해 지문의 특정 부분에 있는 단어와, 문맥상 의미가 일치하는 동의어나 유사어를 문제 보기에서 찾는 문제다. 매 시험 1~2문제 출제된다.

지문의 단어에 대해 알고 있는 해석에 근거해 풀면 틀릴 수 있다. 지문의 앞뒤 문맥(context)을 자세히 보고 관련 단어의 의미를 파악한 후 답을 골라야 한다. 한 단어의 의미가 다양한 경우 모르고 있던 해석이 답이 될 수 있다. 예를 들어 아래 예문의 'celebrated'가 문맥상 '유명한(famous)'이란 뜻이라고 했을 때, '축하받는(congratulated)'이라는 일반적 의미로 해석하면 틀린 답을 고르게 된다. 문맥상 적정한 의미의 단어를 선택해야 한다.

The word "celebrated" in paragraph 3, line 2 is closest in meaning to

(A) famous
(B) congratulated
(C) commemorate
(D) ceremony

• 파트 7의 효율적 문제 풀이 방식

(1) 단일 지문(147~175) 효율적 풀이 방식

① 질문 전체(2~4개 사이)를 빠르게 먼저 읽는다. 질문 한 개당 '2~3초 내'에 읽는다. 정답 보기 4개(A~D)는 미리 읽지 않는다

문제의 질문들을 미리 읽되, 고유명사(사람 이름, 회사명, 제품명, 행사명, 장소명 등) 위주로 보며 기억하려 노력한다. 고유명사가 아니더라도 '날짜, 요일, 각종 수치'는 주의해서 본다. 주제나 기타 사항을 묻는 질문들은 쓱 보거나, 읽지 않고 건너뛰어도 된다.

문제의 정답 보기들은 미리 읽지 않는다. 내용이 복잡하고 길기 때문에, 미리 읽어도 집중해서 독해 지문을 읽고 나면 기억이 거의 안 난다. 보기들 중 정답은 어차피 하나다. 정답과 무관한 보기들의 내용을 미리 파악할 필요가 전혀 없다. 머릿속만 복잡해지고 시간만 낭비된다. LC 파트 3, 4에서 문제 지문의 질문과 보기들을 미리 읽기 하는 것과 단순 비교하지 말아야 한다. 지문 길이, 난이도, 풀이 조건 등이 다르다.

질문을 미리 읽었다고 해서, 그 내용을 명확히 기억한 상태로 본문 지문을 독해할 수 있는 것은 아니다. 하지만 평소에 연습을 열심히 하면, 질문에 있는 '사람 이름, 회사명, 제품명' 등의 고유명사와, 날짜, 요일 등의 수치들은 상대적으로 인상이 강하게 남는다. 집중해서 보아두면 '단기 기억'으로 몇십 초에서 몇 분 정도 자동으로 뇌에 머문다. 그 때문에 지문을 읽다가 관련 부분이 나오면 의식적 혹은 무의식적으로 자세히 보게 된다. 뇌 속에서 자동으로 상호 연결되는 것이다. 그 결과로 답을 빨리 찾을 수 있다.

'3장 03단원'에서 설명한적 있는 바와 같이, 고유명사를 읽을 때는 조

토익 시험의 천재가 되는 비법

금도 주저하지 말아야 한다. 발음 때문에 순간 망설이면 집중력이 약해져 뇌가 인식을 강하게 하지 못한다. 입으로든 속으로든 자신감 있게 읽어야 '단기 기억'이 강해진다. 본인이 하는 발음이 가장 정확한 것이라고 생각하고 읽어야 한다.

공부할 때 고유명사를 의도적으로 강하게 인식하는 훈련을 꾸준히 하면, 시험을 치를 때 처음 보는 고유명사들이 나와도 부담 없이 읽을 수 있다. 토익에는 우리에게 익숙하지 않은 다양한 고유명사들이 나오는데, 일반 어휘들과 달리 대부분 의미가 없어서 인식과 기억이 사실 어렵다. 특히 사람 이름이 그렇다. 그러나 연습을 하면 극복된다.

② 독해 지문을 아주 빠른 속도로 정독하며 직독직해한다

지문 전체를 '정독' 및 '속독속해'하며 다 읽는다. 미리 읽어 놓은 질문에 있던 고유명사나 수치 등과 연관된 내용이 나오면 더 집중하고, 중요하다고 생각되는 부분은 밑줄을 치거나 나름의 방식으로 표시하면서 읽는다. 표시는 뇌를 자극해서 관련 내용이 더 잘 인식되도록 해 준다.

지문 전체를 정독하며 중간에 멈추지 말고 끝까지 읽어야 한다. 세부적인 내용을 물어보는 문제들과, 여러 내용을 종합해서 풀어야 하는 문제들에 동시에 대처하기 위함이다. 정독하지 않고 대충 읽으면 빠뜨린 단어 몇 개 때문에 답이 보이지 않을 때가 있다. 답을 찾기 위해 헤매다가 시간을 과하게 소비하게 된다. 또한 중간에 멈추지 않고 지문을 다 읽으면 집중력 유지에 유리하다. 문제를 풀면서 필요한 지문만 찾아보는 것에 비해, 전체 내용 파악 및 요점 기억을 더 빠르고 효율적으로 할 수 있다.

본문 독해할 때는 미리 읽었던 질문 내용(고유명사 등)을 머릿속에서 떠올리려 노력하지 말아야 한다. 독해 집중을 위해서다. 지문을 읽다가 관련 내용이 나오면 알아서 떠오른다. 자신의 뇌가 알아서 처리한다.

③ 첫 번째 문제부터 순서대로 문제당 '1분 내'에 풀이한다

본문 지문을 다 읽었으면 문제로 다시 돌아온다. 이때는 질문과 보기들의 내용을 꼼꼼히 보면서 첫 번째 문제부터 하나씩 풀이한다(보기들도 다 읽어야 한다). 답을 알면 바로 고르고, 모르겠으면 문제와 독해 지문 사이를 빠른 속도로 왔다 갔다 하면서 푼다.

문제와 독해 지문을 한 번 읽고 풀 수 있으면 가장 좋지만, 2~3회는 봐야 할 수도 있다. 필요한 경우 문제와 독해 지문의 관련 내용들 사이를 연필로 선을 쭉 그어 연결한다. 시선 이동을 편하게 해 주므로 풀이 시간을 절약할 수 있다.

문제당 1분 내 풀이는 상황에 따라 독해 지문의 관련 부분과 문제 지문을 2~3회 반복해 읽는 것까지 고려한 것이다. 문제마다 난이도가 다를 수 있으나, 가장 난이도가 높은 문제를 1분 내에 푸는 것을 목표로 해야 풀이 속도가 향상된다.

1분은 최소한의 기준이므로 실력이 쌓이면 더 단축해야 한다. 평균적으로 문제당 '30초~1분 내'에 푸는 것을 2차 목표로 해야 한다. 그러면 복잡한 문제 몇 개를 1분 초과해서 푼다고 해도 전체 풀이 시간은 여유가 생긴다.

1분을 많이 초과할 것 같은 문제는 답을 임의로 고른 후 미련 없이 지나가는 것을 원칙으로 한다. 시간이 더 주어질 경우 풀 수 있다고 생각되는 문제에는 표시를 해 뒀다가 RC 답안 표기를 모두 완료하고도 시간이 남으면 돌아와서 점검한다. 이중 및 삼중 지문을 풀 때도 동일한 방식으로 진행한다.

파트 7의 질문을 읽을 때는 문장 구조를 문법적으로 분석하거나 오래 해석하면 안 된다. 고유명사나 단어 몇 개 바뀌는 것을 제외하고는 시험마다 질문 유형이 항상 일정하다. 보자마자 내용을 이해할 수 있어야 한다. 질문 하나당 2~3초 내에 읽고 해석할 수 있어야 한다. 만약 초보자라면 실전 모의고사 문제집을 구매해서, 시험 전에 '파트 7의 질문들'만 2~5회분 정도 반복해 읽어 본다. 보는 즉시 이해될 수준까지 학습한다.

④ 문제 세트별(2~4개 사이)로 문제지에 먼저 답을 표시하고, 특정 세

트에 대한 풀이가 끝나면 한꺼번에 답안지에 옮긴 후 다음 주제에 관한 문제 세트로 이동한다

파트 7 전체 풀이를 다 끝내고 답안지에 옮기는 것이 아니다. 특정 주제에 대해 출제된 문제 그룹 단위로 한다.

(2) 이중 지문(176~185) 효율적 풀이 방식

단일 지문과 달리, 한 가지 주제에 대해 2개의 독해 지문으로 구분되어 나온다. 예를 들어, 광고 지문이 먼저 나오고 관련 이메일 지문이 별도로 나오는 형식이다. 이중 지문(double passage)은 세트별로 5문제가 출제된다.

단일 지문과 완전히 다른 점은, 5문제 중 1~2개가 두 지문의 내용을 동시에 고려해 풀어야 하는 '지문 연계 문제'라는 것이다. 항상 그렇지는 않지만 일반적으로 5문제 중 처음 두 문제는 첫째 지문에서 답을 찾을 수 있고, 세 번째나 네 번째 문제 중 하나는 두 지문의 내용을 연결해서 풀이하는 지문 연계 문제이며, 네 번째나 다섯 번째 문제는 둘째 지문에 답이 있는 형태로 출제된다.

① 질문 전체(5개)를 빠르게 먼저 읽는데 질문 1개당 2~3초 내에 읽는다, 보기 4개(A~D)는 읽지 않는다

고유명사, 날짜, 요일, 각종 수치만 집중해 읽는다. 주제 등을 묻는 일반 질문은 가볍게 훑어보는 식으로 읽거나, 아예 읽지 않고 건너뛴

토익 시험의 천재가 되는 비법

다. 이중 지문이라고 질문들을 나눠서 볼 필요 없다. 5개 한꺼번에 다 읽는다. 고유명사 위주로 보는 것이므로 부담되지 않는다.

② 질문들을 다 읽었으면 첫째 지문을 빠른 속도로 정독 및 직독직해하며 끝까지 읽는다, 둘째 지문은 읽지 않는다

미리 읽어 놓은 질문 내용은 순간적으로 잊도록 한다(훈련을 하면 익숙해진다. 실제 망각되는 것은 아니고 머릿속에 남아 있다). 독해 집중을 위해 머리에서 잡념을 제거하는 것이다. 본문 지문을 정독하며 읽다가 질문에 있었던 '고유명사나 수치 등'이 자연스럽게 눈에 확 들어오면, 관련 내용들을 주의해서 본다.

둘째 독해 지문(passage)은 읽지 않는다. 첫 번째 문제부터 순서대로 풀다가, 첫째 지문에 정답관련 내용이 없을 때 비로소 둘째 지문을 읽는다. 둘째 지문까지 한꺼번에 미리 읽으면 머리만 복잡해진다. 원활한 문제 풀이에 오히려 방해가 된다.

③ 첫 번째 문제(질문과 보기들)를 보고 답을 고른다

첫째 독해 지문을 다 읽었으면 문제로 다시 내려와서 첫째 문제 지문(질문과 보기들)을 본다. 이때는 보기들도 다 봐야 한다. 그리고 나서 독해 지문의 관련된 부분과 문제 사이를 빠르게 왔다 갔다 하면서 풀이한다. 필요한 경우, 독해 지문의 관련 부분과 문제와의 사이를 연필로 선을 쭉 그어 연결한다. 시선 이동이 편해져서 좀 더 원활하게 풀 수 있다.

④ 고른 답들을 문제지에 먼저 표시한다

한 문제씩 답지에 옮기는 것이 아니다. 문제 5개를 문제지에 먼저 다 풀고 난 후에 일괄적으로 답안지에 마킹한다.

⑤ 두 번째~다섯 번째 문제를 순서대로 푸는데 문제를 풀다가 첫째 독해 지문에 정답 근거가 없으면, 둘째 독해 지문을 다 읽은 후 푼다, 한 문제씩 풀 때마다 고른 답을 문제지에 표시한다

두 지문의 내용을 연결해서 풀어야 하는 '지문 연계 문제는', 세 번째나 네 번째 문제에 주로 나온다. 두 지문을 번갈아 읽다 보면 혼동이 될 수 있으므로, 지문 간 상호 연관된 부분들 사이를 연필로 선을 그어 연결한다. 풀이 시간을 절감할 수 있다. 단순하지만 아주 효율적이다.

⑥ 문제지에 표시한 답들(5개)을 답안지에 한꺼번에 옮긴다

(3) 삼중 지문(186~200) 효율적 풀이 방식

기본적으로 이중 지문과 동일하다. 차이가 나는 부분인 지문 연계 문제에 관해서만 간략히 정리하겠다.

일반적으로 두 번째나 세 번째 문제 중 하나가 첫째와 둘째 지문을 연결해서 풀어야 하는 '지문 연계 문제'다. 그리고 네 번째나 다섯 번째 문제 중 하나가 둘째와 셋째 지문을 연결해 풀어야 하는 문제다. 항상 그렇지는 않다.

고유명사나 수치 등에만 집중하면서 질문 전체(5개)를 먼저 다 읽는다. 정답 보기들은 읽지 않는다. 그리고 첫째 독해 지문으로 이동한다.

첫째 독해 지문을 다 읽은 후, 앞 문제부터 순서대로 푼다. 그러다가 첫째 지문과 관련 없는 문제나 지문 연계 문제가 나오면 둘째 독해 지문을 다 읽는다. 그리고 다시 문제를 풀다가 둘째 지문과 관련 없는 문제나 지문 연계 문제가 나오면, 셋째 독해 지문을 다 읽는다.

문제 하나씩 풀 때마다 답을 문제지에 표시한다. 5문제를 다 풀고 나면 답안지에 일괄적으로 마킹한다.

토익 공부를 조금씩 오래하면 후회한다!

외국어 공부 관련해 내가 가장 싫어하는 말은 '조금씩 오래 공부하면 실력이 쌓인다'는 것이다. 나에게는 '평생 초급 실력에 머물러 있으라'는 얘기처럼 들린다. 내 경험과 판단에 따르면, 그런 식으로 공부해서 쓸 만한 외국어 실력을 갖추는 것은 거의 불가능하다. 이미 중고급 수준이어서 감각 유지만 해도 되는 사람들에게나 어울리는 말이다.

외국어를 듣고, 말하고, 쓰는 것에 부담이 없을 정도의 실력자가 아니라면, 효율적 학습 방식을 적용하면서 '단기 집중 공부'를 해야 한다. 천천히 오래 공부하면 학습한 내용이 뇌에 완전히 기억되기 전에 망각되는 '과학적 현상'이 반복된다. 공부한 만큼 실력이 쌓이지 않는다. 나중에 '내가 뭐한 거지?'라는 회의감이 들 수 있다. 모국어로 공부하는 과목들에 비해 외국어를 학습할 때 그런 현상이 더 강하게 나타난다.

외국어의 한 분야인 토익도 마찬가지다. 조금씩 공부하면 오랜 기간 노력해도 고급 수준의 점수가 좀처럼 나오지 않는다. 하루 4~5시간 이상 2~3개월은 집중해서 학습해야 실력이 빨리 늘면서 전체 공부 기간이 단축된다. 노력의 상당 부분이 성과로 반영된다. 대학생이라면 방학을 이용하고, 일반인이라면 주말과 휴일을 이용해서라도 '집중 몰입 공부'를 해야 한다. 뇌의 특성에 맞지 않는 비효율적 학습으로 소중한 시간만 낭비하는 상황을 만들지 말아야 한다.

나는 외국어 집중 학습의 필요성을 직접 체험을 통해 여러 차례 확인했다. 나는 회사에 다니면서 중국어와 일어를 공부해서 비즈니스 협상이 가능한 단계까지 도달했었다. 그러나 일도 항상 바빴고 퇴근 시간도 늦은 편이어서 평일에는 시간 투자가 힘들었다. 1~2시간 열심히 하면 체력 문제 때문에 다음 날 업무 진행에 바로 영향이 있어서 조심스러웠다. 너무 피곤했다. 그래서 원하는 수준이 될 때까지 주말이나 휴일을 이용해 집중 공부했다. 잠시 쉴 때를 제외하고는 외국어 공부에만 투자하려고 노력했었다. 고급 수준이 될 때까지 그렇게 했다. 영어 학습 과정에서 터득한 효율적 외국어 공부법을 적용한 것의 영향도 컸지만, 그런 식의 집중 학습을 하지 않았다면 둘 다 초급 수준에 머물렀을 것이다.

토익 고득점이 꼭 필요하다면 힘들더라도 일정 기간 생활에 대한 통제를 해야 한다. '단기에 집중·몰입 학습'을 진행하지 않으면 원하는 결과를 얻기 어렵다. 시간 날 때나 여유가 있을 때 한다는 생각은 버려야 한다.

토익 시험의
천재가
되는 비법

ⓒ 강균석, 2021

초판 1쇄 발행 2021년 10월 20일

지은이   강균석
펴낸이   이기봉
편집   좋은땅 편집팀
펴낸곳   도서출판 좋은땅
주소   서울특별시 마포구 양화로12길 26 지월드빌딩 (서교동 395-7)
전화   02)374-8616~7
팩스   02)374-8614
이메일   gworldbook@naver.com
저자이메일 tedbook@naver.com
홈페이지   www.g-world.co.kr

ISBN   979-11-388-0278-9 (03740)